Christin Kehrli, Carlo Knöpfel

Handbuch Armut in der Schweiz

Christin Kehrli, Carlo Knöpfel

Handbuch Armut in der Schweiz

Alle Rechte vorbehalten

© 2006 Caritas-Verlag, Luzern

Lektorat und Redaktion: Stefan Gribi, Bereich Kommunikation, Caritas Schweiz

Gestaltung, Fotos und Satz: Hannes Saxer, Grafikatelier Saxer, Muri bei Bern

Druck: Multicolor Print AG, Baar

ISBN-10: 3-85592-101-6

ISBN-13: 978-3-85592-101-0

Inhaltsverzeichnis

Vorwort

Wer sich am Straßenbild unserer Städte orientiert, findet kaum Anhaltspunkte dafür, dass in der reichen Schweiz arme Menschen leben. Keine zerlumpten Kinder, die betteln, keine Obdachlosen, die sich ihr Nachtlager in Hauseingängen einrichten, selten der Anblick von Menschen, die Abfalleimer nach etwas Essbarem durchsuchen. Diese tägliche Wahrnehmung verleitet leicht zur gewissensberuhigenden Grundannahme, dass alle Menschen in unserer Gesellschaft ein Leben ohne Not führen. Doch der Schein trügt: Jede siebte Person in der Schweiz kann die Existenz nicht aus eigener Kraft sichern. Armut ist verbreitet, auch wenn sie kaum sichtbar ist.

Wer die Armut in der Schweiz wahrnehmen und bekämpfen will, muss genauer hinschauen, muss an der Oberfläche kratzen. Armut in der Schweiz kann bedeuten, eine Einladung zum Kindergeburtstag mit einer Ausrede auszuschlagen, weil ein Geschenk das Budget sprengen würde. Oder Zahnschmerzen aus Angst vor der Zahnarztrechnung zu ignorieren. Oder gar mit 16 einen Hilfsjob anzunehmen, weil keine Aussicht auf eine Lehrstelle besteht oder es in der Familie an allen Ecken und Enden an Geld fehlt. Armut hat viele Facetten: Sie bedeutet soziale Isolation, sie führt zu gesundheitlichen Problemen, sie beeinträchtigt die Bildungschancen und wird von Eltern an ihre Kinder weitergegeben.

Wer sich mit dem Thema Armut befasst, wird sich zuerst einmal mit Begriffen wie SKOS-Richtlinien, Ergänzungsleistungen und Medianeinkommen auseinander setzen müssen. Auf die Frage, wo die Armutsgrenze liegt, kann kein für alle gültiges Existenzminimum beziffert werden. Die Antwort fällt je nach Lebenssituation, Familienzusammensetzung, persönlichem Bedarf und nicht zuletzt auch Wohnort unterschiedlich aus.

Mit dem von Christin Kehrli und Carlo Knöpfel verfassten Handbuch möchte Caritas Schweiz einen Beitrag dazu leisten, Klarheit zu diesen Themen zu schaffen. Dazu gehört, dass die Grundbegriffe der Armutsdiskussion nachvollziehbar erläutert werden. Das Handbuch zeigt auch auf, dass unser System der sozialen Sicherheit auf Notlagen reagieren kann und wie dies in der Praxis geschieht.

Bei weitem nicht für alle sozialen Risiken ist in der Schweiz vorgesorgt. Caritas bezieht Position für jene Menschen, die auf dem politischen Parkett keine Lobby haben. Wir haben unsere Kommentare und Vorschläge für eine nachhaltige Sozialpolitik, die soziale Sicherheit für alle bietet, in diesem Buch klar erkennbar hervorgehoben. Wichtig ist uns dabei, dass Sozialpolitik nicht nur reagieren darf, sondern auch präventiv wirken muss.

Das Handbuch richtet sich an alle, die sich mit der Armut in unserer Gesellschaft befassen. Dass die Hochschulen für Soziale Arbeit Zürich und Luzern das Buch als Lehrmittel für ihre Studierenden einsetzen werden, bestätigt uns in der Annahme, dass ein Bedarf für einen Gesamtüberblick zur Armut in der Schweiz besteht und ein solcher bisher gefehlt hat. Ich bedanke mich bei den beiden Fachhochschulen für die Kooperation. Ein Dank geht ebenfalls an die Schweizerische Gemeinnützige Gesellschaft, welche die Produktion des Handbuchs unterstützt.

Jürg Krummenacher
Direktor Caritas Schweiz

Einleitung

«Der Mensch ist nicht frei,
wenn er einen leeren Geldbeutel hat.»[1]

Armut in der reichen Schweiz ist ein gesellschaftlicher Skandal. Gemäß dem Index der Vereinten Nationen über die Lebensqualität belegt die Schweiz den siebten Platz unter den 177 verglichenen Ländern.[2] Doch diese hohe Lebensqualität gilt nicht für alle gleichermaßen. Es sind aber genügend Ressourcen in diesem Land vorhanden, um allen ein gutes Leben zu ermöglichen. Die Caritas setzt sich darum für mehr Chancengleichheit und Verteilungsgerechtigkeit in der reichen Schweiz ein.

Armut wird in der Schweiz verschwiegen, übersehen, verharmlost. Entsprechend ist das allgemeine Wissen zum Thema dürftig. Was ist Armut? Wie misst man Armut? Was ist eine Äquivalenzskala? Bereits das Vokabular lässt Unsicherheiten aufkommen. Aber auch über das Leben in Armut ist wenig bekannt. Wer kennt die verschiedenen Gesichter der Armut? Wie wohnen Arme? Wie steht es um ihr Kontaktnetz? Welche Bevölkerungsgruppen sind besonders von Armut betroffen?

Mit dem «Handbuch Armut in der Schweiz» möchte die Caritas diese Wissenslücken füllen. Dabei soll das Rad nicht neu erfunden. In den letzten Jahren wurde eine Vielzahl sozialpolitischer Studien publiziert, die sich direkt oder indirekt dem Thema Armut annehmen. Auch die Caritas hat mit Studien zu den Working Poor, zur Bildung, zur Gesundheit und zur sozialen Integration ihren Beitrag geleistet. Was jedoch fehlt, ist eine kompakte und übersichtliche Zusammenstellung der wichtigsten Fakten und Ergebnisse. Die vom Bundesamt für Statistik schon lange angekündigte nationale Armutsberichterstattung könnte diese Lücke teilweise füllen, auf deren erstmaliges Erscheinen muss aber wohl noch einige Jahre gewartet werden. Die ebenfalls seit einigen Jahren hängige nationale Sozialhilfestatistik ist im Mai 2006, also erst nach Redaktionsschluss dieses Handbuchs[3], erschienen, füllt aber erst einen kleinen Teil der Informationslücke aus. Gleichzeitig mangelt es an einem Nachschlagewerk, welches die Grundbegriffe im Zusammenhang mit der Armut in der Schweiz auf übersichtliche Weise definiert und erklärt.

Mit dem Ziel, die Öffentlichkeit für das Thema Armut zu sensibilisieren und auf die Situation der Benachteiligten in der Schweiz aufmerksam zu machen, richtet sich dieses Werk grundsätzlich an ein breites Publikum sozialpolitisch interessierter LeserInnen und Leser. Im Speziellen soll es als Lehrmittel in der Aus- und Weiterbildung im sozialen Bereich zur Anwendung kommen. Zur Lektüre ist kein fachspezifisches Vorwissen nötig.

1 Lech Walesa (*1943), polnischer Gewerkschaftsführer und Politiker, 1990 bis 1995 Staatspräsident Polens, 1983 Friedensnobelpreis.

2 Gemessen mit dem *Human Development Index* (HDI). UNDP, 2005, S. 273.

3 Die wichtigsten Erkenntnisse und Zahlen dieser Publikation werden am Ende des Kapitels 2 unter «Datenquellen» zusammengefasst.

Eine Besonderheit des Handbuches ist die enge Kombination von (kurzen) Definitionen, (ausführlicheren) Erläuterungen und Zahlen. In unmittelbarer Nähe jedes Begriffs, der mit fetter Schrift hervorgehoben ist, findet sich seine Definition. Alle diese Begriffe sind im Glossar am Buchende alphabetisch aufgelistet und mit einem Seitenverweis versehen. Wann immer ein im Buch definierter Begriff verwendet wird, weist ein Pfeil (→) darauf hin, dass die Erläuterungen zu diesem Wort über das Glossar gefunden werden können. So wird das Buch zum Handbuch.

Das erste Kapitel vermittelt das nötige Werkzeug für die nachfolgende Auseinandersetzung mit dem Thema Armut. Die wichtigsten Begriffe und Konzepte werden definiert und erklärt.

Kapitel zwei ist den Zahlen und den internationalen Vergleichen gewidmet. Rund eine Million Menschen sind in der Schweiz von Armut betroffen. Die Unterschiede nach Region, Kanton und Gemeinden sind zum Teil beträchtlich. Um den Horizont der Betrachtung etwas zu erweitern, wird die schweizerische Realität mit jener in den Ländern der EU und der OECD verglichen. Wie es um die Datenlage bezüglich der Armut in der Schweiz steht, wird ganz am Schluss des Kapitels aufgezeigt.

Die Ursachen der Armut stehen im Zentrum des dritten Kapitels. Zuerst werden die strukturellen Ursachen wirtschaftlichen, sozialen und demografischen Ursprungs beschrieben, dann kommen die individuellen armutsauslösenden Faktoren zur Sprache.

Das vierte Kapitel hat zum Ziel, das Verständnis der Armut zu vertiefen. Die Lebenslage der betroffenen Menschen gibt dabei wichtige Aufschlüsse. Zunächst geht es darum, die soziodemografischen Gruppen zu identifizieren, welche besonders hohen Armutsrisiken ausgesetzt sind. Dass Armut nicht nur ein Mangel an Einkommen ist, zeigt der zweite Teil dieses Kapitels auf. Arme Menschen sind in verschiedenen Lebenslagen benachteiligt oder unterversorgt.

Armut trotz Sozialstaat – wie ist das möglich? Um diese Frage zu beantworten, ist Kapitel fünf dem sozialen System der Schweiz gewidmet. Nach der Definition der Grundsätze wird der staatliche Teil des Systems in drei Schritten präsentiert: Die staatlichen Sozialversicherungen auf Bundesebene, die kantonalen Bedarfsleistungen und schließlich die kommunale Sozialhilfe. Dabei wird auf armutsrelevante Lücken im System hingewiesen. Neben diesen staatlichen Unterstützungsleistungen darf die breite Palette verschiedenster privater Hilfsangebote und Institutionen nicht vergessen werden. Natürlich stellt sich dabei die Frage, wie all die verschiedenen Institutionen und Zweige zusammenarbeiten. Zum Schluss wird auch das heikle Sujet des Missbrauchs thematisiert.

Einmal Sozialhilfe, immer Sozialhilfe? Der sechste Teil des Handbuchs fragt nach der Dauer des Sozialhilfebezugs und nach den Gründen für die Beendigung. Wie wird diese Ablösung von der

Sozialhilfe heute gefördert und wie werden ausgeschlossene Personen wieder beruflich und sozial integriert?

In diesen sechs beschreibenden Kapiteln finden sich in der Randspalte Kommentare, Kritikpunkte und punktuelle Lösungsvorschläge. Sie bringen die Sicht der Caritas im Interesse einer solidarischen Gesellschaft ein. Doch was kann im System der sozialen Sicherheit ganzheitlich verbessert werden, um Armut zu bekämpfen und zu vermeiden? Im letzten Kapitel werden die wichtigsten und potenziell umsetzbaren Reformvorschläge und die Schwerpunkte der Caritas in der Armutspolitik vorgestellt.

«Die Überwindung der Armut ist kein Akt der Barmherzigkeit, sondern ein Akt der Gerechtigkeit.»[4]

4 Nelson Mandela, am Live8-Konzert in Johannesburg, 2. Juli 2005.

1.

Armut beschreiben, verstehen und messen

1. Armut beschreiben, verstehen und messen

Ist, wer in der reichen Schweiz arm ist, selber schuld, weil er oder sie die gebotenen Chancen nicht zu nutzen weiß? Oder versagt der Sozialstaat, wenn es ihm nicht gelingt, in diesem Land die Armut zu bekämpfen? Wie kommt es überhaupt zu Armut in dieser reichen Schweiz? Und was müsste getan werden, um die Zahl der Armen in diesem Land zu verkleinern?

Wer sich in der sozialen Arbeit, in der Sozialpolitik, aber auch in der Sozialforschung mit Armut beschäftigt, tut gut daran, über das eigene Armutsverständnis nachzudenken. Dazu braucht es ein Instrumentarium an Begriffen und Konzepten, an Messmethoden und Grenzziehungen. In diesem Kapitel wird dieser «Werkzeugkasten» systematisch beschrieben.

Dabei wird Armut hier als ein gravierendes soziales Problem verstanden, das einzelne Menschen, Erwachsene und Kinder, Familien, Haushalte in ihrem konkreten Alltag erfahren und erleiden. Es geht nicht um Fragen individuellen Verschuldens und Versagens, sondern um eine Analyse der Gründe für die wachsende Verarmung in einer immer reicher werdenden Gesellschaft. Es geht um den Vergleich von Lebenslagen, um die Beziehung zwischen den verschiedenen sozialen Schichten. Es geht um die Ausgestaltung und Akzeptanz einer Sozialpolitik, die Armut vermeiden will.

Wer in dieser Auseinandersetzung mitreden will, muss wissen, wie Armut definiert wird, wie die Zahl der Armen berechnet und im internationalen Vergleich beurteilt werden kann, wie groß das Armutsrisiko für verschiedene soziale Gruppen ist und warum es eine Äquivalenzskala zur Berechnung der Unterstützungsleistungen braucht.

Armutskonzepte

Absolute Armut

Absolut arm ist, wer am oder unter dem physischen Existenzminimum lebt, sprich: Wer Hunger leidet. Die **absolute Armut** ist ein «zeitunabhängiges und weitgehend physiologisch bestimmtes Existenzminimum.»[1] Armut wird in diesem Konzept losgelöst vom gesellschaftlichen Kontext betrachtet. Dabei kann bereits diskutiert werden, ob ein Mensch etwas anderes als Brot und Wasser zum Leben braucht. «Jeder Versuch, ein absolutes Minimum anzugeben, eine untere Grenze zu ziehen, bleibt angreifbar. Muss es ein Dach über dem Kopf sein oder reicht ein Pappkarton?»[2] Allgemein gilt, dass Nahrung, Kleidung, Obdach und Gesundheitspflege zu den für die Lebenshaltung absolut notwendigen Gütern gehören.

Absolute Armut gibt es in Ländern wie der Schweiz, in denen das allgemeine Lebensniveau hoch ist, zum Glück kaum mehr. Die Palette der öffentlichen und privaten Hilfsangebote in der Schweiz ist breit genug, dass alle Menschen in Not mit einer warmen Mahlzeit und einem Dach über dem Kopf versorgt werden können (→ Obdachlosigkeit). Zudem garantiert Artikel 12 der Bundesverfassung, dass jeder Mensch in der Schweiz, der sich in einer Notlage befindet und sich nicht selbst helfen kann (→ Eigenverantwortung), «Anspruch auf Hilfe und Betreuung und auf die Mittel, die für ein menschenwürdiges Dasein unerlässlich sind», hat. Dieses Recht ist einklagbar und gilt auch bei eigenem Verschulden der Notlage. De facto muss in der Schweiz niemand auf der Straße schlafen oder eine «Bettelexistenz»[3] führen.

Es ist unklar, ob Artikel 12 nur das absolut notwendige Existenzminimum garantiert und was der Begriff des **menschenwürdigen** Daseins darüber hinaus bedeutet. Ein Bundesgerichtsentscheid definiert, dass darunter die zum Überleben unerlässlichen Mittel in Form von Nahrung, Kleidung, Obdach und medizinischer Grundversorgung zu verstehen sind.[4] Daraus folgt, dass der ausdrückliche Bezug zum menschenwürdigen Dasein mehr verlangt als die Sicherung des nackten Überlebens. Was genau, darüber herrscht jedoch keine Einigkeit.[5]

Relative Armut

Im Gegensatz zur absoluten Armut ist die **relative Armut** ort-, zeit- und kontextabhängig. Gemäß diesem Konzept gilt nicht mehr nur als arm, wer Hunger leidet oder gerade über das absolut nötige Minimum verfügt, sondern wer im Vergleich zu den Mitmenschen im eigenen Land ein eingeschränktes Leben führen muss.

Die relative Armut kann auf verschiedene Arten definiert werden. Sie kann rein objektiv und von außen angeschaut werden, oder sie kann das subjektive Empfinden der Betroffenen mit einbeziehen. Weiter kann sie aus rein ökonomischer Sicht definiert werden

1 BFS, 1999a, S. 41.
2 Piachaud zitiert von Leu, 1997, S. 44.
3 Rhinow, 2000, S. 340.
4 Bundesgerichtsentscheid 130 I 71 Erw. 4.1, S. 75.
5 Diese Fragen werden diskutiert in: Amstutz Kathrin: Menschenwürde, Sozialstaat und Grundrechtsschutz In: SKOS, 2005a, S. 83–97 Amstutz Kathrin: Der verfassungsrechtliche Anspruch auf Existenzsicherung. In: Caritas, 1999, S. 145–160.

(→ Ressourcenansatz), oder es können soziokulturelle Aspekte mit einbezogen werden (→ Lebenslagenkonzept).

Objektive und subjektive Ansätze

Eine Armutsdefinition kann als **objektiv** bezeichnet werden, wenn sich die Wissenschaft auf einen Maßstab einigen konnte. Die Situation der einzelnen Menschen oder Haushalte wird dann mit diesem Maßstab verglichen und so in arm und nicht arm unterschieden. Nach diesem Muster wird in den meisten gebräuchlichen Armutskonzepten vorgegangen.

Daneben existieren **subjektive** Definitionen von Armut. Sie sind weniger verbreitet und beruhen in erster Linie auf dem subjektiven Empfinden der betroffenen Personen. Die Sicht armer Menschen fließt in die Definition ein.

Ökonomische Ansätze

Die rein **ökonomische Armutsdefinition** betrachtet ausschließlich die finanzielle Situation des Haushalts. Diese Betrachtung kann wiederum objektiv oder subjektiv erfolgen.

Der **Ressourcenansatz** versucht Armut objektiv zu definieren, indem er die Situation der Betroffenen von außen betrachtet. Als arm gelten jene → Haushalte, die im Vergleich zu den andern ungenügend mit finanziellen Mitteln ausgestattet sind. Wie ein Haushalt seine Mittel einsetzt, liegt in seiner eigenen Verantwortung. Es wird also der nötige Bedarf definiert, nicht aber die Bedürfnisse. Der Haushalt entscheidet selber, ob jeden Tag Fleisch auf dem Tisch stehen soll oder ob man lieber einmal die Woche ins Kino geht. Auch die Struktur innerhalb des Haushalts wird in diesem Konzept nicht berücksichtigt. Ein Haushalt, der zwar über ein genügendes Einkommen verfügt, bei welchem aber eine Person einen Großteil des Geldes für ihre Interessen ausgibt, gilt nicht als arm, auch wenn die andern Haushaltsmitglieder unterversorgt sind. In diesem Konzept wird Armut mit Einkommensarmut des Haushaltes gleichgesetzt.

An der Universität Leyden wurde ein ökonomisches Armutskonzept ausgearbeitet, welches das subjektive Empfinden der Haushalte mit in Betracht zieht. Der so genannte **Leyden-Ansatz** geht bei der Armutsdefinition von einer von jedem Haushalt subjektiv festgelegten Einkommensgrenze aus. Anschließend setzt er diese subjektiv empfundene Grenze in Bezug zur tatsächlichen Einkommenssituation des Haushaltes.

Verfechter dieses Ansatzes argumentieren, dass «Personen mit einer ausgeprägten Präferenz für Freizeit und entsprechend geringem Einkommen nicht notwendigerweise arm seien, auch wenn ihr Einkommen unter einer wie auch immer definierten, über dem physischen Existenzminimum festgelegten Armutsgrenze liege. Umgekehrt könnten sich andere Personen auch bei einem unter normalen Umständen genügenden Einkommen durchaus arm fühlen, wenn dieses zur Befriedigung ihrer Bedürfnisse nicht ausreiche.»[6]

Studien zeigen, dass das subjektive Empfinden und die objektive Situation erstaunlich gut übereinstimmen.

Soziokulturelle Ansätze

Armut soziokulturell zu definieren heißt, zusätzlich zur reinen Einkommensarmut noch andere zentrale Lebensbereiche zu berücksichtigen. Die wichtigsten dieser zusätzlichen **Lebensbereiche** (auch Lebenslagendimensionen genannt) sind Arbeit, Bildung, Wohnen, Gesundheit, soziale Kontakte und Freizeit (Kapitel 4, Lebenslagen). Eine kranke, arbeitsunfähige und einsame Person kann genauso als arm bezeichnet werden, wie jemand, der mangels finanzieller Ressourcen in einem Wohnwagen haust. So wird die Armutsproblematik am treffendsten erfasst. Die Anwendung dieses Konzepts ist jedoch komplizierter: Wie soll Unterversorgung verlässlich gemessen werden? Es muss, bei der objektiven wie auch bei der subjektiven Variante, für jede Lebenslage ein Mindestversorgungsstandard definiert werden, bei dessen Unterschreiten jemand als arm gilt.

Das **Lebenslagenkonzept** geht vom Begriff der **Lebenslage** aus. Dies ist der Spielraum, den ein Mensch «zur Befriedigung der Gesamtheit seiner materiellen und immateriellen Interessen nachhaltig besitzt.»[7] Es sind also jene Umstände, die für die finanzielle und soziale Lage einer Person maßgebend sind. Um einzuschätzen, ob eine Person arm ist, muss ihre Versorgung in allen betrachteten Lebensbereichen geprüft werden. Dabei wird die spezifische Versorgungslage mit einer im Voraus und von außen definierten Standard- oder Minimalversorgung einer Gesellschaft verglichen.

Wer in einem oder verschiedenen der zentralen Lebensbereiche unterversorgt ist, kann als arm bezeichnet werden. Gilt beispielsweise in der Schweiz als normal, dass ein Zimmer pro Person zur Verfügung steht, so sind Haushalte, in denen die Personenzahl die Zahl der Zimmer übersteigt, **unterversorgt** (an Wohnraum). Meist sind die Betroffenen nicht nur in einem Lebensbereich unterversorgt. Tritt in einem Bereich ein Problem auf, so löst das, wie bei einem Dominospiel, oftmals in andern Bereichen ebenfalls Probleme aus. Etwas technischer formuliert: Es besteht ein systemischer Zusammenhang zwischen den verschiedenen Dimensionen der Lebenslage. Man spricht auch von **Problemkumulation**. Wird eine Person mit schlechter Schulbildung arbeitslos und findet innert nützlicher Frist keinen neuen Arbeitsplatz, kann dies Auswirkungen auf deren Gesundheit, deren Familienleben und manch anderen Bereich haben.[8]

Da sich die objektive Festlegung von Mindeststandards in den verschiedenen Lebensbereichen als problematisch erweist, wird das Konzept im Rahmen der subjektiven **multiplen Deprivation**, der mehrfachen Benachteiligung, durch den subjektiven Blickwinkel der

6 BFS, 1999, S. 46.

7 G. Weisser zitiert nach Leu, Burri, Priester, 1997, S. 46.

8 Vergleiche Ulrich, Binder, 1998, S. 375–376.

Betroffenen ergänzt. Es existieren bereits mehrere Varianten dieses Ansatzes. Im Allgemeinen wird von einer Liste von Dingen, die ein Mensch in einem bestimmten Kulturkreis zum Leben benötigt, ausgegangen. Diese Liste wird anhand der Präferenzen der jeweiligen Gesellschaft erstellt. Der Übergang zwischen diesem Ansatz und dem Lebenslagenkonzept ist fließend.

Wahl des Armutsbegriffs

Der Zusammenhang zwischen mangelnden finanziellen Mitteln (Ressourcenansatz) und Unterversorgung in verschiedenen Lebensbereichen (Lebenslagenansatz) ist ausgeprägt. Werden diese beiden Ansätze kombiniert, wird die Armutsproblematik am besten erfasst. Mit dem Einkommensindikator kann die materielle Unterversorgung relativ einfach und effektiv gemessen werden, und durch das in Betracht ziehen anderer Lebenslagen wird Armut nicht auf ein rein finanzielles Problem reduziert. Dank dieser erweiterten Sichtweise können neben finanziellen Mitteln auch Bildung und Gesundheit als Ressourcen erkannt und mit einbezogen werden.

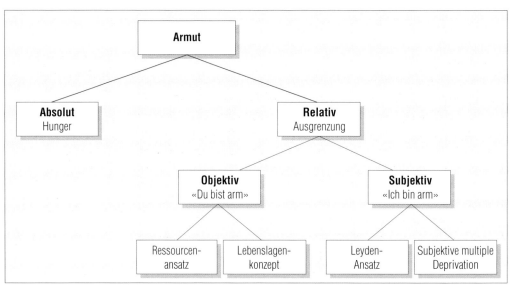

Darstellung: Caritas.

Eine im deutschen Sprachraum weit verbreitete Definition von Armut, welche auf einen Entschluss des Rates der Europäischen Union von 1984 zurück geht, fasst diese Mehrdimensionalität gut zusammen: Personen, Familien und Gruppen sind arm, wenn sie «über so geringe (materielle, kulturelle und soziale) Mittel verfügen, dass sie von der Lebensweise ausgeschlossen sind,» die in ihrer Gesellschaft als «Minimum annehmbar ist.»[9] Wird Armut auch vorwiegend mit dem Einkommensindikator gemessen, so sollen die anderen Dimensionen der Armut nicht vergessen werden.

9 Eurostat, zitiert von Leu, Burri, Priester, 1997, S. 50.

Messmethoden und Aggregate

Armut messen

Armut kann auf zwei Arten gemessen werden: Entweder ausgehend von der Bedarfsseite, also den nötigen Ausgaben, oder von der Einkommensseite. Die erste Variante kann als **absolute Methode** bezeichnet werden. Um zu entscheiden, ob ein → Haushalt arm ist oder nicht, werden alle nötigen Ausgaben budgetiert. Am besten wird dafür ein Jahresbudget erstellt, da Ausgaben wie zum Beispiel für Kleider oder Steuern nicht täglich oder monatlich nötig sind, sondern nur ein paarmal im Jahr anfallen. Ausgehend von diesem Jahresbudget kann in einem zweiten Schritt der nötige, durchschnittliche monatliche oder tägliche materielle Bedarf errechnet werden. Das betreibungsrechtliche → soziale Existenzminimum wird beispielsweise auf diese Weise errechnet.

Die **relative Methode** betrachtet die Einkommenssituation eines Haushalts. Ob ein Haushalt als arm gilt, hängt davon ab, wie tief sein Einkommen im Vergleich zum Rest der Bevölkerung ist. Die → Richtlinien der SKOS orientierten sich beispielsweise am Einkommen der ärmsten zehn Prozent der erwerbstätigen Bevölkerung. ■

Armutsquoten

Armutsquoten messen den Anteil der Armen an einer bestimmten Grundgesamtheit. Spricht man von einer **Armutsquote** von 13%, heißt das, dass 13% der gesamten Bevölkerung (=100%) arm sind. Oft wird aber die Grundgesamtheit eingeschränkt. So ist zum Beispiel von der Armutsquote der Alleinerziehenden die Rede, welche sich auf die Gesamtheit aller Alleinerziehenden in der Bevölkerung bezieht.

Armutslücke

Die **Armutslücke** misst die Intensität der Armut. Dazu wird die durchschnittliche Differenz der Einkommen der armen Bevölkerung zur Armutsgrenze berechnet. Je größer diese Lücke, desto ärmer sind die Armen.

In der Sozialhilfe ist dieses Maß von großer Bedeutung. Anhand dieser Zahl ist es möglich, das Ausmaß des finanziellen Bedarfs der Sozialhilfe abzuschätzen. Sind die Bezügerinnen und Bezüger der Sozialhilfe vorwiegend → Working Poor, so ist der Bedarf kleiner, als wenn der Großteil → ausgesteuerte Arbeitslose sind. Erstere decken einen Teil ihres Bedarfs mit dem eigenen Einkommen, deren Armutslücke ist also relativ klein, während der zweiten Gruppe der ganze Bedarf ausbezahlt werden muss.

Sozialhilfequote (2003)

Durchschnitt Kt. Zürich

3,2%

Alleinerziehende

14,7%

Zahlen: BFS, 2005c, S. 65.

1998 betrug die Armutslücke der Working Poor 900 Franken im Monat. Die Armutslücke aller armer Haushalte (ohne Rentner) lag rund doppelt so hoch, nämlich bei 1875 Franken

Zahlen: sooo, 2002, S. 11 13.

Lorenzkurve

Die **Ungleichheit** der Einkommensverteilung einer Bevölkerung ist ein wichtiger Maßstab für die soziale Gerechtigkeit. Die **Lorenzkurve** stellt diese Verteilung grafisch dar. Wird die Kurve für mehrere Jahre erstellt, kann die Entwicklung der Ungleichheit über die Zeit studiert werden.

Der **Gini-Koeffizient** fasst diesen Sachverhalt in einer Zahl zusammen. Er gibt Auskunft über die Ungleichheit in der Bevölkerung, jedoch nicht über das Ausmaß der Armut. Er kann Werte zwischen Null und Eins annehmen. Je näher der Koeffizient bei Null ist, desto gleichmäßiger die Verteilung. Gemäß neustem *Human Development Index* (HDI) ist Namibia mit 0,707 das Land mit der größten Einkommensungleichheit. Am ausgeglichensten ist die Verteilung in Dänemark, wo der Koeffizient 0,247 beträgt. Die Schweiz liegt in derselben Statistik mit 0,331 im Mittelfeld.[10]

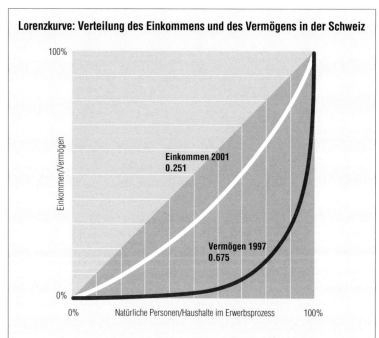

Lorenzkurve: Verteilung des Einkommens und des Vermögens in der Schweiz

100%

Einkommen/Vermögen

Einkommen 2001
0.251

Vermögen 1997
0.675

0%

0%   Natürliche Personen/Haushalte im Erwerbsprozess   100%

Ausgangspunkt ist ein Quadrat, auf dessen X-Achse die Haushalte in Prozent und auf dessen Y-Achse das Einkommen der gesamten Volkswirtschaft (ebenfalls in Prozenten) liegt. Eine absolut gerechte Verteilung des Volkseinkommens würde heißen, dass 10% der Bevölkerung 10% des Volkseinkommens verdienten, 20% der Bevölkerung 20% des Einkommens, 50% die Hälfte und so weiter. Grafisch dargestellt ergibt diese Verteilung eine Diagonale von links unten nach rechts oben. Die Verteilungskurve weicht immer mehr oder weniger stark von der Diagonale nach rechts unten ab. Je ungleicher die Einkommensverteilung in der Gesellschaft, desto weiter entfernt sich die Kurve von der Diagonale. Im (hypothetischen) Extremfall würden 99% der Bevölkerung nichts verdienen und 1% das gesamte Volkseinkommen. Dies wäre grafisch das größtmögliche Dreieck unterhalb der Diagonale. Dieselben Ausführungen gelten für die Verteilung des Vermögens.

10 hdr.undp.org.   Zahlen: Ecoplan, 2004, S.15 und 102. Es wurde das → verfügbare → Äquivalenzeinkommen betrachtet.

International verwendete Armutsgrenzen

Mit Hilfe einer **Armutsgrenze** kann der Anspruch auf Sozialhilfe einfach und effizient geprüft und berechnet werden, indem das Einkommen eines → Haushalts mit dieser Grenze verglichen wird. Dadurch werden kompliziertere Einzelfallberechnungen vermieden. Auf der andern Seite eignen sich Armutsgrenzen, um das Ausmaß der Armut in einer Bevölkerung zu ermitteln.

Eine Armutsgrenze kann auf zwei unterschiedliche Arten festgelegt werden(→ Armut messen): Entweder es wird auf Grund einer Budgetberechnung ein fixer Betrag (absolut) festgesetzt. Wer weniger als diesen Betrag verdient, gilt als arm. Die andere Möglichkeit ist, die Armutsgrenze bei einem bestimmten Prozentsatz (relativ) des → Medianeinkommens festzulegen.

Die meisten Armutsgrenzen erlangen nur nationale Gültigkeit. Daneben existieren jedoch einige international angewandte Armutsgrenzen, wovon hier zwei der wichtigsten vorgestellt werden, eine absolute und eine relative.

Absolute Armutsgrenze

Mit dem Ziel, die globale Armut zu messen, hat die Weltbank ein **absolutes Existenzminimum** ausgearbeitet, welches auf ihrer → absoluten Armutsdefinition basiert. So gelten alle Menschen als arm, die von weniger als zwei Dollar im Tag leben müssen.[11] Das sind rund 2,7 Milliarden Menschen.[12] Setzt man diese Grenze (*poverty line*) bei einem Dollar an, lebten im Jahr 2001 1,1 Milliarden Menschen in absoluter Armut.

Bei dieser Grenze handelt es sich um einen Durchschnittswert, welcher nicht für alle Länder gleichermaßen aussagekräftig ist. In der Schweiz kann niemand von einem Dollar leben. Bereits ein Brot kostet mehr. Der finanzielle Bedarf hängt neben dem Preisniveau auch vom Ausmaß der Subsistenzwirtschaft ab. Ein kleiner Gemüsegarten, sofern vorhanden, kann den finanziellen Bedarf für Nahrungsmittel reduzieren. Auch die klimatischen Bedingungen haben einen Einfluss auf den Ressourcenbedarf. In kalten Gegenden fallen zum Beispiel zusätzliche Ausgaben für warme Kleider, Heizmaterial und Isolation an. Weiter braucht nicht jeder Mensch, egal wo er lebt, von Natur aus gleich viel – sogar zum Überleben nicht. Ein kleines Kind braucht weniger Kalorien als ein groß gewachsener Schwerstarbeiter. Oder ein behinderter Mensch benötigt zum Leben Hilfsmittel, die ein gesunder Mensch nicht braucht.

Die Angabe eines für jeden Menschen unabhängig von seinem nationalen Kontext und seinen individuellen Charakteristiken generell gültiges Minimum eignet sich hauptsächlich für die internationalen Statistiken. Auch die Weltbank schlägt vor, dass ein jedes Land seine → Armutsquote unter Berücksichtigung des Kontexts selbst bestimmt.

11 Es wird die Kaufkraft von 2 $ (Index Stand 1993) als Maßzahl genommen (Kaufkraftparität).

12 web.worldbank.org, topics, poverty.

International kompatible relative Armutsgrenze

Eine international kompatible **relative Armutsgrenze** wird festgesetzt, um Armut unter Berücksichtigung des nationalen Kontextes international vergleichbar zu machen. Sowohl die EU wie auch die OECD gehen bei der Festlegung ihrer Armutsgrenzen vom medianen, → verfügbaren → Äquivalenzeinkommen einer Person aus. Die Grenze wird dann bei 50% (teilweise auch bei 60%) dieses Einkommens angesetzt. Das **Medianeinkommen** ist das Einkommen, bei welchem die eine Hälfte der Bevölkerung mehr verdient und die andere weniger.[13]

Das so kalkulierte Einkommen einer Einzelperson wird dann anhand einer → Äquivalenzskala auf die verschiedenen Haushaltsgrößen aufgerechnet. Gemäß der in der OECD gültigen Äquivalenzskala wird für jede weitere erwachsene Person und jedes weitere Kind über 14 Jahren ein Zuschlag von 50% des Äquivalenzeinkommens und für jedes Kind unter 14 ein Zuschlag von 30% gerechnet.

In der Schweiz lag das mediane verfügbare Äquivalenzeinkommen eines Haushalts im Jahr 2002 bei 3737 Franken[14] (das heißt, die eine Hälfte der Haushalte hatte mehr, die andere weniger). Setzt man die Armutsgrenze bei 50% dieses Betrages an, lag die anhand der OECD-Äquivalenzskala berechnete Armutsgrenze in der Schweiz im Jahr 2002 wie folgt:

▶ 1869 Franken für eine Person
▶ 2803 Franken für zwei Personen
▶ 3363 Franken für zwei Personen und ein Kind unter 14 Jahren
▶ 3737 Franken für zwei Personen und ein Kind über 14 Jahren
▶ 4298 Franken für zwei Personen und je ein Kind über und
   unter 14 Jahren

Diese Grenzen müssen jedes Jahr neu berechnet werden.

13 Es ist vom Durchschnittseinkommen zu unterscheiden, welches errechnet wird, indem die Summe aller Einkommen durch die Anzahl Beobachtungen (Personen) geteilt wird.

14 BFS, 2004b, S. 12.

Politische Armuts- und Armutsgefährdungsgrenzen in der Schweiz

In der Schweiz hat die Politik bisher noch keine Armutsgrenze definiert. Eine solche ist indessen für wissenschaftliche Zwecke wie zum Beispiel zum Erstellen einer Armutsstatistik unabdingbar. Aus diesem Grund werden die von verschiedenen Institutionen festgelegten sozialen Existenzminima als Armutsgrenzen verwendet. An der → absoluten Armut orientierte Minima sind mit der verfassungsmäßig garantierten Menschenwürde nicht kompatibel.[15]

Die drei gebräuchlichsten sozialen Existenzminima in der Schweiz werden relativ festgelegt, das heißt, sie orientieren sich am hiesigen allgemeinen Lebensstandard (→ relative Armut). Trotzdem fixieren alle einen Betrag (sind also insofern absolut), und wer weniger zur Verfügung hat, gilt als arm.

Um diese als Armutsgrenzen verwendeten Existenzminima miteinander zu vergleichen, muss genau abgeklärt werden, welche Ausgabenposten bei der Berechnung der Grenze berücksichtigt worden sind und für welche noch ein Zuschlag berechnet werden muss. Meist werden Ausgaben für Mieten, Steuern und Krankenkassenbeiträge separat gerechnet, da sie zwischen den Regionen stark variieren. Zur Deckung des **Lebensbedarfs** nötige Ausgaben für Nahrung, Kleidung, Freizeit und Hygiene, welche in der ganzen Schweiz etwa gleich hoch sind, werden hingegen in einem **Grundbedarf** zusammengefasst. Dieser ist dann für das ganze Land gültig.

Spricht man heute von der «Armutsgrenze der SKOS», so ist damit gemeint, dass man die in den SKOS-Richtlinien vorgeschlagenen Beträge für finanzielle Sozialhilfe als Armutsgrenze verwendet. Dabei ist einzig der Grundbedarf fix, alle andern Elemente der finanziellen Hilfe wie Miete, Krankenkassenbeiträge oder → situationsbedingte Leistungen sind auf Grund der verschieden hohen Lebenskosten und auf Grund der Gesetzeshoheit der Kantone im Bereich der Sozialhilfe variabel. Um eine Grenze festzulegen, muss deshalb ein nationaler Mittelwert bestimmt werden, und dieser wird immer für einige Kantone etwas höher, für andere etwas tiefer liegen als deren kantonale Realität. Die SKOS selber hat bislang (noch) keine Armutsgrenze definiert.

Notbedarf gemäß Betreibungsamt

Das Betreibungsamt hilft den Gläubigern, ihre ausstehenden Forderungen einzutreiben. Um den Schuldner jedoch davor zu bewahren, im Falle einer Pfändung Not zu erleiden, setzt das Betreibungsrecht einen **Notbedarf** fest. Dabei handelt es sich um ein unpfändbares, garantiertes Existenzminimum gemäß Artikel 93 des Schuldbetreibung- und Konkursgesetzes (SchKG). Die Bemessung der Höhe des Notbedarfs liegt in kantonaler Kompetenz, jedoch wenden die meisten Kantone die

15 Bundesverfassung, Art. 7.

von der Konferenz der Betreibungs- und Konkursbeamten ausgearbeiteten Richtlinien an.[16] Diese setzten den monatlichen Grundbetrag für die allgemeinen Lebenshaltungskosten wie folgt an:

- ► 1100 Franken für allein stehende und allein lebende Schuldner und Schuldnerinnen
- ► 1250 Franken für Alleinerziehende mit Unterstützungspflichten
- ► 1550 Franken für Ehepaare oder zwei andere Erwachsene, die eine dauernde Hausgemeinschaft bilden
- ► 250 Franken für jedes Kind im Alter von bis zu sechs Jahren
- ► 350 Franken für jedes Kind zwischen sechs und zwölf Jahren
- ► 500 Franken für jedes Kind ab zwölf Jahren

Wohnkosten, → Sozialversicherungs- und Krankenkassenbeiträge sind nicht eingerechnet und müssen separat dazugezählt werden. Daneben können noch andere Ausgaben wie etwa unumgängliche Berufsauslagen, rechtlich oder moralisch geschuldete Unterstützungs- oder Unterhaltsbeiträge oder besondere Auslagen für Schulung der Kinder geltend gemacht werden. Steuern werden in dieser Rechnung nicht berücksichtigt. ■

Der Notbedarf ist indexiert. Er beruht auf dem Landesindex der Konsumentenpreise mit Basis Mai 2000 (=100%). Die Ansätze müssen erst ab einem Indexstand von 110 Punkten geändert werden.

Armutsgrenze gemäß AHV/IV: Anspruchsgrenze für Ergänzungsleistungen (EL)

Bezügerinnen und Bezüger einer AHV- oder IV-Rente, welche ein Einkommen erzielen, welches unter der Armutsgrenze gemäß → AHV/IV liegt und deren Vermögen einen kantonal festgelegten Betrag nicht übersteigt[17], haben Anrecht auf → EL. Diese Geldleistungen ergänzen das Renteneinkommen bis zu dieser Grenze. Da es sich um eine Bedarfsleistung handelt, werden die EL nicht automatisch ausbezahlt, sondern müssen beantragt werden.

Das Existenzminimum gemäß EL ist nicht in allen Kantonen gleich hoch. Es muss jedoch per 1. Januar 2005 für daheim lebende Personen innerhalb der folgenden gesetzlich verordneten Bandbreite liegen[18]:

- ► 1337 bis 1470 Franken für eine Einzelperson
- ► 2005 bis 2205 Franken für ein Ehepaar
- ► 702 bis 769 Franken für Waisen oder für die ersten beiden Kinder mit Anspruch auf eine Kinderrente der AHV oder IV
- ► 513 Franken für die nächsten beiden Kinder
- ► 256 Franken für jedes weitere Kind

Diese Beträge werden alle zwei Jahre mittels eines **Mischindexes**[19] der Lohn- und Preisentwicklung der Teuerung angepasst.

Im allgemeinen Lebensbedarf gemäß EL sind die minimalen Sozialversicherungsbeiträge (ohne Krankenkassenprämien) mit einbe-

16 Konferenz der Betreibungs- und Konkursbeamten der Schweiz, 2000. Einsehbar unter: www.berechnungsblaetter.ch/rilexmi.htm.

17 In den meisten Kantonen wird ein Vermögensfreibetrag von 25 000 Franken für Alleinstehende und 40 000 Franken für Ehepaare gewährt. Selbst bewohnte Liegenschaften werden meistens erst ab einem Wert von 75 000 Franken in die Berechnungen mit einbezogen.

18 Stand 1.1.2006 (Verordnung 05 über Anpassungen bei den Ergänzungsleistungen zur AHV/IV, Art 1, a–c).

19 Die Lohn- und die Preisentwicklung werden zu je 50 Prozent berücksichtigt.

rechnet. Die Steuern werden auch in dieser Berechnung nicht berücksichtigt, wobei die EL von den Steuern befreit sind. Die AHV/IV-
Renten sind jedoch steuerpflichtig. Auch die Wohnkosten sowie eine
kantonsabhängige Pauschale für die Krankenkassenprämien sind im
Grundbedarf noch nicht berücksichtigt und müssen separat dazugerechnet werden. Weiter können krankheits- und behinderungs-
bedingte Kosten bis zu einem jährlichen Maximalbetrag von 25 000
Franken für Alleinstehende und 50 000 Franken für Ehepaare angerechnet werden. Dieser Betrag kann bei auf → Hilflosenentschädigung
angewiesenen Personen auf bis zu 90 000 Franken erhöht werden.[20]

Die SKOS-Richtlinien

Die **Richtlinien der Schweizerischen Konferenz für Sozialhilfe (→ SKOS)** bestimmen die wohl wichtigste Armutsgrenze der Schweiz. Ihr Ziel ist es,
die Sozialhilfe in der Schweiz zu vereinheitlichen. Bei den Richtlinien
handelt es sich um unverbindliche Empfehlungen zuhanden der
Sozialhilfeorgane der Kantone und Gemeinden, der Organisationen
der privaten Sozialhilfe sowie der Bundesstellen, die sich mit der
Sozialhilfe befassen. Durch die ganze oder teilweise Aufnahme in
kantonale- und kommunale Gesetze erlangen sie jedoch vermehrt allgemeine Verbindlichkeit. Die Richtlinien wurden 2005 revidiert und
per 1.1.2006 bereits in 18 kantonale Sozialhilfegesetze aufgenommen,
wenn auch zum Teil mit Abweichungen.

Das Existenzminimum gemäß SKOS-Richtlinien soll einerseits die
materielle Existenz sichern und andererseits die soziale und berufliche
Integration fördern. Die materielle Grundsicherung setzt sich aus
einem minimalen Betrag zur Deckung des Grundbedarfs, den (orts-
üblichen) Wohnkosten (inkl. Nebenkosten) sowie der medizinischen
Grundversorgung (Krankenkassenprämien plus Franchisen und
Selbstbehalt) zusammen. Die Sozialhilfeleistungen sind in der Regel
von den Steuern befreit.

Für den Grundbedarf gelten folgende Beträge:

- ▶ 960 Franken für eine Person
- ▶ 1469 Franken für zwei Personen
- ▶ 1786 Franken für drei Personen
- ▶ 2054 Franken für vier Personen
- ▶ 2323 Franken für fünf Personen
- ▶ 2592 Franken für sechs Personen
- ▶ 2861 Franken für sieben Personen
- ▶ 269 Franken für jede weitere Person
- ▶ 225 bis 510 Franken für Personen in stationären Einrichtungen

Zusätzlich zu dieser materiellen Existenzsicherung sehen die
Richtlinien **situationsbedingte Leistungen (SIL)** vor. Das sind Leistungen,
die «ihre Ursache in der besonderen gesundheitlichen, wirtschaftlichen
und familiären Lage einer unterstützten Person»[21] haben. Sie werden

20 Bei in Heimen wohnhaften
Personen gelten die (nach oben
beschränkte) Tagestaxe sowie
eine Pauschale für persönliche Auslagen als anerkannte
Ausgaben. Krankheits- und
Behinderungskosten können nur
bis 6000 Franken geltend gemacht
werden.

21 SKOS, 2005. online: www.skos.ch/
deutsch/pdf/RL/Ringbuch_
deutsch.pdf.

gewährt, sofern sie sinnvoll und verhältnismäßig sind. Es kann sich dabei zum Beispiel um Zahnarztrechnungen (Gesundheitskosten), um Auslagen für eine zur Berufsausübung nötige Coiffeurschere (Berufsauslagen), um Krippenkosten, um Kosten für einen Schreibmaschinenkurs oder auch um Kosten für Urlaub oder Erholung handeln.

Nicht erwerbstätige Personen ab vollendetem 16. Altersjahr, welche sich besonders um ihre beruflich oder soziale Integration bemühen, erhalten gemäß Richtlinien eine **Integrationszulage (IZU)**. Je nach Ausmaß der Bemühungen beträgt sie zwischen 100 und 300 Franken. Teilnahme an Programmen, Weiterbildungen, Ausbildungen oder auch gemeinnützige Tätigkeiten werden so honoriert. Allein erziehende Personen, von denen auf Grund der Betreuungsarbeiten keine Teilnahme an außerfamiliären Integrationsaktivitäten erwartet werden darf, erhalten eine IZU von mindestens 200 Franken. Eine **minimale Integrationszulage (MIZ)** von 100 Franken erhalten jene Personen, die aus gesundheitlichen Gründen oder auf Grund mangelnder Angebote keiner Integrationsaktivität nachgehen können, dies aber erwiesenermaßen gerne tun würden.

Die neuen Richtlinien sehen zudem **Einkommensfreibeträge (EFB)** vor. Die ersten 400 bis 700 Franken des Erwerbseinkommens müssen nicht als solches angerechnet werden. Dadurch werden Anreize für die Arbeitsaufnahme oder die Erhöhung des Pensums gesetzt. ■

Die Richtlinien sehen eine Obergrenze von 850 Franken pro Haushalt und Monat für das Total aller Zusatzbeträge vor. Verschiedene Kantone verwenden andere Grenzen. ■

Armutsgefährdungsgrenzen

Die hier definierten Armutsgrenzen müssen von den in Frankenbeträgen leicht höher liegenden **Armutsgefährdungsgrenzen** unterschieden werden. Es handelt sich dabei ebenfalls um festgelegte Grenzen, welche mit der Einkommenslage der betroffenen Personen verglichen werden. Wer ein Einkommen erzielt, das unter dieser Grenze liegt, gilt als armutsgefährdet, und entsprechend hat diese Person Anspruch auf Beiträge oder Vergünstigungen. Prämienverbilligungen, Stipendien oder Kleinkinderbetreuungsbeiträge werden nach diesem Prinzip vergeben.

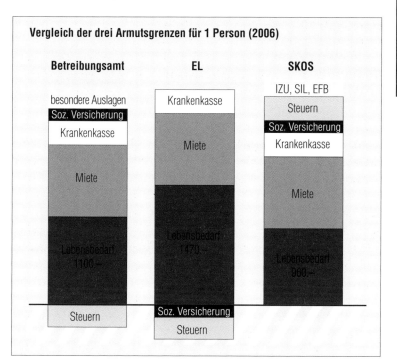

Vergleich der drei Armutsgrenzen für 1 Person (2006)

Betreibungsamt	EL	SKOS

besondere Auslagen
Soz. Versicherung
Krankenkasse
Miete
Lebensbedarf 1100.–
Steuern

Krankenkasse
Miete
Lebensbedarf 1470.–
Soz. Versicherung
Steuern

IZU, SIL, EFB
Steuern
Soz. Versicherung
Krankenkasse
Miete
Lebensbedarf 900.–

Zahlen: SKOS, 2005; El-Verordnung 831.309; Konferenz der Betreibungs- und Konkursbeamten der Schweiz, 2006.

Haushalt und Äquivalenzskalen

Haushalt

In der → Sozialhilfe gilt der Haushalt als Referenzgröße und nicht das Individuum. Gingen die Armutsdefinitionen von Einzelpersonen aus, würden (fast) alle Nichterwerbspersonen als arm gelten. **Nichterwerbspersonen** sind Menschen, die keinem Erwerb nachgehen oder nachgehen können. Kinder, Familienpersonen oder Studierende gehören zu dieser Kategorie. Auch wenn sie kein eigenes Erwerbseinkommen aufweisen, sind sie nicht automatisch arm. Sie werden im Sinne der Grundsätze der → Solidarität und der → Subsidiarität von ihren verdienenden Familienmitgliedern getragen. Armut ist daher als Problem eines ganzen Haushalts definiert.

(Privat-)Haushalte werden zunächst in Einpersonen- oder Mehrpersonenhaushalte unterteilt, Mehrpersonenhaushalte wiederum in Familienhaushalte und Nichtfamilienhaushalte.[22] Als **Familien** gelten gemäß Bundesverfassung alle «Gemeinschaften von Erwachsenen und Kindern».[23] Es wird also weder Ehe oder Zusammenleben der Eltern noch biologische Elternschaft vorausgesetzt.

Äquivalenz

Äquivalenzskalen sagen etwas über die Bemessungs- oder Leistungsgleichheit aus. Im Zusammenhang mit dem Thema Armut geht es grundsätzlich darum, alle Haushalte, unabhängig von ihrer Größe und ihrer Zusammensetzung, gleich zu behandeln. Denn je größer der Haushalt, desto günstiger wird das Leben für die einzelnen Personen des Haushaltes. Ausgabenposten wie Miete, Strom und Wasser können durch Anzahl Personen geteilt werden. Auch in andern Bereichen wie zum Beispiel der Nahrung sind für die Einzelperson im Mehrpersonenhaushalt Einsparungen möglich. Ein 20-Kilo-Sack Kartoffeln ist günstiger als zwanzig 1-Kilo-Säcke und ein Zeitungsabonnement für den ganzen Haushalt ermöglicht ebenfalls markante Einsparungen.

Dieser Ausgleich zwischen Ein- und Mehrpersonenhaushalt mittels Äquivalenzskalen kann auf zwei Arten geschehen. Entweder wird vom Haushaltseinkommen auf das durchschnittliche Einkommen jedes einzelnen Mitglieds geschlossen oder von einer Unterstützungsleistung für eine Einzelperson auf die Leistungen für den ganzen Haushalt.

Äquivalenzeinkommen

Um vom Haushaltseinkommen auf das Einkommen einer Einzelperson zu schließen, wird häufig die Äquivalenzskala der OECD verwendet. Danach wird in einem ersten Schritt die Äquivalenzgröße eines Haushalts bestimmt. Dafür wird jedem Haushaltsmitglied ein Wert zugewiesen und diese Werte dann zusammengezählt.

22 Definition gemäß www.bfs.admin. ch, Rubrik 1, «Bevölkerung».

23 Bundesverfassung, Art.41, Abs. 1c.

► Die erste erwachsene Person erhält den Wert 1,0,

► jedes weitere Erwachsene oder jedes Kind über 14 Jahre den Wert 0,5

► und jedes Kind unter 14 Jahren den Wert 0,3.[24]

Anschließend wird das Haushaltseinkommen durch die so errechnete Äquivalenzgröße geteilt und es resultiert das **Äquivalenzeinkommen** einer Einzelperson, welches der besseren Vergleichbarkeit der Einkommen dient.

Äquivalenzleistungen

Bei der Leistungsberechnung kommen immer wieder Äquivalenzskalen zum Einsatz, insbesondere bei der Festlegung der → Armutsgrenzen. Als Beispiel sei hier die Äquivalenzskala der → SKOS erläutert. Der → Grundbedarf für die allgemeinen Lebenskosten wurde für eine Einzelperson ermittelt. Je nach Größe des Haushaltes wird dieser Betrag mit einem entsprechenden Äquivalenzfaktor multipliziert[25]:

► 1 Person = 1,00

► 2 Personen = 1,53

► 3 Personen = 1,86

► 4 Personen = 2,14

► 5 Personen = 2,42

► 6 Personen = 2,70

► 7 Personen = 2,98

► jede weitere Person = + 0,28

Kinder und Erwachsene werden in dieser Skala gleich behandelt.

Die Leistungshöhe hängt also stark mit der verwendeten Äquivalenzskala zusammen. Ein direkter Vergleich der Skalen der OECD und der SKOS zeigt diesen Unterschied eindrücklich auf. Während die Unterschiede zwischen den zwei Skalen bei kleinen Familien noch relativ gering sind, benachteiligen die SKOS-Richtlinien Familien mit mehreren Kindern deutlich.

	SKOS-Skala	Betrag	OECD-Skala	Betrag	Differenz (SKOS-OECD)
1 Erwachsenes	1.00	960	1.0	960	0
2 Erwachsene	1.53	1469	1.5	1440	29
2 Erwachsene, 1 Kleinkind	1.86	1786	1.8	1728	58
2 Erwachsene, 1 Kleinkind, 1 Jugendliches	2.14	2054	2.3	2208	−154
2 Erwachseno, 1 Kleinkind, 2 Jugendliche	2.42	2323	2.8	2688	−365

Ausgegangen wird in diesem Beispiel vom Grundbedarf gemäß SKOS für die Lebenshaltungskosten einer Person, also 960 Franken (Stand 1.1.2006). Darstellung: Caritas.

24 BFS, 2004b, S. 7.

25 SKOS, 2005.

Transferleistungen, verfügbares Einkommen

Transferleistungen

Als **Transferleistungen** werden alle Zahlungen staatlicher und privater Organe bezeichnet, die das Haushaltseinkommen erhöhen. Sie sind durch das Eintreten bestimmter Umstände oder Risiken (wie zum Beispiel Mutterschaft, Pensionierung oder Invalidität) begründet. Das Transfereinkommen macht heute durchschnittlich knapp ein Viertel des ganzen Haushaltseinkommens aus, bei Rentnerinnen und Rentnern sogar gute vier Fünftel.[26] Seit 1992 hat sich das Transfereinkommen im Durchschnitt beinahe verdoppelt. Damals waren 13,8% des Haushaltseinkommens Transferleistungen.[27]

Die **staatlichen Transferleistungen** lassen sich in zwei Gruppen unterteilen: → Sozialversicherungsleistungen und → bedarfsabhängige Transfers. Diese Leistungen machen den größten Teil der Transfereinnahmen aus, wobei der Anteil der Sozialversicherungsleistungen klar überwiegt.

Private Transferleistungen sind finanzielle Unterstützungsleistungen eines Haushalts an einen andern. Alimentenzahlungen, Verwandtenunterstützung und finanzielle Unterstützung von Freunden fallen unter diesen Begriff. Im Jahr 2002 machten diese Transfers durchschnittlich 5,3% des Haushaltseinkommens aus, also etwa ein Viertel des gesamten Transfereinkommens. Bei unselbständig erwerbenden Haushalten sind die privaten Transfers besonders wichtig und machen etwa die Hälfte des Transfereinkommens aus.[28] Als Folge der wachsenden Scheidungsrate und der damit zusammenhängenden Alimente ist der Anteil privater Transfers gegenüber 1992 stark gewachsen (→ Scheidung).

Verfügbares Einkommen

Das **verfügbare Einkommen** ist das Einkommen, das einem Haushalt Ende des Monats zur Verfügung steht. Zieht man davon noch die Fixkosten ab, erhält man das kurzfristig frei verfügbare Einkommen.

Anteil staatlicher Transferleistungen am Haushaltseinkommen

1992
12.8%

2003
17.5%

Zahlen: BFS, 2000, S. 11/12.

26 22,9% respektive 81,8%, Stand 2002. BFS, 2004b, S. 17, online aktualisiert: www.bfs.admin.ch, 20 Einkommen und Lebensqualität.

27 BFS, 2000, S. 11/12.

28 BFS, 2004b, S. 17.

Kurzfristig frei verfügbares Einkommen

+ Brutto-Erwerbseinkommen aller Haushaltsmitglieder
+ Vermögenseinkommen des Haushalts wie Sparzinsen, Dividenden, Erbschaften
+ Einkommen aus staatlichen Transfers (Sozialversicherungen und bedarfsabhängige Sozialleistungen)
+ Einkommen aus privaten Transfers

= **Bruttohaushaltseinkommen**

– Zwangsausgaben (Prämien obligatorischer Sozialversicherungen, Steuern, Schuldzinsen, Alimentenzahlungen, Verwandten-unterstützung)

= **Verfügbares Einkommen**

– Fixkosten (Miete, Hypothekarzinsen, Versicherungsprämien)

= **Kurzfristig frei verfügbares Einkommen**

Vom Bruttoeinkommen zum kurzfristig frei verfügbaren Einkommen (2001)

Sozialversicherungs-beiträge 13%

Steuern 11%

Versicherungen, Übertragungen 7%

Miete, Hypozins, Nebenkosten 14%

Kurzfristig frei verfügbares Einkommen 55%

Zahlen: Einkommens- und Verbrauchserhebung 2001, Auswertung Ecoplan. Alle Haushalte, Mieter und Eigentümer.

Das verfügbare Einkommen beträgt durchschnittlich etwa drei Viertel des Brutto-→ Äquivalenzeinkommens, das kurzfristig frei verfügbare gut die Hälfte.[29]

Vor- und Nachtransfer-Armut

Um die Wirksamkeit der Transferleistungen und somit des Sozialstaats zu prüfen, kann das Haushaltseinkommen vor Transferleistungen mit jenem nach Transfer verglichen werden. In einem gut funktionierenden Sozialstaat müsste die Armutsquote wie auch die Einkommensungleichheiten nach Transferleistungen deutlich tiefer sein als davor. Zwei Studien versuchen, die Wirkung zu messen: 1998 reduzierten die bedarfsabhängigen Leistungen die Armutsquote der Bevölkerung im erwerbstähigen Alter um 28%, und zwar von 5,9 auf 4,2%.[30] Die Wirksamkeit stieg gegenüber 1992 leicht an. Damals reduzierte sich die Quote von 6,7 auf 5,9%.[31] Auch im internationalen Vergleich ist die Wirkung des Schweizer Sozialstaats eher gering.[32] ∎

CARITAS:

Das Anrecht auf Bedarfsleistungen muss gesetzlich so verankert werden, dass die Behörden von sich aus dafür besorgt sind, dass diese Unterstützung armutsbetroffenen Haushalten gewährt wird.

29 BFS, 2004b, S. 8.
30 Büro Bass, 2004, Ausführliche Zusammenfassung S. 8.
31 BFS, 2000, S. 16.
32 Vergleiche Unicef, 2005 (Kinder).

Erfasste Armut und Nichtbezugsquoten

Verdeckte und erfasste Armut

Ein beträchtlicher Teil der in Armut lebenden Menschen machen von ihrem Anrecht auf staatliche Unterstützung keinen Gebrauch. Sie leben momentan oder dauernd von weniger als dem sozialen Existenzminimum. Ein Überleben in Armut ist möglich. Wenn die betroffenen Personen auch in den meisten Fällen nicht Hunger leiden müssen, sind sie durch diese Situation in vielen → Lebensbereichen stark eingeschränkt. Da die Situation vieler dieser Menschen nirgends erfasst ist, spricht man von **verdeckter Armut.**

Arme Personen, die → EL oder → Sozialhilfe beantragen, werden erfasst. Ihr Anspruch wird einer individuellen Bedürfnisprüfung unterzogen. Sobald dieser anerkannt ist, tauchen sie als (anonymer) Fall in den offiziellen Statistiken auf; sie sind **erfasste Arme.**

Nichtbezugsquoten

Das Total aller armen Menschen besteht also aus der Summe der erfassten Armen und der verdeckten Armen. Setzt man die Zahl der Menschen, welche theoretisch Anrecht auf Sozialhilfe hätten, dieses jedoch nicht nutzen, in Beziehung zum Total aller Armen, so ergib sich die **Nichtbezugsquote** oder Dunkelziffer der Armut.

Das Phänomen des Nichtbezugs besteht nicht nur bei der Sozialhilfe. Auch andere Bedarfsleistungen werden nicht von allen berechtigten in Anspruch genommen. Der Nichtbezug von → Bedarfsleistungen ist (noch) nicht gut erforscht. Die aktuellen Quoten müssen geschätzt werden.

Auch über die Gründe des Nichtbezugs ist wenig bekannt. Die Hemmschwelle, Hilfe von offizieller Seite zu beziehen, ist relativ hoch. Besonders in ländlichen Regionen, wo jeder jeden kennt, ist die stigmatisierende Wirkung von Bedarfsleistungen nach wie vor stark spürbar. Viele der Betroffenen hoffen, dass es sich in ihrem Fall um eine vorübergehende Notlage handelt, welche selbst gemeistert werden kann. Weiter hält der administrative Aufwand und die mit der Bedürfnisprüfung verbundene Befragung zur persönlichen Situation einige Menschen vor dem Gang zum Sozialamt ab. Die Angst davor, dass die Verwandten zur Unterstützung verpflichtet würden, hängt damit zusammen (→ Verwandtenunterstützung). Schließlich sind teilweise sehr geringe materielle und finanzielle Ansprüche ein Grund für den Nichtbezug.[33]

---

33 Wilde, Kubis, 2005.

Grundsätze der Sozialhilfe

Die → Sozialhilfe ist das für die Armutsthematik zentralste Element des → Systems der sozialen Sicherheit. Entsprechend kommt den ihr zugrunde liegenden Prinzipien in der ganzen Armutsdiskussion große Bedeutung zu. Vorgängig aber zwei generelle Grundsätze.

Solidarität

Solidarität bedeutet Zusammengehörigkeit, Verbundenheit. Wer solidarisch handelt, tut dies mit einem Gefühl von Verbundenheit und der Möglichkeit auf Gegenseitigkeit. Solidarisch Handeln setzt vollständiges Respektieren des andern voraus. «Behandle deinen nächsten wie dich selbst» trifft somit eher zu als «die Starken helfen den Schwachen.»[34]

Solidarität hat verschiedene Formen. Im Rahmen der Sozialversicherungen spricht man von der «großen» Solidarität. Diese ist institutionalisiert, obligatorisch und orientiert sich grundsätzlich am Erwerbseinkommen.[35] Die AHV zum Beispiel basiert auf der Solidarität zwischen den Generationen. Die Altersrenten werden aus den Beiträgen der aktiven Bevölkerung bezahlt. Letztere vertrauen darauf, dass es ihnen die nachfolgende Generation gleichtun wird. Die Solidarität im Rahmen der AHV geht noch weiter: Besserverdienende unterstützen schlechter gestellte Versicherte, erwerbstätige unterstützen durch die Erziehungsgutschriften die Kinderbetreuenden, und dank dem Splitting unterstützen sich Ehegatten gegenseitig.

Diese «große» Solidarität der Gesellschaft wird im Idealfall durch viele «kleine» Solidaritäten von Familie, Freunden und Bekannten ergänzt. ∎

Eigenverantwortung

Die Verantwortung für das persönliche Wohlergehen liegt primär und im Rahmen des Möglichen in der Verantwortung des Einzelnen. Der den Sozialzielen gewidmete Artikel 41, Abs. 1 der Bundesverfassung hält die Priorität der **Eigenverantwortung** ausdrücklich fest.[36] Die Erwerbsarbeit ist der Schlüssel zur Eigenverantwortung.

Nur, nicht alle Menschen haben den gleichen Zugang zur Erwerbsarbeit und somit zur Wahrung ihrer Eigenverantwortung. Zudem wird die Erwerbstätigkeit von verschiedenen Risiken bedroht (→ Kapitel 3, Armut). Vom Arbeitsmarkt ausgeschlossene Menschen sind auf die Solidarität anderer angewiesen.

Zur Absicherung der Individuen gegen die häufigsten Risiken wie → Krankheit, Unfall oder → Arbeitslosigkeit wurden im Rahmen der großen Solidarität die → Sozialversicherungen ins Leben gerufen. So wird das Risiko des Einzelnen auf die ganze Gesellschaft verteilt. Es sind jedoch (noch) nicht alle sozialen Risiken versicherbar (→ Kapitel 3, Ursachen der Armut).

CARITAS:

Es ist wichtig, dass diese beiden Facetten der gesellschaftlichen Solidarität nicht gegeneinander ausgespielt werden. Sie ergänzen einander. Die Stärkung der kleinen Solidaritäten ist zu begrüßen, solange dadurch die große Solidarität im Sozialstaat nicht in Frage gestellt wird.

34 Twisselmann, 1997.

35 Knöpfel, 1997.

36 Wortlaut: «Bund und Kantone setzen sich in Ergänzung zu persönlicher Verantwortung und privater Initiative dafür ein, dass: ...».

Im dem Falle, wo kein Versicherungsschutz (mehr) besteht, ist das nächste Glied nach der Eigenverantwortung die Verantwortung der Familie. Der Artikel 328 des Zivilgesetzbuchs (ZGB) schreibt zur **Verwandtenunterstützung** Folgendes vor: «Wer in günstigen Verhältnissen lebt, ist verpflichtet, Verwandte in auf- und absteigender Linie zu unterstützen, die ohne diesen Beistand in Not geraten würden. Die Unterhaltspflicht der Eltern und des Ehegatten bleibt vorbehalten.» Die Unterstützungspflicht gilt somit ausschließlich in direkter auf- und absteigender Linie zwischen Kind, Eltern und Großeltern, und nur, sofern es diesen Verwandten finanziell gut geht. Die Leistungspflicht gilt jedoch nicht uneingeschränkt, wie Artikel 329 zeigt. Es kann nur soviel Unterstützung gefordert werden, wie zur angemessenen Deckung des Lebensunterhalts des Bedürftigen nötig ist.

Die Sozialhilfe ist immer wieder mit diesem Gesetz konfrontiert. Die Durchsetzung liegt in der Kompetenz der Kantone oder Gemeinden, je nach Organisation der Sozialhilfe. Da das ZGB die Behörden nicht ausdrücklich verpflichtet, diese Forderung geltend zu machen, wird sie auch nicht überall gleich konsequent angewendet. Mit dem Ziel einer einheitlichen Handhabung schlägt die → SKOS in ihren Richtlinien vor, die Verwandtenunterstützung erst zu prüfen, wenn die Verwandten ein Einkommen von 60 000 Franken für Alleinstehende respektive 80 000 für Verheiratete plus einen Zuschlag von 10 000 Franken für jedes minderjährige Kind versteuern. Die entsprechende Vermögensgrenze liegt bei 100 000 Franken für Alleinstehende, 150 000 für Verheiratet und 20 000 Franken pro Kind.[37]

Bedarfsprinzip und Bedarfsleistungen

Bedarfsleistungen sind Leistungen des Sozialstaats, die nur dann ausbezahlt werden, wenn ein konkreter Bedarf besteht. Sie setzen eine individuelle Bedarfsabklärung bzw. Bedarfsrechnung voraus, und müssen deshalb in der Regel schriftlich und unter Offenlegung der persönlichen Situation beantragt werden. Diese Leistungen sind → subsidiär zu jenen der Sozialversicherungen.[37] ■

Neben den → EL ist die Sozialhilfe das prominenteste nach dem **Bedarfsprinzip** organisierte sozialstaatliche Sicherungsinstrument. Es wird oft auch **Fürsorgeprinzip** genannt. Sozialhilfe wird nur in einer individuellen, aktuellen und konkreten Notsituation ausgerichtet und nur dann, wenn tatsächlich ein wirtschaftlicher Bedarf zur Deckung des Existenzminimums besteht.

Finalitätsprinzip

Das Bedarfsprinzip basiert auf zwei weiteren wichtigen Prinzipien: dem Finalitäts- und dem Subsidiaritätsprinzip. Das **Finalitätsprinzip** besagt, dass im Falle eines konkreten Bedarfs Leistungen ausbezahlt werden, ohne zunächst nach den Ursachen dieses Bedarfs zu fragen. Einzig das Vorhandensein eines Bedarfs wird geklärt. Die Leistungen

CARITAS:

Die meisten Bedarfsleistungen fallen bei steigendem Einkommen von einem Moment zum andern treppenförmig oder gar vollständig weg. Es fehlt eine Übergangszone, ein **phase out**. Damit werden Haushalte knapp über und knapp unter der Bezugsgrenze sehr ungleich behandelt. So entstehen falsche Anreize, die Erwerbsarbeit zu reduzieren, damit der Haushalt bezugsberechtigt bleibt.

37 Sozialversicherungen basieren auf dem (Sozial-) Versicherungsprinzip. Anspruch auf Leistung im Schadenfall hat nur, wer zuvor seinen Versicherungsschutz mittels Prämien bezahlt hat.

werden für jeden Haushalt individuell aus der Differenz zwischen Einkommen und Existenzminimum berechnet. Gegenprinzip ist das **Kausalitätsprinzip**, welches unter anderem bei den Sozialversicherungen angewendet wird. Dieses macht die Leistungen von der Bedarfsursache abhängig: Invalidität führt zu einer Invalidenrente, Arbeitslosigkeit zu Arbeitslosentaggeld. ■

Subsidiaritätsprinzip

Die Reihenfolge der verschiedenen Hilfeleistungen wird durch das Prinzip der **Subsidiarität** geregelt. Ein Sicherungselement gilt als subsidiär, wenn es ausdrücklich erst nach Ausschöpfung einer ihm vorgelagerten Leistung aktiviert wird. Diese Regel kommt zwischen verschiedenen Elementen zum Einsatz:

▸ Eigenverantwortung vor Sozialstaat: Im Rahmen des Möglichen ist jeder und jede verpflichtet, sich selbst zu helfen, bevor Hilfe vom Sozialstaat beansprucht werden kann.[38]
▸ Sozialversicherungen vor bedarfsabhängigen Sozialleistungen: Bedarfsabhängige Leistungen werden erst dann ausbezahlt, wenn allfällige Leistungen der Sozialversicherungen nicht ausreichen.
▸ Sozialhilfe ganz am Schluss: Die Sozialhilfe ist subsidiär zu allen andern sozialstaatlichen Sicherungselementen sowie der Selbsthilfe und der Verwandtenunterstützung. Sie ist das letzte Glied der Solidaritätskette im Sozialstaat. ■

Weitere Grundsätze der Sozialhilfe

Die →SKOS-Richtlinien weisen auf weitere wichtige Grundsätze der Sozialhilfe hin[39]:

▸ Wahrung der Menschenwürde[40]: Der Hilfe beziehende Mensch «soll befähigt werden, in der Umgebung von Nicht-Hilfeempfängern ähnlich wie diese zu leben.» Oder anders gesagt: «Wenn der Mensch gezwungen ist, ökonomisch unter Lebensbedingungen zu existieren, die ihn zum Objekt erniedrigen,»[41] dann wird dieser Grundsatz missachtet.
▸ **Individualität:** Die soziale Hilfe hat sich an den Besonderheiten und Bedürfnissen der einzelnen bedürftigen Person zu orientieren. Dies setzt eine detaillierte Analyse deren individueller Situation voraus.
▸ Angemessenheit der Hilfe: Sozialhilfe beziehende Menschen dürfen nicht besser gestellt sein als ihre in bescheidenen wirtschaftlichen Verhältnissen lebenden Mitmenschen.
▸ Leistung und Gegenleistung: Das Anrecht auf Hilfe ist an folgende Pflichten seitens der Empfangenden geknüpft:
  − **Auskunftspflicht:** Antragstellende sind verpflichtet, ihre finanzielle und familiäre Situation offen zu legen.
  − **Mitwirkungspflicht:** Bei den Abklärarbeiten muss Hilfe geboten

1.

Armut beschreiben, verstehen und messen

CARITAS:

Die Einführung des Finalitätsprinzips ist Zeichen des sozialen Fortschritts. Im Gegensatz zum Kausalitätsprinzip erübrigt sich die Frage nach dem Grund der Verarmung und verhindert so eine Schuldzuweisung an die Betroffenen. Für die primäre materielle Hilfe ist irrelevant, warum jemand arm ist. Die Ursachen werden erst in einem zweiten Schritt ergründet und zu beheben versucht.

CARITAS:

Unter Spardruck verhält sich die öffentliche Sozialhilfe immer öfter subsidiär zur privaten Sozialhilfe und entzieht sich so zumindest teilweise der staatlichen Verantwortung

38 Diese Subsidiarität hat dort ihre Grenzen, wo Anrecht auf Leistungen der Sozialversicherungen bestehen und die Voraussetzungen erfüllt werden (etwa bei Erreichen des Rentenalters).
39 Gemäß SKOS, 2005, A4–1, und Wolffers, 1993.
40 Siehe auch Art. 7 und 12 der BV.
41 Wolffers, 1993, S. 70.

werden. Änderungen der familiären und finanziellen Situation müssen nachgemeldet werden.

► **Schadenminderungspflicht:** Die unterstützten Personen müssen das in ihrer Kraft Stehende tun, um die Unterstützungsbedürftigkeit zu mindern. Das beinhaltet die Pflicht, sich aktiv um die soziale und berufliche Integration zu bemühen. Nach Möglichkeit ist einer Erwerbstätigkeit nachzugehen (wobei Elternpflichten Vorrang vor Erwerbspflichten haben).

► **Rückerstattungspflicht:** Rückerstattung der Sozialhilfeleistungen wird in wenigen Sozialhilfegesetzen explizit geregelt. Sie wird normalerweise verlangt, wenn sie nach Verbesserung der finanziellen Situation zumutbar ist.

Diese expliziten Grundsätze können durch folgende drei impliziten ergänzt werden:

► Prävention: Die Armutsursachen sind nicht nur zu klären, sondern wenn möglich zu beheben – auf individueller wie auch auf gesellschaftlicher Ebene.[42]

► Soziale Existenzsicherung: Die Sozialhilfe soll verhindern, dass Menschen von der Teilhabe an der Gesellschaft ausgeschlossen werden. Dazu ist mehr als die Garantie des → absoluten Existenzminimums nötig.

► Integration: Berufliche und soziale → Integration sind neben der Existenzsicherung die wichtigsten Ziele der Sozialhilfe. ■

42 In einigen Sozialhilfegesetzten (ZG, SO, ZH) explizit erwähnt. (Wolffers, 1993, S. 75).

Zweidrittelsgesellschaft, Armut im Lebenszyklus, Risikogesellschaft

Verschiedene Theorien versuchen, das Phänomen «Armut» zu erklären. Die drei wichtigsten werden hier kurz vorgestellt, und deren Tragweite diskutiert. Zunächst müssen aber noch zwei zentrale Begriffe eingeführt werden.

Soziale Faktoren und soziale Schicht

Soziale Faktoren lassen sich grob in zwei Gruppen unterteilen: Die **vertikalen Faktoren** Einkommen, Beruf und Ausbildung bestimmen die **soziale Schicht**. Stellt man sich die Gesellschaft als Treppe vor, so kann jedes Individuum entsprechend seiner Herkunft, seiner Ausbildung, seines Berufs und seines Einkommens weiter oben oder weiter unten auf der Treppe respektive in der Gesellschaft platziert werden. Diese Zuweisung zu einer sozialen Schicht wird in entscheidendem Maße durch die soziale Herkunft und damit verbunden durch die Vererbung der ökonomischen-, kulturellen-, sozialen- und symbolischen Kapitalien beeinflusst (→ Kapitel 4, Armut und soziale Herkunft). Die schichtbestimmenden vertikalen Faktoren werden durch die **horizontalen Faktoren** Geschlecht, Alter, Zivilstand, Nationalität und Religion weiter differenziert.

Verfestigte Armut – statische Armutsforschung

Das Wort **Zweidrittelsgesellschaft** stammt aus den 1980er Jahren.[43] Es greift die alte Schicht-Theorie der Klassenspaltung wieder auf und überträgt sie in die postindustrielle Gesellschaft. Danach leben zwei Drittel der Gesellschaft in relativem Reichtum und ein Drittel in Armut. Die beiden Schichten sind wenig durchlässig, das heißt, die Aufstiegschancen wie auch die Abstiegsgefahr sind gering. Armut wird innerhalb des untersten Drittels von Generation zu Generation weitergereicht und verfestigt sich.

Armut im Lebenszyklus

Die Theorie der **Armut im Lebenszyklus** geht auf Untersuchungen der englischen Arbeiterklasse Ende des 19. Jahrhunderst zurück.[44] Man stellte fest, dass das Armutsrisiko in bestimmten Phasen des Lebenszyklus am größten ist. Es handelt sich um Zeitabschnitte, in welchen die Erwerbstätigkeit des Haushalts eingeschränkt ist, zum Beispiel bei der Geburt eines Kindes oder dem hohen Alter eines Haushaltsmitglieds, oder um Phasen, in denen zusätzliche Ressourcen nötig sind, wie bei der Gründung eines Haushalts. Diese kritischen Momente existieren grundsätzlich für alle Menschen, nur ist der Handlungsspielraum minderbemittelter Haushalte kleiner.

43 Glotz, 1984. Theorie erklärt in: Volken, Knöpfel, 2004.

44 Rowntree, 1980.

Diese Theorie muss erweitert werden durch neuere kritische Übergangsmomente wie jener von der Schule in die Lehre und jener von der Lehre ins Berufsleben. Auch eine Scheidung ist eine immer häufiger auftretende kritische Phase.

Temporäre Armut – dynamische Armutsforschung

Diese beiden Theorien werden durch jene der **Risikogesellschaft** ergänzt.[45] Die moderne Gesellschaft produziert neben Reichtum auch eine beträchtliche Anzahl sozialer Risiken, wie zum Beispiel neue Formen → prekärer Arbeitsverhältnisse oder den Zerfall der familiären Netze (→ Kapitel 3, Die «neue» Realität). Diese Risiken können fast jeden und jede treffen, und zwar jederzeit. Sie sind nicht länger auf gewisse Gruppen der Gesellschaft beschränkt. Armut wird in dieser Theorie als punktuelles Ereignis oder als Episode mit unvorhersehbaren Anfang und Ende gedeutet. Dadurch entsteht eine Vielzahl individueller Armutsverläufe und -biografien.

Gleichzeitigkeit der Modelle

Keine der drei Theorien vermag die Armutsproblematik allein zu erklären. Eine Kombination dieser drei Modelle kommt der Realität am nächsten. Die so entstehende Darstellung könnte unter dem Titel **70-20-10-Gesellschaft** resümiert werden. 70% der Bevölkerung sind nie arm, 20% sind armutsgefährdet und 10% sind dauernd arm.[46] Alle Gesellschaftsmitglieder sind modernen Risiken wie Arbeitslosigkeit oder Scheidung, die jederzeit und überall beinahe jeden und jede treffen können, ausgesetzt. Die Gefahr, deshalb arm zu werden, ist für Angehörige der oberen Schichten am kleinsten. Daneben birgt jeder Lebensverlauf bestimmte kritische Momente oder Lebensphasen, während denen das Armutsrisiko für 20% der Gesellschaft beachtlich ist. Für Angehörige der tiefsten sozialen Schichten sind all diese Risiken am größten. Armut droht, sich innerhalb dieser untersten 10% zu verfestigen, indem sie von Generation zu Generation weitergegeben wird.

45 Beck, 1986.
46 Leibfried, Leisering, 1997,
    S. 158–200.

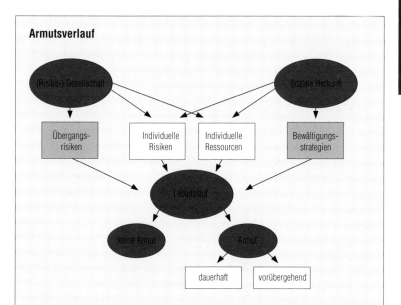

Armutsverlauf

Armut hat einen Verlauf. Sie wird gleichzeitig durch die soziale Herkunft (Zweidrittels-gesellschaft) und den gesellschaftlichen und wirtschaftlichen Kontext (Risikogesell-schaft) bestimmt. Diese beiden Faktoren beeinflussen die individuellen Risiken (das Armutsrisiko ist zum Beispiel für einen Nachkommen der untersten sozialen Schicht, welcher im landwirtschaftlichen Sektor tätig ist, besonders groß), aber auch die individuellen Ressourcen (erwähnter Landarbeiter verfügt in der Regel weder über eine solide Grundbildung noch über ein gutes Salär). Hinzu kommen allgemeine kritische Übergangsphasen (wie zum Beispiel der Übertritt von der Schule in die Lehre oder die Geburt eines Kindes), die sich aus dem gesellschaftlichen Kontext ergeben. Die zur Problemlösung nötigen Bewältigungsstrategien hängen von den individuellen Ressourcen ab. Aus diesem Zusammenspiel ergibt sich der individu-elle Lebensverlauf – mit oder ohne Armut – und schließlich auch die Verbleibsdauer in Armut.

Darstellung: Caritas.

2.

Zahlen und Fakten
zur Armutssituation

2. Zahlen und Fakten zur Armutssituation

Armut ist ein gravierendes soziales Problem in der Schweiz. Doch wie viele Arme in der Schweiz leben, wissen wir nicht. Selbst ein Blick in das Statistische Jahrbuch der Schweiz hilft da nicht weiter. Man erfährt zwar, wie viele Bekassinen und Schnepfen in einem Jahr erlegt werden[1], aber wie viele Menschen in Armut leben, kann man nirgends nachschlagen. Noch immer sind wir auf Schätzungen angewiesen. Und auch diese liegen nur für einzelne Jahre vor. Zeitreihen gibt es hier nicht.

Um so wichtiger ist der internationale Vergleich. Nur so ist erkennbar, wo sich die Schweiz in Relation mit anderen weit entwickelten Ländern aus dem EU-Raum und aus der Gruppe der OECD-Staaten befindet.

Ob jemand arm ist oder nicht, hängt von vielen Faktoren ab. So auch vom Wohnort. Und dies in zweifacher Hinsicht. Zum einen zeigt sich, dass Regionen mit einer dynamischen Wirtschaftsentwicklung weniger Armut aufweisen als Regionen, die mit der Bewältigung des Strukturwandels zu kämpfen haben. Zum anderen beeinflussen die konkreten institutionellen Regulierungen an einem Wohnort, angefangen von den Steuern über die Krankenkassenverbilligung bis zur Alimentenbevorschussung, die Zahl der Armen. Die Schweiz ist auch in dieser Hinsicht von einer markanten Unterschiedlichkeit geprägt.

Das Ausmaß an Armut ist nur ein wichtiger Indikator für die gesellschaftliche Entwicklung. Genauso aussagekräftig ist die Einkommens- und die Vermögensverteilung eines Landes. Wo diese über die Jahre ungleicher wird, ist zumeist eine Verarmung der unteren Mittelschicht zu beobachten. Damit aber steigt die Zahl der → armutsgefährdeten Menschen in einem Land an, und letztlich wird damit auch die Armut größer.

1 BFS, 2003d, T7 3.8.1.

Die Armutssituation in der Schweiz

Ausmaß der Armut

Die Schweiz zählte im Jahr 2003 7,364 Millionen Einwohner und Einwohnerinnen.[2] Wie viele davon sind arm? Da das Ausmaß der Armut in der Schweiz nicht offiziell erhoben wird, kann dieses anhand der verfügbaren Daten nur geschätzt werden. Dabei wird am besten zunächst die Armut in den drei Alterskategorien Kinder, Personen im erwerbsfähigen Alter und Personen im Rentenalter analysiert. In einem zweiten Schritt können diese Zahlen zusammengeführt werden.

▶ **Kinderarmut** (null bis 18 Jahre)[3]: Das Schweizerische Arbeiterhilfswerk (SAH) geht davon aus, dass mindestens 200 000 bis 250 000 Kinder (gemessen an der → Armutsgrenze der → SKOS) in armen Haushalten leben.[4] Die Working Poor-Statistik des BFS spricht von allein 233 000 in Working Poor-Haushalten lebenden Kindern, weshalb die Schätzung mit 250 000 sicher nicht zu hoch ist. Eine andere Schätzung stammt von der Unicef. Diese berechnet, dass 6,8% der Kinder in der Schweiz in armen Haushalten leben.[5] Das wären 113 000 Kinder. Diese Zahl ist kleiner als jene des SAH, da die Armutsgrenze tiefer angesetzt wurde, nämlich bei 50% des → Medianeinkommens.

▶ Armut im **erwerbsfähigen** Alter (19 bis 64 Jahre)[6]: Das BFS schätzt (anhand der Daten der Schweizerischen Arbeitskräfteerhebung → SAKE), dass 13% der 19- bis 59-Jährigen von Einkommensarmut betroffen sind, die Hälfte davon → Working Poor.[7] Mit der Hypothese, dass dieser Anteil auch für die Bevölkerung zwischen 19 und 64 Jahren gilt, sind das 604 400 Personen.

▶ **Altersarmut** (ab 65 Jahre): Hier werden die Berechnungen des Alters-experten François Höpflinger verwendet. Er hat berechnet, dass 17% der Altersrentnerinnen und -rentner vor Auszahlung von → EL arm sind, also 196 600 Personen.[8] Die EL vermögen diesen Anteil auf 3 bis 4% zu verringern, also auf etwa 40 500 Personen.

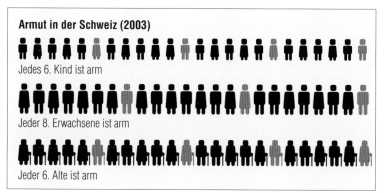

Armut in der Schweiz (2003)

Jedes 6. Kind ist arm

Jeder 8. Erwachsene ist arm

Jeder 6. Alte ist arm

Darstellung: Caritas.

2 BFS, 2005g, S. 76.

3 Das Kindesalter wird je nach Quelle verschieden definiert. Für diese Armutsschätzung gilt das Alter von null bis 18 Jahren.

4 SAH, 2003, S. 7.

5 Unicef, 2005.

6 Je nach Quelle wird das Erwerbs-alter anders begrenzt. Die EU geht zum Beispiel von der Bevölkerung zwischen 20 und 59 Jahren aus. Für diese Schätzung gilt das Erwerbsalter für die Bevölkerung von 19 bis 64 Jahren, also für 4 649 313 Personen.

7 BFS, 2004i, S. 6.

8 Höpflinger, www.mypage.bluewin.ch/hoepf/fhtop/fhalter1.html.

Werden diese drei Gruppen nun zusammengezogen (250 000 arme Kinder, 604 400 Arme im Erwerbsalter, 196 600 Arme im Rentenalter), so ergibt das ein Total von gut einer Million armer Menschen in der Schweiz. Das sind 14,3% der Bevölkerung im Jahr 2003, die ihre Existenz nicht aus eigenem aktuellen oder ehemaligen Einkommen decken können (→ Asyl Suchende und → *Sans-Papiers* ausgeschlossen). Sie sind auf staatliche Unterstützung angewiesen.

Der Sozialstaat vermag diesen Anteil dank EL und → Sozialhilfe etwas zu senken. Die → Nichtbezugsquote dieser beiden → Bedarfsleistungen ist jedoch hoch, sodass auch nach deren Auszahlung etwa 470 000 Menschen (6,4% der Bevölkerung) in Armut leben.[9] ∎

Die Zahl der Armen sagt noch nichts darüber aus, wie arm die Armen sind. Dazu muss die → Armutslücke errechnet werden. Das seco gibt an, dass allein die erwerbstätigen Armen (→ Working Poor) im Durchschnitt ein Einkommen von 28% unter der Armutsgrenze erzielen.[10] Bei den nicht erwerbstätigen Armen ist diese Lücke größer.

Einkommensverteilung

Die Einkommen sind nicht gleichmäßig über die gesamte Bevölkerung verteilt. Trotz allgemein hohem Lebensstandard sind die Einkommensunterschiede innerhalb der Schweiz groß.[11] Die reichsten 10% aller Haushalte in der Schweiz verfügen über gut 20% allen Einkommens, die ärmsten 20% über 9%.[12] Diese Verteilung gilt für das Brutto- wie auch für das → verfügbare Einkommen. Von einer Umverteilung von Reich zu Arm im Steuer- und Sozialsystem der Schweiz kann somit nicht die Rede sein. Der durch die Steuerprogression angestrebte Einkommensausgleich wird durch die umgekehrt (also degressiv) wirkenden Sozialversicherungsbeiträge neutralisiert. Beim kurzfristig frei verfügbaren Einkommen ist der Unterschied zwischen Arm und Reich sogar noch größer. Der Grund dafür ist, dass der Anteil der laufend steigenden monatlichen Wohn- und Versicherungskosten am Haushaltsbudget bei tieferen Einkommen höher ausfällt (→ Mietbelastung).

Zwischen 1990 und 2001 konnte das ärmste Viertel der Haushalte im Erwerbsprozess eine überdurchschnittliche Einkommenssteigerung von 1,3% verzeichnen, aber auch das reichste Zehntel der Haushalte legte um 1,2% zu.[13] Der Mittelstand lag mit einer jährliche Zunahme von 0,5% unter dem Durchschnitt, und der größte Teil dieses Zuwachses stammte nicht aus Erwerbseinkommen, sondern aus zusätzlichem → Transfereinkommen. Insgesamt verringerten sich die Einkommensdisparitäten zwischen den Haushalten im Erwerbsprozess seit 1998, allerdings in sehr geringem Ausmaß.[14] Wird das Erwerbseinkommen gesondert von den übrigen Einkommen betrachtet, kann sogar eine Verstärkung der Unterschiede festgestellt werden.[15] ∎

CARITAS:

Der Arbeitsmarkt ist nicht mehr die selbstverständliche Quelle der Existenzsicherung. Zu viele Menschen werden aus diesem Markt ausgeschlossen oder erzielen darin kein ausreichendes Lohneinkommen mehr. Sie sind auf die Unterstützung des Sozialstaats angewiesen.

CARITAS:

Die Mittelschicht ist unter Druck. Wenn sich ihre Einkommenssituation nicht bald verbessert, werden viele Haushalte in die Zone der Armutsgefährdung abrutschen und vermehrt sozialstaatliche Unterstützung benötigen.

9 Geschätzte Nichtbezugsquote bei der Sozialhilfe: 50%.

10 Seco, 2002, S. 41/42.

11 Tillmann, Budowski, 2004, S. 29.

12 Ecoplan, 2004, S. 35. Stand 2001.

13 Maßgebend ist das Bruttoäquivalenzeinkommen. Beim verfügbaren Einkommen fällt die Zunahme etwas geringer aus.

14 Ecoplan, 2004, S. 29 (auf Grund Zahlen der EVE).

15 Ecoplan, 2004, S. 65 (auf Grund Zahlen der Lohnstrukturerhebung).

Werden nur die Rentnerhaushalte fokussiert, präsentiert sich eine andere Situation. In den letzten Jahren stiegen vor allem die Einkommen des Mittelstands, was durch den immer größer werdenden Kreis der Begünstigten der → Beruflichen Vorsorge erklärt werden kann.[16] Die Extreme zwischen Arm und Reich haben sich indessen nicht merklich verringert. Generell liegt das Einkommen der Rentnerhaushalte gut ein Fünftel tiefer als jenes der Erwerbshaushalte.[17]

Struktur von Einkommen und Ausgaben

Das Einkommen eines Schweizer Haushalts besteht im Durchschnitt zu knapp 70% aus Erwerbseinkommen und zu einem Viertel aus Sozialleistungen. Die restlichen 6% stammen aus Vermögenseinkünften.[18] Dabei besteht das Einkommen von Haushalten im Erwerbsprozess zu knapp 90% aus Erwerbseinkommen, jenes der Rentnerhaushalt zu knapp 80% aus Sozialleistungen. → **Zwangsausgaben** verschlingen ein Viertel dieses Bruttoeinkommens, das heißt Steuern (11%) und Sozialversicherungsbeiträge (13%). Drei Viertel des Einkommens sind somit → verfügbar, gut die Hälfte kurzfristig, ein Viertel ist für monatliche Wohn- und Versicherungskosten reserviert.[19]

Unter Berücksichtigung der Teuerung hat das (→ äquivalente) Bruttoeinkommen zwischen 1990 und 2001 lediglich um 0,6% zugenommen, das durchschnittlich verfügbare gar nur um 0,5%. Die Zwangsausgaben sind somit leicht stärker gewachsen als das Einkommen. ■

CARITAS:

Für viele Menschen in der Schweiz sind die Jahre zwischen 1990 und 2001 ein verlorenes Jahrzehnt. Sie haben zu Gunsten der Wirtschaft auf eine Verbesserung der Einkommen verzichtet. Trotzdem ist die Zahl der Arbeitslosen, der Invaliden und der Sozialhilfebeziehenden gestiegen. Ein schlechter Deal.

16 Ecoplan, 2004, S. 33.

17 Ecoplan, 2004, S. 17 und 34.

18 Ecoplan, 2004, S. 36/37 (maßgebend ist dabei das Bruttoäquivalenzeinkommen).

19 Ecoplan, 2004, S. 12 (basierend auf EVE 2001).

Vermögensverteilung

Die Ungleichheit der Schweizer Bevölkerung wiederspiegelt sich noch deutlicher in der Vermögensverteilung. Über Vermögen wird in der Schweiz freilich noch weniger Klartext gesprochen als über Einkommen. Die einzige Vermögensstatistik der Schweiz wird von der eidgenössischen Steuerverwaltung verfasst. Die aktuellste Version basiert auf Daten aus dem Jahr 1997! Darin werden allerdings Vermögensteile in Form von Hausrat, Immobilien, Lebensversicherungen oder Grundstücken nicht berücksichtigt. Zudem werden die Zahlen nicht mittels einer → Äquivalenzskala an die Haushaltsgröße angepasst, sondern beziehen sich ausschließlich auf die steuerpflichtigen Personen.[20]

Die Vermögensverteilung, gemessen mit dem → Gini-Koeffizienten, war 1997 mit 0,675 erheblich ungleicher als jene des Einkommens (0,281 für 1995/96).[21] 30% der Steuerpflichtigen verfügten 1997 über kein Vermögen, 60% über ein Vermögen unter 60 000 Franken. Demgegenüber verfügten 3% über ein Vermögen von über einer Million. Das Vermögen dieser drei Prozent machte die Hälfte des gesamten Privatvermögens in der Schweiz aus.[22]

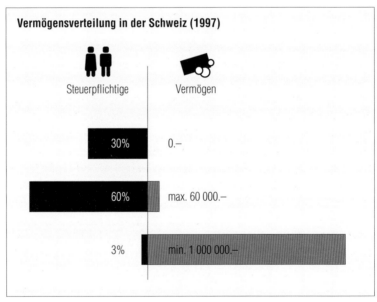

Zahlen: ESTV, 1997.

Vermögen kann selbst erschaffen werden – oder es kann geerbt werden. Mehr als zwei von drei Schweizerinnen und Schweizern erben. Die Hälfte davon fast gar nichts, 40% erben ein Viertel und 10% erben drei Viertel der gesamten Vererbungssumme.[23] ∎

20 ESTV, 1999.

21 Ecoplan, 2004, S. 103.

22 ESTV, 1999, errechnet aus Tabelle 1.3. Siehe auch: Mäder, Streuli, 2002, S. 49–51.

23 Büro Bass, laufendes Projekt.

54

Armut und Reichtum sind nicht gleichmäßig über die gesamte Schweiz verteilt. In einzelnen Regionen, Kantonen oder Gemeinden ist das Armutsrisiko größer als in anderen.

Regionale Armutsunterschiede

Weil die Armutszahlen selbst nur geschätzt werden können, müssen andere Daten zu Hilfe gezogen werden, um die räumlichen Unterschiede der Armutsausprägung aufzuzeigen. Dazu eignen sich Analysen zu den → Ergänzungsleistungen (EL) und, soweit vorhanden, zur → Sozialhilfe.

Bezug von EL

Die EL sind ein wichtiges nationales Instrument, um Armut unter den Rentnerinnen und Rentnern zu verhindern oder zu mildern. Zahlen zu den EL geben also Aufschluss über den Umfang der Armut in der Gruppe der Rentenbezügerinnen und -bezüger. 27% der IV-Rentnerinnen und -Rentner beziehen EL, bei den Altersrentnerinnen und -rentnern sind es 12%.[24] Zwischen den einzelnen Kantonen bestehen jedoch große Unterschiede. Die Bezugsquoten, also der Anteil EL-Beziehender gemessen am Total aller Rentenbeziehenden, variiert zwischen 8,4% im Wallis und 22,2% im Tessin. Es ist jedoch schwierig, eine Systematik hinter den verschieden hohen Quoten zu erkennen. Tendenziell wird in den lateinischen Kantonen (außer VS, NE, FR) am häufigsten EL bezogen, am wenigsten in der Innerschweiz (außer LU, GL). Auch in einigen Kantonen an der nördlichen Grenze wird wenig EL bezogen (BL, SH, TG). Das Mittelland liegt eher im Mittelfeld.[25]

Neben regionalen Wohlstandsunterschieden tragen verschiedene Faktoren zu diesen Differenzen bei. Zu erwähnen sind die verschieden hohen Kosten für Miete und Krankenkassenprämien, die unterschiedliche kantonale Informationspolitik und die bürokratischen Barrieren im Bereich der EL, die demografische Zusammensetzung der Kantonsbevölkerung, die Höhe der Renten und schließlich auch der Faktor Mentalität, welcher die schwer ermittelbare → Nichtbezugsquote beeinflusst. Es ist davon auszugehen, dass zwischen 20 und 30% der bezugsberechtigten Altersrentnerinnen und -rentner auf EL verzichten.[26] Wahrscheinlich ist die Nichtbezugsquote in der Süd- und Westschweiz im Vergleich zu den anderen Kantonen tiefer, da dort mehr alte Menschen ausländischer Herkunft mit entsprechend tieferen Renten leben.[27]

Bezug von Sozialhilfe

Die nationale Sozialhilfestatistik weist eine große Spannweite bei den Sozialhilfequoten auf. Sie reicht von 6,5% für Basel-Stadt bis zu 0,6%

24 BSV, 2005a.

25 BSV, 2005a, S. 25.

26 Schätzungen von Soziologe und Altersforscher François Höpflinger. Online: www.mypage.bluewin.ch/hoepf/fhtop.

27 BSV, 2005a, S. 7.

für Appenzell Innerrhoden.[28] Dies hat mit der Bevölkerungsstruktur ebenso zu tun wie mit der Ausgestaltung der kantonalen Bedarfsleistungen.

Vergleicht man diese kantonalen Zahlen mit jenen der Städte, so wird deutlich, dass in den Städten verhältnismäßig mehr Menschen Sozialhilfe beziehen.[29] Je größer die Urbanisierung, desto größer die Sozialhilfequote. Einerseits sind die Hemmungen, Hilfe in Anspruch zu nehmen, in der Anonymität der Stadt kleiner, andererseits sind die Städte auch Sammelbecken für alle möglichen Risikogruppen. Man kann von «A-Städten» sprechen, denn sie weisen eine hohen Anteil Alleinerziehender, Alleinlebender, Ausländer (oftmals mit geringer Bildung), Arbeitsloser, Armer und alter Menschen auf.[30] Ein Grund für diese Anziehungskraft der Städte ist das um einiges größere Angebot an Sozialleistungen.

Aber auch hier muss auf die Nichtbezugsquote verwiesen werden. Würden alle, die Anrecht auf Sozialhilfe haben, davon Gebrauch machen, wären Armuts- und Sozialhilfestatistik deckungsgleich. Da dem nicht so ist, unterschätzen die Sozialhilfezahlen das Ausmaß der Armut. Diese Nichtbezugsquote ist schwer zu ermitteln. Deshalb stammen die aktuellsten Zahlen aus dem Jahre 1997 und basieren auf Daten von 1992.[31] Damals verzichteten im Durchschnitt 86% der berechtigten Bevölkerung im Erwerbsalter auf Unterstützung. Seither ist die Quote mit Sicherheit gesunken, liegt aber je nach Ort und Region nach wie vor bei gut 50%. Eine neue Untersuchung aus Deutschland bestätigt diese Vermutung.[32]

Gründe der regionalen Armutsunterschiede

Ungleichverteilung von Einkommen und Vermögen oder Unterschiede in der demografischen Struktur sind drei der Gründe für die kantonal oder kommunal unterschiedliche Ausprägung der Armut. Dass aber auch der Wohnort an sich den Wohlstand der Bevölkerung beeinflusst, zeigt die SKOS-Studie **Existenzsicherung im Föderalismus der Schweiz**[33] eindrücklich auf.

Diese Studie hat zum Ziel, herauszufinden, welcher Anteil des Bruttoeinkommens einem Haushalt nach Abzug der → Zwangsabgaben und Steuern und nach Erhalt allfälliger → Bedarfsleistungen in den verschiedenen Kantonen noch zur Verfügung steht (→ verfügbares Einkommen). Drei repräsentative Beispiele typischer armutsgefährdeter (nicht aber armer) Haushalte mit je drei Einkommensvarianten werden in allen 26 Kantonshauptorten diesem Test unterzogen. Falltyp eins ist eine allein erziehende Frau mit einem Kind, Falltyp zwei ein Ehepaar mit zwei Kindern und Falltyp drei ein allein stehender Mann mit Alimentenpflichten.

28 BFS, 2006b, S. 20.

29 Städteinitiative, 2005, S. 11.

30 Frey, 1990.

31 Leu, Burri, Priester, 1997, S. 183.

32 Wilde, Kubis, 2005.

33 Wyss, Knupfer, 2004.

Die ermittelten Differenzen zwischen den einzelnen Orten sind teilweise gewaltig. Die wichtigsten Feststellungen:

▶ Ausgehend von demselben Brutto-Einkommen variiert das verfügbare Einkommen von Kanton zu Kanton und kommt in einigen Orten sogar unter die Armutsgrenze der SKOS zu liegen. Es ist aber keine systematische Schlechter- respektive Besserstellung an einem bestimmten Ort zu erkennen. Je nach Falltyp und Einkommensvariante erweist sich ein anderer Hauptort als günstig oder eben nicht.

Armut hängt auch vom Wohnort ab

	allein erziehend 1 Kind	Familie 2 Kinder	allein lebend geschieden
Nettolohn	**40 300.–**	**46 800.–**	**45 500.–**
Verfügbares Einkommen bester Fall	**36 290.–** 90% (Sitten)	**38 241.–** 82% (Bellinzona)	**18 751.–** 41% (Appenzell)
Verfügbares Einkommen schlechtester Fall	**14 531.–** 36% (Stans)	**23 658.–** 51% (Zürich)	**12 422.–** 27% (Zürich)

Lesebeispiel: Im Portemonnaie der allein erziehenden Frau mit Kind (Falltyp eins) verbleiben von ihren jährlichen 40 300 Franken Nettolohn in Sitten gut 36 000 Franken, in Stans hingegen weniger als halb so viel, nämlich 14 500 Franken.

Zahlen: Wyss, Knupfer, 2004.

▶ Die drei getesteten Einkommensvarianten (minus, Grundvariante, plus) führen zu gewichtigen Änderungen des verfügbaren Einkommens an ein und demselben Ort. Entgegen jeglicher Logik nimmt das verfügbare Einkommen zwischen den drei Varianten nicht überall zu. Für Falltyp eins ist beispielsweise in Lausanne von Variante zu Variante eine Abnahme feststellbar. Der Fall mit dem höchsten Bruttoeinkommen weist das geringste verfügbare Einkommen auf. Man spricht von einer negativen Progression. Grund für diese Umkehr ist einerseits der Wegfall gewisser Transferleistungen ab einem bestimmten Einkommen und andererseits die höhere Steuerbelastung mit jedem mehr verdienten Franken. ■

CARITAS:

Wenn es sich nicht mehr lohnt, etwas mehr zu verdienen, werden jegliche positiven Erwerbsanreize untergraben. Die Leute können rechnen und passen ihre Erwerbstätigkeit den Umständen an. Das darf man ihnen nicht übel nehmen.

▶ Ähnlich fallen die Resultate aus, wenn der Falltyp zwei, die Familie mit Kindern, mit einer zusätzlichen Variante verglichen wird, in welcher die Mutter ein Teilzeiteinkommen von 500 Franken pro Monat zum Haushaltseinkommen beisteuert. Von den jährlichen zusätzlichen 6000 Franken verfügt die Familie in Basel gerade noch über 2758 Franken, in Sitten über 8076 Franken!

▶ Nicht bei jedem Falltyp sind dieselben Budgetposten für diese Diskrepanzen verantwortlich. Im Fall der Alleinerziehenden spielen die Bemessung der Alimente sowie die Kosten für den Krippenplatz die größte Rolle. Im Falle der Familie führen vor allem der unterschiedliche Mietzins und die familienpolitischen Zusatzleistungen zu den Unterschieden zwischen den Kantonen. Bei den Alleinstehenden sind es die Alimentenverpflichtungen sowie der Mietzins. ■

Regionale Verteilung des Reichtums

Die geografische Verteilung des Reichtums korreliert weder positiv noch negativ mit der im vorhergehenden Abschnitt festgestellten Verteilung der Armut. Wo kaum Armut herrscht, floriert nicht automatisch Reichtum. Die Daten der Steuerstatistik[34] eignen sich besonders gut, um die regionalen Reichtumsunterschiede herauszufiltern.

Einkommensverteilung

Werden alle tiefen steuerbaren Einkommen der Jahre 1995/96 auf eine Landkarte projiziert, kann eine deutliche schematische Dreiteilung der Schweiz (drei Streifen von Südwest nach Nordost) festgestellt werden. Die Juralinie ganz im Norden weist einen hohen Anteil tiefer Einkommen auf, ebenso die Voralpen, Alpen und die Südschweiz. Dazwischen liegt der Streifen des Mittellands mit einem deutlich geringeren Anteil tiefer Einkommen.[35] In Bezug auf das Medianeinkommen zeichnet sich dasselbe Muster ab, wobei die Region Zürich, und abgeschwächt die Nordwestschweiz und die Genferseeregion als besonders wohlhabend hervortreten. Daneben fällt auch der relative Reichtum einiger Touristenzentren in den Alpenregionen auf.

2002 betrug das → Medianeinkommen der Haushalte in der Schweiz 7938 Franken brutto.[36] Im Tessin (7026 Franken) und in der Ostschweiz lag das Medianeinkommen deutlich unter diesem Durchschnitt, in der Nordwestschweiz (Aargau und die beiden Basel mit 8740 Franken) sowie Zürich (8305 Franken) deutlich darüber. Der Unterschied ist in den letzten Jahren gewachsen.[37]

Nicht nur die Großregion hat Einfluss auf des Einkommen, sondern auch der Grad der Urbanisierung des Wohnorts. Städterinnen und Städter erzielen pro Jahr durchschnittlich 8000 Franken oder 20% mehr Einkommen als auf dem Land lebende Menschen.[38] Das Einkommen liegt in allen Städten, mit Ausnahme der Städte in den Kantonen Wallis, Tessin und Jura, über dem Schweizer Durchschnitt.[39]

Einkommensverteilung (1995/96)

☐ tiefes Einkommen
■ hohes Einkommen

Darstellung: Caritas.

34 Diese Daten werden jeweils mit beträchtlicher Verzögerung publiziert. Steuerstatistik online: www.estv.admin.ch/data/sd/d/

35 Ecoplan, 2004, S. 53.

36 Umgerechnet auf eine Einzelperson wären das 6506 Franken pro Person.

37 BFS, 2004b, S. 27.

38 Ecoplan 2004, S. 24 und 53.

39 Ecoplan, 2004, S. 53.

Ein punktueller Vergleich zwischen der Statistik der Jahre 1987/88 und 1995/96 zeigt auf, dass gewisse Regionen eine höhere Dynamik aufweisen als andere. So scheinen die beiden Basel, der Aargau, die Innerschweiz, Graubünden sowie der deutschsprachige Teil des Wallis eine überdurchschnittliche Dynamik aufzuweisen, während die Westschweiz, Bern, und die Agglomeration Zürich im Hintertreffen sind.[40]

Vermögensverteilung

Das Vermögen ist in der Schweiz nicht nur zwischen den Einzelpersonen sondern auch zwischen den Kantonen ungleicher verteilt als das Einkommen. Fünf Innerschweizer Kantone (ZG, NW, OW, GL, SZ) und Zürich dominieren die Liste der durchschnittlichen Privatvermögen pro steuerpflichtige Person. Am Ende der Liste befinden sich Kantone der Nordwestschweiz (VS, SO, JU, NE, BL, BE). Im Kanton Zug ist das durchschnittliche Vermögen viermal so groß wie im Wallis.[41]

40 Ecoplan, 2004, S. 54.
41 Ecoplan, 2004, S. 104.

Die Armutssituation in der EU

Armutsgefährdungsquoten im Vergleich

Slowakei	21%
Irland	21%
Griechenland	21%
Portugal	19%
Italien	19%
Spanien	19%
Großbritannien	18%
Estland	18%
EU-25-Schnitt	16%
Schweiz	15%
Österreich	13%
Dänemark	12%
Frankreich	12%
Niederlande	12%
Finnland	11%
Schweden	11%
Luxemburg	10%
Ungarn	10%
Slowenien	10%
Tschechische Republik	8%

Zahlen: Guio, 2005, S. 2.

42 Die Datenqualität wird durch das Zusammenfassen von in jedem Mitgliedland unterschiedlich erhobenen Primärdaten vermindert.

43 European Commission, 2004, S. 17.

44 Guio, 2005, S. 2.

45 Gemäß Berechnungen des BFS, Sektion Sozioökonomische Analysen, auf Basis BFS, 2004b. Referenzpopulation ist die über 15-jährige ständige Wohnbevölkerung.

46 Menschen, die im aktuellen und in mindestens zwei von drei vergangenen Jahren ein Einkommen unter der 60%-Schwelle erzielten.

47 Quote der dauerhaften Armutsgefährdung, online: epp.eurostat.cec.eu.int.

48 Relative Armutsgefährdungslücke, online: http://epp.eurostat.cec.eu.int.

Wie verbreitet ist Armut in unseren Nachbarländern, unseren wichtigsten Wirtschaftspartnern? Die Zahlen zu diesem Vergleich stammen von Eurostat, dem europäische Pendant zum BFS.[42] Die Aufnahme von zehn neuen Ländern in den Staatenbund der EU Anfang 2004 brachte tief greifende Änderungen mit sich. Die Bevölkerung nahm um 20% auf 450 Millionen Menschen zu, das BIP stieg jedoch viereinhalb Mal weniger stark an (plus 4,5%). Deshalb ist es wichtig, bei allen Zahlen genau anzugeben, auf welche Vergleichseinheit sie sich beziehen. Zu unterscheiden sind die EU15 und die EU25 sowie die «neuen» und die «alten» EU-Staaten.

Ausmaß der Armut

Als → armutsgefährdet gemäß EU gilt, wer (nach Sozialtransfers) weniger als 60% des nationalen Medianeinkommens verdient (→ internationale Armutsgrenze). Maßgebend ist also nicht der EU-Durchschnitt, sondern die nationale Einkommenssituation aller Mitgliedstaaten. In der zweiten Hälfte der 90er Jahre ist die Armutsgefährdung leicht zurückgegangen, steigt aber seit 2000 tendenziell wieder an. Im Jahr 2003 waren 72 Millionen Menschen in der EU25 armutsgefährdet oder arm. Das sind 16% der Bevölkerung.[43] Vor allem in den südlichen (zum Beispiel Portugal, Griechenland, Spanien) und einigen neuen Mitgliedstaaten (Slowakei, Estland) sowie in Irland und Großbritannien ist die Armutsgefährdungsquote besonders hoch, nämlich zwischen 18% und 21%. Am andern Ende der Skala befinden sich die nordischen Länder Niederlande, Schweden, Dänemark und Finnland mit Quoten von etwas über 10% hinter Ungarn, Luxemburg, Slowenien (alle 10%) und dem Spitzenreiter Republik Tschechien mit 8%.[44] In der Schweiz lag der Anteil armutsgefährdeter Menschen 2002 bei 14,7%, also ziemlich genau gleich hoch wie der EU-Durchschnitt aller 25 Staaten.[45]

Armutsgefährdung kann ein temporäres Phänomen sein. Deshalb erhebt Eurostat auch den Anteil der dauerhaft gefährdeten Bevölkerung.[46] Im Jahr 2000 fielen 9% der Bevölkerung der alten EU-Länder in diese Kategorie. In all jenen Ländern, wo neue Zahlen verfügbar sind, ist die Quote angestiegen. In Deutschland sind es mittlerweile 9%, wobei die Quote 2000 noch bei 6% lag.[47]

Wie viel ärmer die armen Menschen im Vergleich zum Rest der Bevölkerung sind, darüber gibt die → Armutslücke Auskunft. Eurostat errechnet die Differenz des (→ medianen → verfügbaren) Einkommens aller Armen, das heißt all jener, die weniger als 60% dieses Medianeinkommens verdienen, zu ebendieser Armutsgrenze. Die Zahlen zeigen auf, dass tendenziell jene Länder mit der größten Armutsquote auch die größte Armutslücke aufweisen.[48]

Die Armut betrifft nicht alle Bevölkerungsgruppen gleichermaßen und nicht überall sind dieselben Gruppen gleich stark betroffen. In Irland und Portugal sind vorwiegend die über 65-Jährigen arm, in Großbritannien die allein erziehenden Mütter und in den nordischen Ländern die Alleinstehenden. Ethnische Minderheiten sind in fast allen Ländern überproportional von Armut betroffen. Ausschlaggebend für diese Unterschiede sind vor allem die unterschiedlichen sozialstaatlichen Regelungen.

Reichtumsunterschiede

Die → relative Armutsgefährdung ist also über die ganze EU25 mehr oder weniger gleichmäßig verteilt. Nicht so die → absolute Armutsgefährdung. Zieht man die Tatsache mit in Betracht, dass das Durchschnittseinkommen in Luxemburg mehr als fünf mal höher liegt als in Litauen, so heißt das auch, dass das Einkommen der Armen in Litauen fünf mal tiefer liegt als jenes der Armen in Luxemburg.[49] Ein Blick auf das BIP pro Kopf[50] ermöglicht es, die am jeweiligen nationalen Kontext gemessene Armut unter den Ländern zu vergleichen und zu bewerten.

Die Unterschiede innerhalb der EU in Bezug auf das BIP pro Kopf sind enorm. Bereits vor der Erweiterung der Union waren die Differenzen groß. Die vier Länder Griechenland, Spanien, Portugal und Irland bildeten die Schlusslichter in Sachen Reichtum. Mit der Erweiterung auf 25 Mitglieder sank das durchschnittliche BIP pro Kopf um 12,5%. Ein Lichtblick in dieser eher düsteren Bilanz ist die Tatsache, dass die «neuen» Länder in den letzten Jahren dauernd ein um etwa 1,5% höheres Wirtschaftswachstum aufwiesen als der Durchschnitt der EU15.[51] Der Abstand verkleinert sich folglich laufend. Trotzdem lag 2002 das BIP in den meisten der neuen Länder (außer Zypern, Malta, der Tschechischen Republik und Slowenien) noch unter 60% des EU-Schnitts. Auch regional ist die Wertschöpfung sehr unterschiedlich verteilt. Heute (Stand 2003) sind die 10% reichsten Regionen der EU25 um 4,5-mal reicher als die 10% ärmsten Regionen.[52] Mehr als zwei Drittel der Bevölkerung der «neuen» Staaten leben in Regionen, wo das BIP pro Person unter 50% des EU-Durchschnitts liegt.[53]

Gemessen am Durchschnitts-BIP pro Kopf in der EU25 für das Jahr 2004 (100%), liegt das BIP der Schweiz mit 130 Punkten deutlich darüber, aber hinter jenen von Luxemburg und Irland.[54] In effektiven Zahlen betrug es 2002 (zu Preisen 2000) 57 326 Franken, das sind 21% mehr als 1980.

49 European Commission, 2004,
   S. 17.
50 Das BIP pro Kopf ist die
   Wertschöpfung eines Landes
   geteilt durch seine Bevölkerung.
   Es sagt nichts darüber aus, wie
   der vorhandene Reichtum unter
   der Bevölkerung tatsächlich
   verteilt ist.
51 Europäische Kommission, 2004,
   Zusammenfassung S. VII.
52 European Commission, 2004,
   S. 16.
53 Europäische Kommission, 2004,
   Teil 1, S. 12.
54 Eurostat, 2005.

**Einkommensvergleich
ärmstes und reichstes
Fünftel**

Portugal	Schweiz	Ungarn
7.4	3.8	3.0

Zahlen: Eurostat.

Einkommensverteilung

Wie sieht die effektive Verteilung des Einkommens[55] aus? Das Verhältnis der Einkommen des reichsten Fünftels der Bevölkerung eines Landes im Vergleich zum ärmsten Fünftel derselben Bevölkerung sagt viel über die Ungleichheit in der Einkommensverteilung aus. Je höher der Quotient, desto ungleicher die Verteilung. In den «alten» Mitgliedstaaten konnte zwischen 1995 und 2001 neben dem Wachstum des BIP pro Kopf eine Reduktion der Ungleichheiten festgestellt werden. In den «neuen» Ländern hingegen konnten nur einige wenige soziale Gruppen ihren Lebensstandard erhöhen, der Großteil der Bevölkerung musste zurückbuchstabieren. Die Disparitäten zwischen den Ländern der EU nahmen mit der Erweiterung zu.

2002/03 waren die Ungleichheiten in folgenden Ländern besonders markant: In Portugal verdiente das ärmste Fünftel der Bevölkerung 7,4-mal weniger als das Reichste, in Griechenland 6,6-mal, in Estland 5,9-mal, in der Slowakei 5,4-mal und in Großbritannien 5,3-mal. Am ausgeglichensten war die Verteilung in Ungarn (3,0), gefolgt von Slowenien (3), Schweden (3,3), der Tschechischen Republik (3,4), Dänemark (3,6) und Norwegen (3,7). Deutschland steht bei 4,3, Frankreich bei 3,9 und der Beitrittskandidat Türkei bei 10,8.[56] Im Vergleich dazu verdienten in der Schweiz die Reichsten 20% 3,8-mal mehr als die ärmsten 20% der Bevölkerung.[57] Die Verteilung in der Schweiz ist zwar ausgeglichener als der EU-Schnitt (4,5 im Jahr 2001), belegt jedoch keinen Spitzenplatz.

55 Es sind weder Daten zum durchschnittlichen Vermögen noch zur Vermögensverteilung in den einzelnen EU-Ländern erhältlich.

56 epp.eurostat.cec.eu.int, Ungleichheit der Einkommensverteilung. Basis: verfügbares Äquivalenzeinkommen.

57 BFS, 2004b, S. 12. Basis: verfügbares Äquivalenzeinkommen.

Die Armutssituation in den Staaten der OECD

Die Schweiz ist Gründungsmitglied der seit 1960 bestehenden Organisation für wirtschaftliche Zusammenarbeit und Entwicklung (OECD), welche häufig als «Club der Reichen» bezeichnet wird. Die OECD verfolgt den Zweck, die wirtschaftliche Entwicklung ihrer Mitglieder zu fördern und den Welthandel mit Gütern und Dienstleistungen auszubauen und zu liberalisieren. Heute besteht die Organisation aus 30 Mitgliedstaaten, darunter sieben Staaten außerhalb Europas.[58] Nicht alle EU-Länder gehören der Organisation an.

Die OECD publiziert regelmäßig Statistiken zur sozialen Lage in den Mitgliedstaaten. Dies ermöglicht es, den Blick noch etwas weiter über die Schweizer Grenzen hinaus zu öffnen und mit anderen Quellen zu arbeiten. Im Vergleich zu den Quellen der EU ist die Schweiz bei diesen Erhebungen keine Außenseiterin.

Ausmaß der Armut

Im Schnitt liegt die Armutsquote in der OECD-25 bei 10,2%.[59] In Mexiko, den USA, Japan und der Türkei liegt sie über 15%, in den nordischen Ländern und Tschechien unter 6%. In den meisten Ländern steigt die Armutsquote für Personen ab 50 mit zunehmendem Alter an. Die Altersarmut ist noch weit verbreitet.

Die Intensität der Armut, gemessen anhand der → Armutslücke, folgt nicht genau derselben Verteilung. Durchschnittlich lag das Einkommen der Armen 28% unter der Armutsgrenze. In der Schweiz verdienen die armen Haushalten im Jahr 2000 im Schnitt ganze 36,2% weniger als die → international kompatible Armutsgrenze (50% des Medianeinkommens), was verglichen mit Mitte der 90er Jahre (44,9%) trotz allem eine starke Verbesserung ist. Auch die USA, Japan, Italien, Mexiko und auch Kanada und Deutschland weisen Armutslücken von über 30% auf.[60]

Die OECD führt außer zur Armut und zur Armutslücke auch Statistik über die von der Sozialhilfe ausbezahlten Existenzminima in den einzelnen Ländern. Für ein nicht erwerbstätiges Ehepaar mit zwei kleinen Kindern liegt das Existenzminimum inklusive Wohnkostenvergütungen überall tiefer als 60% des Medianeinkommens. Wird die Grenze bei 50% des Medianeinkommens angesetzt, so liegt das Existenzminimum noch immer nur in sieben von 23 analysierten Ländern knapp darüber.[61] Im Durchschnitt aller OECD-Länder liegt das Existenzminimum sogar unter der 40%-Grenze. Sozialhilfebeziehende leben also weiterhin in Armut. In Italien und Griechenland existiert keine universelle Sozialhilfe für Personen im erwerbsfähigen Alter.

Arbeitet eine Person dieses Vierpersonen-Haushalts Vollzeit und erzielt dabei just den nationalen Mindestlohn, reicht das in keinem der analysierten Länder (außer Australien) aus, um über die 60%-Grenze

58 Australien, Neuseeland, Korea, USA, Japan, Mexiko, Kanada. www.oecd.org

59 Stand 2000, gemessen an der relativen Armutsgrenze von 50% des Medianeinkommens. OECD, 2005b, S. 53.

60 OECD, 2005b, S. 53.

61 Polen, Tschechische Republik, Australien, Dänemark, Neuseeland, Finnland und Deutschland. OECD, 2005b, S. 45.

hinweg zu kommen. Um das sicherzustellen, ist es nötig, dass beide Elternteile zu 100% arbeiten, sofern sie nur den Mindestlohn erzielen. Und selbst dann erreicht dieser Haushalt in Spanien und in den USA die 50%-Grenze noch nicht![62]

In der Schweiz liegt der informelle Mindestlohn bei 3000 Franken netto (→ Kapitel 3, Arbeit). Der → Grundbedarf für die Lebenshaltungskosten beträgt für eine vierköpfige Familie 2054 Franken. Das heißt, die Differenz von 1000 Franken müsste reichen, um Miete und Krankenkassenprämien zu berappen. Auch in der Schweiz reicht ein Mindestverdienst nicht für eine ganze Familie.

Reichtumsunterschiede

Um diese Armutsquoten besser beurteilen zu können, hilft ein Blick auf das allgemeine Wohlstandsniveau dieser Länder. Die Schweiz ist fünftreichstes Land der OECD, hinter Luxemburg, den USA, Norwegen und Irland. Eine Person verdiente 2002 durchschnittlich 30 000 Dollar (PPP)[63], in Luxemburg beinahe 50 000. Der OECD-Schnitt lag bei knapp 26 000 Dollar.

Amrmutsquoten in der OECD

Anteil der Bevölkerung, die in Haushalten lebt, denen weniger als 50% des nationalen medianen Äquivalenzeinkommens zur Verfügung stehen.

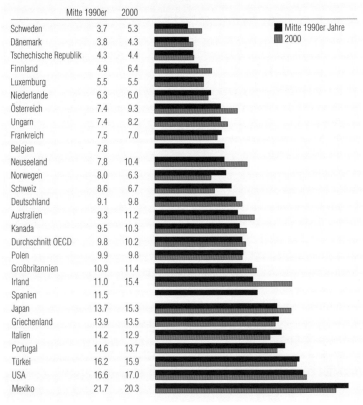

	Mitte 1990er	2000
Schweden	3.7	5.3
Dänemark	3.8	4.3
Tschechische Republik	4.3	4.4
Finnland	4.9	6.4
Luxemburg	5.5	5.5
Niederlande	6.3	6.0
Österreich	7.4	9.3
Ungarn	7.4	8.2
Frankreich	7.5	7.0
Belgien	7.8	
Neuseeland	7.8	10.4
Norwegen	8.0	6.3
Schweiz	8.6	6.7
Deutschland	9.1	9.8
Australien	9.3	11.2
Kanada	9.5	10.3
Durchschnitt OECD	9.8	10.2
Polen	9.9	9.8
Großbritannien	10.9	11.4
Irland	11.0	15.4
Spanien	11.5	
Japan	13.7	15.3
Griechenland	13.9	13.5
Italien	14.2	12.9
Portugal	14.6	13.7
Türkei	16.2	15.9
USA	16.6	17.0
Mexiko	21.7	20.3

■ Mitte 1990er Jahre
■ 2000

Quelle: OECD, 2005b, S. 53.

62 OECD, 2005b, S. 45.

63 *Purchasing power parity* (tatsächliche Kaufkraft), in Dollar.

Zwischen 1999 und 2002 konnten alle Länder ihr Einkommen pro Kopf erhöhen, jedoch nicht alle in gleichem Maß. Vor allem jene Länder, die bereits sehr reich sind, allen voran Luxemburg, konnten ihren Reichtum am stärksten vergrößern. Die ärmsten Länder, die Türkei und Mexiko, konnten ihr BIP pro Kopf nur geringfügig steigern.

Einkommensverteilung

Wichtiger als der allgemeine Reichtum und dessen hypothetische Verteilung pro Kopf ist die effektive Verteilung. Diesbezüglich bestehen große Differenzen innerhalb der OECD. Betrachtet man den → Gini-Koeffizienten des Einkommens der gesamten Bevölkerung, so lassen sich grob vier Gruppen unterscheiden:[64]

► Die vier nordischen Länder zusammen mit Österreich, Luxemburg, den Niederlanden und der Tschechischen Republik weisen die ausgeglichensten Einkommensverteilungen auf. Die Gini-Koeffizienten betragen zwischen 0,15 und 0,26.

► Die Gini-Koeffizienten einer weiteren Gruppe von Ländern des europäischen Festlandes plus Kanada, Irland und Australien liegen zwischen 0,27 und 0,30 also noch unter dem OECD-Schnitt. Die Schweiz führt diese Gruppe an.

► Die südeuropäischen Länder, Großbritannien, die USA und Neuseeland weisen Koeffizienten zwischen 0,31 und 0,36 auf.

► Mexiko und die Türkei weisen mit Koeffizienten um 0,45 mit großem Abstand die ungleichsten Einkommensverteilungen auf.

Wird die Analyse auf die Bevölkerung im erwerbsfähigen Alter (18 bis 65 in OECD-Statistiken) beschränkt, steigt der durchschnittliche Gini-Koeffizient auf knapp 0,4 an. Die Unterschiede zwischen den einzelnen Ländern verringern sich jedoch. Die Schweiz weist mit 0,32 einen verhältnismäßig tiefen Wert auf.[65]

64 Maßgebend ist das verfügbare Äquivalenzeinkommen für das Jahr 2001 (je nach Land auch 1999, 2000 oder 2002). OECD, 2005a, S. 9–10.

65 OECD, 2005a, S. 26.

Datenquellen

Was die Sozialstatistik anbetrifft, befindet sich die Schweiz nach wie vor auf dem Niveau eines Entwicklungslandes. Das ist nicht die beste Voraussetzung für ein Handbuch, das sich zum Ziel setzt, die Situation der Armut in der Schweiz in möglichst all ihren Facetten zu erfassen. Relevante Daten im Zusammenhang mit dem Thema der Armut müssen bei den verschiedensten Stellen und Institutionen zusammengetragen werden. Nachfolgend seien die wichtigsten in diesem Handbuch verwendeten Quellen kurz erwähnt.

Armutsstatistik

In der Schweiz wird keine nationale **Armutsstatistik** geführt. Das Bundesamt für Statistik (BFS) hat Anfang dieses Jahrtausends einen neuen Anlauf zur Erstellung einer **Eidgenössischen Armutsberichterstattung (AEB)** genommen. Ziel dieser regelmäßigen Berichte ist es, «den verantwortlichen politischen Instanzen die nötigen Informationen über Ausmaß und Ursachen der Armut zur Verfügung zu stellen.»[66] Erste Etappe ist der Aufbau einer eidgenössischen **Sozialhilfestatistik**. Diese ist im Mai 2006 erstmals mit Daten für das Jahr 2004 erschienen. Der Kennzahlenvergleich der Städteinitiative Sozialpolitik, einer Fachorganisation des Schweizerischen Städteverbands, ist eine gute Ergänzung. In diesem seit 1999 jährlich erscheinenden Bericht wird für mittlerweile neun Städte (Basel, Bern, Frauenfeld, Luzern, St.Gallen, Schaffhausen, Uster, Winterthur und Zürich) die Situation in der Sozialhilfe verglichen und analysiert. Die Sozialberichte des Kantons Zürich sind wichtige Vorläufer der eidgenössischen Statistik.[67] Sie sind bereits in immer besserer Qualität für die Jahre 2001 bis 2004 erschienen. Armut anhand der Anzahl Sozialhilfebeziehender zu messen, vermag das Problem nicht in seinem vollen Ausmaß zu erfassen. Wie bei allen → Bedarfsleistungen ist die → Nichtbezugsquote beachtlich.

Bundesamt für Statistik (BFS)

Die Datenbank des BFS ist die umfangreichste Quelle für Schweizer Daten. Sie bietet eine breite Palette statistischer Erhebungen an. Viele Dokumente sind online einsehbar.[68] Im Zusammenhang mit dem Thema Armut in der Schweiz sind folgende Erhebungen und Publikationen des BFS zu erwähnen:

▶ Eine Zusammenstellung aller wichtigen Ergebnisse erfolgt jährlich im Statistischen Jahrbuch der Schweiz.[69] Scheidungs- oder Geburtenraten, aber auch die Jahresteuerung können dort beispielsweise nachgeschlagen werden.

▶ Die **Schweizerische Arbeitskräfteerhebung (SAKE)** ist eine seit 1991 durchgeführte telefonische Umfrage in mittlerweile 39 000 schweize-

66 BFS, 1999, S. 140.
67 Aktuellste Version: BFS, 2005c.
68 www.bfs.admin.ch.
69 Aktuellste Version: BFS, 2005g.

rischen und 15 000 ausländischen Haushalten zu Themen rund um Arbeit und Einkommen.[70] Diese Quelle kommt im Zusammenhang mit Arbeit, Arbeitsverhältnissen, Ausbildungsstufe und Lohn sehr oft zur Anwendung. Weiter liefert SAKE wichtige Daten für Studien im Zusammenhang mit Gender-Fragen, da sie alle untersuchten Aspekte getrennt für Männer und für Frauen sowie für das Total ausweist.

► Die **Einkommens- und Verbrauchserhebung (EVE)** befragt die Haushalte zusätzlich zur Einkommenssituation auch zu deren Ausgaben. Jeweils 775 Haushalte werden gebeten, während eines Monats sämtliche Ausgaben und Einnahmen aufzulisten. Es ist geplant, dies alle vier Jahre in zwölf monatlichen Stichproben zu wiederholen. Pro Erhebungsjahr sind ungefähr 9000 Fragebogen auswertbar. Ergebnisse dieser Umfrage sind bisher für die Jahre 1990, 1998 und 2004 erhältlich.[71] Aus dieser Erhebung stammen zum Beispiel die Daten zur Zusammensetzung des Haushaltseinkommens.

► Seit 1992 wird alle fünf Jahre eine Schweizerische Gesundheitsbefragung (SGB) durchgeführt. Letztmals wurden 2002 19 706 Personen zu ihrem Gesundheitszustand befragt.[72] Aus dieser Quelle stammen zum Beispiel die im Kapitel Armut und Gesundheit gemachten Angaben zum Zusammenhang zwischen Bildungsstufe und Gesundheitsbefinden

► Die Lohnstrukturerhebung (LSE) befragt alle zwei Jahre eine Stichprobe von Unternehmen in der Schweiz. Diese Daten geben Aufschluss über die Entwicklungen der Branchen und deren Beschäftigungs- und Lohnstruktur.

► Seit 1850 wird alle zehn Jahre eine Volkszählung durchgeführt. Die Resultate dieser Vollerhebungen bilden die Grundlage vieler weiterer Publikationen.

Weitere Erhebungen im Auftrag des Bundes

Das Staatssekretariat für Wirtschaft (seco) publiziert jeden Monat die neusten Zahlen zu Beschäftigung und Arbeitslosigkeit. Das seco arbeitet eng mit den Regionalen Arbeitsvermittlungen (RAV) zusammen und erfasst entsprechend nur die registrierten Arbeitslosen und Stellensuchenden.[73] Diese Quelle liefert monatlich die allerneusten Zahlen und ist zudem hilfreich, um die Entwicklung der letzten Jahre zu verfolgen.

Der Schweizer Nationalfonds finanziert regelmäßig Nationale Forschungsprogramme (NFP) zu sozialpolitischen Themen. Die Resultate werden in Buchform publiziert.[74] Das NFP 43 war beispielsweise dem Thema der Bildung und Beschäftigung gewidmet, das NFP 45 den Problemen des Sozialstaats. Viele der Angaben zum Thema Kinder und Armut stammen aus einer Publikation im Rahmen des NFP 45.[75]

Das Bundesamt für Sozialversicherungen (BVS) erstellt jährlich eine Schweizerische Sozialversicherungsstatistik. Diese gibt Auskunft

70 BFS, 2004a. Telefonische Umfragen führen zu Ungenauigkeiten, insbesondere bei der Erfassung von Einkommen.

71 BFS, 2004b.

72 BFS, 2004o.

73 Monatliche Statistiken unter: ams.jobarea.ch.

74 www.snf.ch.

75 Bauer, Strub, Stutz, 2004.

über die Einnahmen und Ausgaben der Sozialversicherungen sowie über die Zahl der Bezügerinnen und Bezüger.

Universitäten und Fachhochschulen

Lizenziatsarbeiten und Dissertationen im Bereich der Sozialwissenschaften sind nicht wegzudenkende Quellen im Bereich der Sozialpolitik. Zum Beispiel griff die an der Uni Basel von Matthias Drilling[76] verfasste Dissertation erstmals das Problem der jungen Sozialhilfebeziehenden auf. An der Uni Freiburg studiert Christian Huser[77] die Freiwilligenarbeit in der Schweiz.

Nicht staatliche Datenquellen

Das Schweizer Haushaltspanel (SHP) ist eine Langzeitstudie, mit dem Ziel, die Veränderungen der Lebensbedingungen in der Schweiz zu dokumentieren. Gestartet wurde die Befragung 1999 mit 5000 Haushalten. 4000 derselben sowie 1000 neue Haushalte werden seither jährlich von neuem gebeten, die ausführlichen Fragebogen auszufüllen. Diese Daten werden den Forschenden in der Schweiz in Rohform zur Verfügung gestellt.[78]

Private Forschungsbüros wie das Büro für arbeits- und sozialpolitische Studien (BASS) oder das Büro Interface werden immer wieder von verschiedenen offiziellen Stellen beauftragt, Studien zu sozialpolitischen Themen durchzuführen. Viele Studien sind auf deren Websites einsehbar.[79] BASS analysierte zum Beispiel, wer für den Sozialstaat zahlt und wer davon profitiert, Interface untersuchte die Wirksamkeit der Individuellen Prämienverbilligung (IPV) und ecoplan die Einkommensverteilung.

Neben verschiedenen konkreten Hilfeleistungen im In- und Ausland leistet die Caritas Schweiz auch einen wichtigen Beitrag in der sozialpolitischen Forschung in der Schweiz. Der Bereich Grundlagen verfasst seit vielen Jahren Studien zu Themen der Sozialpolitik und der jährlich erscheinende Sozialalmanach ist ein wichtiger Beitrag zur Sozialberichterstattung in der Schweiz.[80]

76 Drilling, 2004.

77 Nollert, Huser, 2005.

78 www.swisspanel.ch.

79 www.buerobass.ch,
    www.interface-politikstudien.ch.

80 www.caritas.ch.

Schweizerische Sozialhilfestatistik 2006

Das Bundesamt für Statistik (BFS) veröffentlichte am 15. Mai 2006 die erste Schweizerische Sozialhilfestatistik.[81] Diese ist seit 2004 in enger Zusammenarbeit zwischen Bund, Kantonen und Gemeinden dank einheitlicher Erfassung aller Dossiers der Sozialhilfe entstanden.[82]

Grenzen der Sozialhilfestatistik

Bevor die wichtigsten Resultate präsentiert werden, müssen folgende Punkte hervorgehoben werden:

▶ Sozialhilfestatistiken sind keine Armutsstatistiken. Nicht alle Armen beziehen → Sozialhilfe.

▶ Sozialhilfe ist eine → Bedarfsleistung und wird entsprechend nicht automatisch ausbezahlt, sondern muss beantragt werden. Dies führt dazu, dass nicht alle, die Anrecht auf Sozialhilfe hätten, diese auch beanspruchen. Die → Nichtbezugsquote ist hoch.

▶ Neben der Sozialhilfe werden noch andere Bedarfsleistungen ausbezahlt, um Menschen vor Armut zu schützen. Ohne diese Leistungen wie → Individuelle Prämienverbilligungen, → Alimentebevorschussungen oder → Stipendien wären weit mehr Menschen auf Sozialhilfe angewiesen.

Arme Menschen in der Schweiz?

Gemäß neuster Statistik werden in der Schweiz 220 000 Personen von der Sozialhilfe unterstützt. Das sind 3% der Bevölkerung. Wovon leben die andern 780 000 der von Caritas errechneten und ebenfalls auf Daten des BFS[83] beruhenden Million armer Menschen in der Schweiz? 234 800 → AHV- und → IV-Rentnerinnen und Rentner können dank → Ergänzungsleistungen der Armut entrinnen.[84] Es verbleibt eine Differenz von 550 000 Personen. Ein Teil davon – die genaue Anzahl wird weder gesamtschweizerisch noch kantonal erhoben – kann den Lebensunterhalt dank anderer Bedarfsleistungen ohne Sozialhilfe bestreiten. Im Kanton Zürich beziehen beispielsweise 4,4% der Bevölkerung Kleinkinderbetreuungsbeiträge, was in knapp 69% der Fälle einen Sozialhilfebezug verhindern kann.[85] Die übrigen 300 000 bis 500 000 Personen verzichten schweigend auf ihr Recht auf staatliche Unterstützung. Es ist zu vermuten, dass nach wie vor etwa die Hälfte aller bezugsberechtigten Personen von ihrem Anrecht keinen Gebrauch macht (→ Nichtbezugsquote).

Die wichtigsten Resultate in Kürze

Die erste gesamtschweizerische Sozialhilfestatistik bringt keine vollkommen neuen Resultate zutage, sondern bestätigt die in diesem Handbuch auf Grund der Zahlen einzelner kantonaler Sozialhilfestatistiken

81 BFS, 2006a, BFS, 2006b.

82 Mit Ausnahme der Kantone BE, GR, SO, TG und ZH, wo nur mit einer repräsentativen Stichprobe gearbeitet wurde.

83 BFS, 2004i. 13% der Bevölkerung im erwerbsfähigen Alter ist gemäß dieser Publikation von Armut betroffen.

84 BSV, 2005a, S. 6.

85 BFS, 2005c, S. 51.

sowie des →Kennzahlenvergleiches der Schweizer Städteinitiative gemachten Aussagen. Nachfolgend eine Zusammenfassung der wichtigsten Ergebnisse des Berichtes:

▶ Landkarte der Bezugsdichte: Die auf Seite 58 skizzierte geografische Verteilung des Reichtums könnte grob auf die Verteilung der Sozialhilfequoten übertragen werden. Da, wo am meisten reiche Menschen leben, beziehen gleichzeitig verhältnismäßig am meisten Menschen Sozialhilfe. Die Sozialhilfequoten sind zwischen Genfersee über Zürich bis in die Ostschweiz besonders hoch. In der Zentral-, Süd- und Südostschweiz sowie in einigen Kantonen entlang der Jurakette nördlich des Mittellandes (AG, BL, SO, JU) wird weniger häufig Sozialhilfe ausbezahlt. Zusätzlich ist ein starkes Stadt-Land-Gefälle feststellbar: Die Quoten sind besonders hoch in urbanen Zentren und nehmen mit der geografischen Entfernung von der Stadt ab.

▶ Armut und Familiensituation: Geschiedene tragen (6%) ein doppelt so hohes Sozialhilferisiko im Vergleich zur Gesamtbevölkerung (3%). Dies gilt insbesondere, wenn gemeinsame Kinder vorhanden sind. Die Sozialhilfequote der Alleinerziehenden beträgt 13,4%. Auch Alleinlebende weisen mit 5,7% eine verhältnismäßig hohe Sozialhilfequote auf.

▶ Armut und Alter: Die neusten Zahlen bestätigen die überproportional hohe Sozialhilfequote von Kindern und Jugendlichen bis 17 Jahre (4,4%) gefolgt von jungen Erwachsenen bis 25 (3,9%). 56% der Sozialhilfe beziehenden Kinder leben mit nur einem Elternteil. Personen über 65 Jahre sind am wenigsten auf Sozialhilfe angewiesen (0,3%).

▶ Armut und Geschlecht: Das Geschlecht hat wenig Einfluss auf das Risiko, Sozialhilfe zu beziehen. Schweizerinnen beziehen etwas weniger häufig Sozialhilfe als Schweizer (1,9% gegen 2,0%), Ausländerinnen etwas häufiger als Ausländer (6,0% gegenüber 5,7%).

▶ Armut und Nationalität: Ausländerinnen und Ausländer sind überproportional häufig auf Sozialhilfe angewiesen. Ihr Anteil an der Gesamtbevölkerung beträgt 20,5%, in der Sozialhilfe 43,7%.

▶ Armut und Bildung: 46,6% der Sozialhilfebeziehenden zwischen 18 und 65 Jahren haben höchstens die obligatorische Schulbildung abgeschlossen. In der Gesamtbevölkerung ist diese Gruppe halb so groß (23,2%). Je besser die Ausbildung, desto geringer das Sozialhilferisiko. Der Bildungsfaktor wirkt besonders stark unter den jungen Erwachsenen: 63% der Sozialhilfe beziehenden 18- bis 25-Jährigen haben keinen Berufsabschluss und befinden sich auch nicht in Ausbildung.

▸ Dauer und Beendigung des Sozialhilfebezugs: 54% der Fälle sind seit mehr als einem Jahr pendent, 15% seit mehr als vier Jahren. In knapp der Hälfte der Fälle (46%) dauert der Unterstützungsbezug weniger als ein Jahr, die Sozialhilfe entspricht also ihrer ursprünglichen Bestimmung, der Überbrückung einer Notlage. In einem Drittel der Fälle wird die Ablösung durch eine Erwerbsaufnahme, eine Erhöhung des Erwerbspensums oder des Lohns ermöglicht. Bei einem weiteren Drittel wird der Sozialhilfebezug durch das Einsetzen einer Versicherungsleistung oder einer anderen Bedarfsleistung abgelöst.

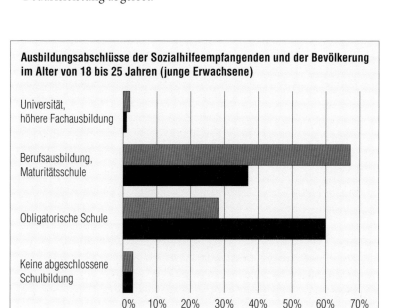

Ausbildungsabschlüsse der Sozialhilfeempfangenden und der Bevölkerung im Alter von 18 bis 25 Jahren (junge Erwachsene)

Quelle: BFS, 2006a, S. 17.

3.

Ursachen der Armut

3. Ursachen der Armut

Der gesellschaftliche Wandel seit Mitte der 70er Jahre hat zu mehr Ungleichheit und einem steigenden Verarmungsrisiko geführt. Mit den Veränderungen in der Arbeits- und Lebenswelt wächst die Verunsicherung. Vollbeschäftigung und tragfähige familiäre Netze, die eine Basis für gesellschaftliche Stabilität und individuelle wirtschaftliche und soziale Sicherheit bilden, werden zu Phänomenen der Vergangenheit. Immer mehr Menschen geraten zumindest vorübergehend in Armut, weil sie ihre Arbeitsstelle verlieren oder ihre Beziehung auseinander geht. Die Verschränkung zwischen dem gesellschaftlichen Wandel und den individuellen Faktoren, die zu Armut führen können, tritt immer deutlicher hervor. Auch die Schweiz ist zu einer → Risikogesellschaft geworden, in welcher dem → Sozialstaat von neuem eine hohe Bedeutung als Ort der Absicherung zukäme. Diese Erwartungen kann er aber heute nur noch bedingt erfüllen. Manche Risiken werden durch die etablierten Sozialversicherungen nicht oder ungenügend abgedeckt (→ Kapitel 5). Die betroffenen Personen sind auf die → Sozialhilfe angewiesen.

Der gesellschaftliche Wandel, der seit mehr als einer Dekade in großem Tempo voranschreitet, provoziert einschneidende Veränderungen in der Arbeits- und Lebenswelt.[1] Dieser Wandel der Arbeitsverhältnisse, der sozialen Lebensformen und der Verhältnisse zwischen den Generationen bringt nicht nur neue Formen der Armut hervor, sondern hat auch das Risiko, zu verarmen, bis weit in die Mittelschicht hinein markant erhöht.

Wie sehr der gesellschaftliche Wandel den Alltag der Menschen in der Schweiz verändert, lässt sich am besten durch einen Vergleich zwischen der «alten» und der «neuen» Realität verdeutlichen.

Die «alte» Realität

Die alte Arbeitswelt

In der «alten» Arbeitswelt war des Normalarbeitsverhältnis zentrale Orientierungsgröße. Man(n) absolvierte eine Berufsausbildung, fand einen Arbeitsplatz, wechselte selten die Stelle, erlebte einen kontinuierlichen Aufstieg und ging mit 65 in Rente. Vollbeschäftigung war normal, zumindest für den Schweizer Mann. Den Verlust eines Arbeitsplatzes erlebten höchstens ausländische Gastarbeiter oder Frauen aus Doppelverdienerhaushalten. Das → Netz der sozialen Sicherheit wurde um diese Erwerbstätigkeit des Mannes auf- und ausgebaut. Der Sozialstaat wurde als → subsidiär zur Erwerbsarbeit verstanden. In hohem Maße galt die Lohnarbeit auch als Quelle der eigenen Identität.

So stark diese Normen als Orientierung in Wirtschaft und Politik wirkten, so sehr war aber auch erkennbar, dass sie längst nicht für alle galten. Nie kamen alle Erwerbstätigen in den Genuss von Normalarbeitsverhältnissen. Nicht nur war es für viele Familien aus unteren Schichten schon immer notwendig, dass beide Eltern erwerbstätig waren, vor allem auch ausländische Erwerbstätige arbeiteten häufig in → prekären Anstellungen mit tiefen Löhnen, unregelmäßigen Arbeitszeiten und mit eingeschränktem Versicherungsschutz.

Die alte Lebenswelt

Diese klare und berechenbare Ordnung fand sich auch in der Lebenswelt wieder. Die meisten Haushalte orientierten sich an einem Ernährerlohnmodell, in welchem der Mann erwerbstätig war und sein Einkommen ausreichte, einer Kleinfamilie ein anständiges Leben zu ermöglichen. Die Frau war für die Hausarbeit und die Kindererziehung zuständig, und wenn sie noch Zeit fand, engagierte sie sich freiwillig in sozialen und karitativen Organisationen und Einrichtungen. Man kannte sich in der Nachbarschaft und half einander. Diese kleinen → Solidaritäten waren immer auch Ausdruck einer sozialen Kontrolle. Veränderungen in einem Haushalt blieben den anderen selten lange

1 Jährliche Beiträge von Carlo Knöpfel zum gesellschaftlichen Wandel in: Caritas 2001b bis 2005 (I. Sozialpolitische Trends).

verborgen. So ergab sich ein normierter Lebensstil, der nicht allzu viele Überraschungen bot, sogleich aber auch ein hohes Maß an Sicherheit gewährte.

Die Alterspyramide

Das Verhältnis zwischen den Generationen konnte durch die Alterspyramide symbolisiert werden. Viele Kinder, genügend Erwachsene und wenig Alte prägten dieses Bild. Die auf drei Säulen basierende Altersvorsorge war als öffentlicher Generationenvertrag organisiert, in welchem die Rente der Alten durch die Abzüge auf den Lohn der Jungen finanziert wurden. Dabei vertraute man darauf, dass die folgenden Generationen dies in gleicher Weise tun werden. Dieser sozialstaatlich geformte Generationenvertrag wurde durch innerfamiliäre Hilfeleistungen zwischen Großeltern, Eltern und Enkelkindern ergänzt.

Was hier bewusst überzeichnet und idealisiert skizziert wird, entsprach in etwa der Lebensrealität vieler Schweizer Familien aus der breiter werdenden Mittelschicht während des «Goldenen Zeitalters» zwischen dem Ende des Zweiten Weltkrieges und den beiden Erdölkrisen in den 70er Jahren.

Die «neue» Realität

Seit Mitte der 70er Jahre erlebt die Schweiz einen gesellschaftlichen Wandel, der alle Facetten des Zusammenlebens tief greifend verändert. Der alte Gesellschaftsvertrag wird aufgelöst. Wie der neue aussehen wird, lässt sich erst schemenhaft erkennen.[2]

Wirtschaftlicher Wandel

Der **wirtschaftliche Wandel** kann durch Stichworte wie Globalisierung und Flexibilisierung beschrieben werden. Die weltweite Öffnung der Warenmärkte hat in der Schweiz einen raschen sektoriellen Strukturwandel erzwungen. Der industrielle Sektor büßt in hohem Maße Arbeitsplätze ein, während der Bereich der Dienstleistungen markant an Bedeutung gewinnt. Der intensive Wettbewerb und der technologische Fortschritt führen zu einer fortschreitenden Automatisierung der Produktion und zu einer Verlagerung von Arbeitsplätzen in Länder, in denen die Herstellung der Waren billiger ist. Die Folge ist ein gravierender Verlust an Arbeitsplätzen mit geringem Anforderungsprofil, vor allem im industriellen und handwerklichen Bereich. Zeitgleich werden die Arbeitsverhältnisse im dritten Sektor flexibilisiert. Kundenorientierung ist das dazu passende Schlagwort. Teilzeitarbeit, temporäre Jobs, projektbezogene Verpflichtungen, Arbeit auf Abruf und ähnliches mehr an Arbeitsformen gewinnen an Bedeutung. Für die Frauen wird damit eine verstärkte Erwerbstätigkeit möglich, zugleich ist aber auch eine schleichende → Prekarisierung der Arbeitsverhältnisse zu beklagen. Die Rede ist vom «flexibilisierten

2 Knöpfel, 1996.

Mensch»[3]. Die Erwerbsbiografien verlaufen nicht mehr so einfach in berechenbaren Bahnen, sondern weisen immer häufiger Brüche auf: die schwierige Suche nach einer passenden Lehrstelle, erzwungene Stellenwechsel, kurze Phasen der Arbeitslosigkeit, Unterbrüche der Erwerbstätigkeit zur Neuorientierung, zeitintensive Umschulungen gehören inzwischen zur beruflichen Normalität.

Das «Normalarbeitsverhältnis» ist immer weniger die Norm. Diese Abkehr von der Norm geht einher mit hohen Arbeitslosenzahlen, mit einer zunehmenden Invalidisierung von Menschen, die für den Arbeitsmarkt nicht fit genug erscheinen und mit einer wachsenden Zahl von Fällen in der Sozialhilfe. Inzwischen sind im Jahresdurchschnitt über eine Million Menschen vor dem Rentenalter auf die finanzielle Unterstützung durch den Sozialstaat angewiesen.

Sozialer Wandel

Der **soziale Wandel** kommt vor allem im neuen Rollenverständnis der Frauen zum Ausdruck. Sehr viel mehr Frauen als früher erreichen heute ein gehobenes Bildungsniveau und gehen einer Erwerbstätigkeit mit hohem Beschäftigungsgrad nach (→ Kapitel 4, Armut und Bildung). Der Wunsch nach Kindern konkurriert mit den beruflichen Aufstiegsmöglichkeiten.

«Jetzt kommt eine Zeit, in der wir wieder in andere Lebensformen hineinkommen – nicht alle, aber eine wachsende Zahl. Diese Lebensformen werden eher denen ähneln, die Frauen in den letzten Jahrzehnten gekannt haben, als denen der Männer, das heißt, es werden nicht Karrieren sein, sondern Kombinationen von Teilzeitarbeit, gelegentlichen Arbeitsverträgen, von unbezahlter Arbeit und freiwilliger Tätigkeit für den Allgemeinnutzen, von einer ganzen Fülle von Dingen. (…) Es ist eine ganz verrückte Welt, in die wir da hinein geraten, gemessen an den starren Maßstäben der alten Arbeitsgesellschaft.»

Quelle: Dahrendorf, 1997, S. 17.

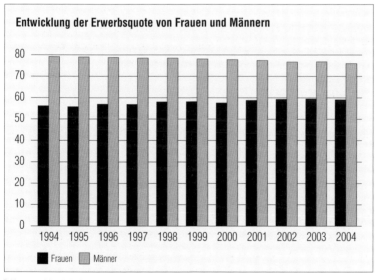

Zahlen: www.bfs.admin.ch, 20 Erwerbsbeteiligung.

Die größere ökonomische Selbständigkeit schärft den Frauen auch den Blick für die Beziehungen, in denen sie leben. Die Männer haben ihr Verhalten kaum diesem neuen Selbstverständnis der Frauen angepasst. In der Folge steigt die Zahl der Trennungen und Scheidungen markant an (→ Kapitel 3, Scheidung). Das relativiert den Wunsch nach Ehe und Familie allerdings nicht wesentlich. Nur die Zahl der

3 Sennett, 1998; Caritas, 2002.

familiären Lebensformen vervielfältigt sich dadurch. Dabei dominieren Kleinsthaushalte die Szenerie immer stärker. Lebten vor zwei Generationen, also in der Zwischenkriegszeit, noch mehr als zwei Drittel der Menschen in der Schweiz in Haushalten mit fünf und mehr Personen, so sind es inzwischen zwei Drittel, die in Ein- und Zweipersonenhaushalten leben.

Es überrascht nicht, wenn durch besagte Entwicklung die familiären Netzwerke an Tragfähigkeit verlieren. Dies wird durch die «Individualisierung» der Gesellschaft weiter akzentuiert. Die sozialen Milieus lösen sich auf, und allgemein anerkannte und kaum hinterfragte Wertsysteme verlieren an Geltung. Immer stärker muss jeder für sich selbst formulieren, was gut und recht ist.[4] Analog zur Abkehr vom Normalarbeitsverhältnis kann man zusammengefasst von der Abkehr von der Norm der bürgerlichen Kernfamilie sprechen.

Demografischer Wandel

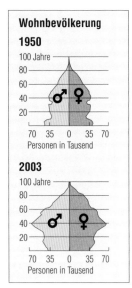

Wohnbevölkerung 1950

100 Jahre
80
60
40
20

70 35 0 35 70
Personen in Tausend

2003

100 Jahre
80
60
40
20

70 35 0 35 70
Personen in Tausend

Zahlen: BFS, 2005g, T 1.2.1.2.1.

Der **demografische Wandel** wird vielfach mit der steigenden Zahl von älteren und vor allem hochbetagten Menschen in Verbindung gebracht. Tatsächlich stehen wir dank einer immer noch zunehmenden Lebenserwartung im Übergang von einer Drei- zu einer Vier- oder gar Fünfgenerationengesellschaft. Allerdings ist dieser demografische Wandel ebenso sehr durch eine sinkende Zahl von Erwerbstätigen und Kindern geprägt. Frauen bekommen immer später und immer weniger Kinder. Diese Entwicklung kann selbst durch eine verstärkte Immigration nicht kompensiert werden. Die schleichende Abkehr von der klassischen Alterspyramide kann darum seit geraumer Zeit verfolgt werden.[5]

Der hier skizzierte gesellschaftliche Wandel prägt das Leben jedes einzelnen Menschen. Jeder muss die Folgen dieser Entwicklung primär selbst meistern. Je nach individueller Situation führt das für viele zu einem Verlust an Sicherheit und Geborgenheit durch soziale Ausgrenzung, materielle Verarmung und wertbezogene Verunsicherung. Eine größer werdende Zahl von Menschen findet sich in prekären Lebensverhältnissen wieder. Unsicherheit wird normal, und das Risiko zu verarmen ist in der Schweiz deutlich angestiegen.

4 Beck, 1986.
5 Caritas, 2003b.

Gewisse Faktoren erhöhen das individuelle Risiko, im dargelegten gesellschaftlichen Wandel von Armut betroffen zu werden. In der aktuellen → Risikogesellschaft laufen etwa 20% der Bevölkerung die Gefahr, durch individuelle Umstände in Armut zu geraten. Diese individuellen **armutsauslösenden Faktoren** sind Ereignisse, die in einer bestimmten Situation das Fass zum Überlaufen bringen und Menschen in Armut versetzen. Die einen Faktoren führen über erhöhte Ausgaben zu Armut, die anderen über verminderte Einnahmen. Und dabei ist fehlendes oder ungenügendes Erwerbseinkommen das größte Problem.

Bedeutung der Erwerbsarbeit

Im Abschnitt der Sozialziele in der Bundesverfassung ist zu lesen, dass sich der Bund und die Kantone, in Ergänzung zur persönlichen Verantwortung und privater Initiative, dafür einsetzen, dass «Erwerbsfähige ihren Lebensunterhalt durch Arbeit zu angemessenen Bedingungen bestreiten können.»[6] Die Erwerbstätigkeit nimmt in unserer Gesellschaft einen zentralen Stellenwert ein. Unsere Gesellschaft definiert sich und seine Mitglieder weitgehend über die Erwerbsarbeit. So ist es nicht erstaunlich, dass die → berufliche Integration oftmals als unabdingbare Voraussetzung oder Vorstufe zur gesellschaftlichen Integration angeschaut wird.[7]

Die Erwerbsarbeit hat auch für das Individuum eine wichtige Bedeutung. Viele Menschen identifizieren sich selbst über ihre Arbeit. Fehlender, ungenügender oder nicht den Fähigkeiten entsprechender Erwerb belastet das Selbstbewusstsein der Betroffenen, wenn auch in unterschiedlicher Ausprägung. «Aus der Gemeinschaft derer, die produzieren dürfen, ausgeschlossen zu sein und ohne Gegenleistung nur empfangen zu müssen, verletzt... die gesunde Selbstachtung. Der Blick auf das, was man geleistet hat, ist eine wichtige Quelle der Selbstachtung.»[8] Das protestantische Arbeitsethos ist in unserer Gesellschaft – aller Säkularisierung zum Trotz – tief verwurzelt.[9]

Armut trotz Erwerbsarbeit: Working Poor

In der Schweiz gibt es immer mehr Menschen, die trotz Erwerbsarbeit arm sind. Diese Menschen werden **Working Poor** genannt. Es sind «Haushalte, die trotz einer kumulierten Erwerbstätigkeit von mindestens 90% kein Einkommen erreichen, das über der von der SKOS definierten Armutsgrenze liegt.»[10] Diese Definition bezieht sich auf die Einheit des → Haushaltes und nicht ausschließlich auf die erwerbstätige Person. Im Durchschnitt bestand 2002 ein Privathaushalt in der Schweiz aus 2,43 Personen.[11] Das Haushaltseinkommen setzt sich aus der Summe aller Einkommen seiner Mitglieder zusammen.

6 BV, Art. 104, Abs. b.
7 Strohmeier, Knöpfel, 2005.
8 Forum Sozialwirtschaft, 2001, S.17,
9 Lange Zeit dominierte das Ernährerlohn-Modell.
10 Caritas, 1998, S. 25.
11 BFS, 2005g, S. 835.

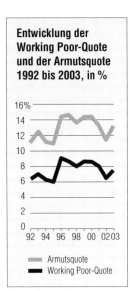

Entwicklung der Working Poor-Quote und der Armutsquote 1992 bis 2003, in %

- Armutsquote
- Working Poor-Quote

Quelle: BFS, 2004i, S. 13.

12 BFS, 2004i, S. 6. BFS, 2005k (Die detaillierten Zahlen für das Jahr 2004 waren vor Abschluss des Handbuchs noch nicht publiziert).

13 Statistisches Amt des Kantons Zürich, 2000, S. 45.

14 Streuli, Bauer, 2000. Bei einem Mindestlohn von 35 000 Franken könnte die Quote um gut einen Prozentpunkt gesenkt werden.

15 Caritas, 2001a.

Nach diesen Kriterien lebten im Jahr 2003 gemäß Bundesamt für Statistik 231 000 erwerbstätige Personen im Alter von 20 bis 59 Jahren in einem Working Poor-Haushalt. Das sind 7,4% der Erwerbstätigen und 44% der armen Bevölkerung zwischen 20 und 59 Jahren. 2004 verringerte sich die Working Poor-Quote leicht auf 6,7%. Sie lebten in 137 000 Haushalten mit total 513 000 betroffenen Personen, davon 233 000 Kindern.[12] Armuts- und Working Poor-Quoten entwickeln sich parallel, wobei die Working Poor konstant etwa die Hälfte der Armen ausmachen. ∎

Arbeiten im Tieflohnsegment

Nicht alle, die wenig verdienen, sind Working Poor und somit per Definition arm. Die sogenannten **Tieflohnempfängerinnen und Tieflohn-empfänger** erzielen bei vollem Erwerbsumfang ein Einkommen unter einer bestimmten Schwelle. Als Folge der Kampagne des Schweizer Gewerkschaftsbunds «Keine Löhne unter 3000 Franken netto» besteht eine zwar inoffizielle, aber allgemein akzeptierte Schwelle. Wer weniger als 3000 Franken verdient, ist aber nicht zwingend arm. Ein Alleinstehender kann mit einem Einkommen von 2800 Franken durchaus über die Runden kommen. Für die Kollegin, welche allein ein Kind aufzieht, reicht dieser Lohn jedoch nicht aus. Ihre Ausgaben übersteigen ihre Einnahmen, sie ist also arm. Etwa 45% der Working Poor sind tieflohnbeziehend.[13] Untersuchungen zeigen jedoch, dass selbst wenn die gewerkschaftlichen Mindestlohnforderungen reali-siert wären, die Working Poor-Quote nicht markant sinken würde.[14]

Tiefe Löhne sind vor allem in folgenden Wirtschaftszweigen stark verbreitet: Persönliche Dienstleistungen, Gastgewerbe, Herstellung von Bekleidung sowie Detailhandel. Zwischen 54% und 78% der Beschäftigten in diesen Branchen sind weiblich. Es überrascht demnach nicht, dass 11% aller vollzeitlich beschäftigten Frauen einen monatli-chen Nettolohn von weniger als 3000 Franken erzielen. Dagegen zäh-len nur zwei Prozent der Männer zu den Tieflohnempfangenden.

Prekäre Arbeitsverhältnisse

Working Poor wie auch Tieflohnempfangende arbeiten oft in **prekären Arbeitsverhältnissen**. Um Klarheit über diesen Begriff zu schaffen, hat die Caritas Schweiz 2001 eine Studie zu den prekären Arbeitsverhältnissen in der Schweiz publiziert.[15] Arbeitsverhältnisse sind dann prekär, wenn sie den Betroffenen keine soziale Sicherheit und keine Perspektiven auf Kontinuität bieten können. Dazu müssen mindestens zwei der fol-genden Unsicherheiten vorhanden sein:

▶ Instabilität des Arbeitsplatzes: Der Verlust des Arbeitsplatzes ist dauernd möglich.
▶ Unsicherheit: Arbeitnehmende haben keine Kontrolle über das Arbeitsverhältnis oder können dessen Gestaltung nicht beeinflussen.

- ▶ Fehlender rechtlicher Schutz wie zum Beispiel in Kollektivarbeitsverträgen vorgesehen.
- ▶ Ökonomische Verletzlichkeit: Der Lohn reicht nicht zur Existenzsicherung.
- ▶ Soziale Verletzlichkeit: Maßnahmen zur Vorbeugung sozialer Ausgrenzung fehlen.

Viele der sogenannt flexiblen Arbeitsverhältnisse gelten demnach als prekär. Konkret handelt es sich um zeitlich begrenzte Arbeitsverhältnisse (wie befristete Arbeitsverträge, Temporärjobs, Arbeit auf Abruf, Aushilfe), um reduzierte Pensen (Minimalarbeit, Kurzarbeit, Unterbeschäftigung), um Solo-Selbständigkeit sowie um irreguläre Arbeitsverhältnisse (ohne Arbeitsvertrag, ohne Bewilligung, ohne gültigen Aufenthaltsstatus).

In der Schweiz sind rund 10% aller Arbeitsverhältnisse prekär. Rund 400 000 Personen sind davon betroffen.[16] Unter den erwerbstätigen Frauen arbeiten gar 17% in prekären Verhältnissen.

Werden alle diese Arbeitsverhältnisse grundsätzlich als prekär bezeichnet, wird der subjektive Aspekt zu wenig berücksichtigt. Es kann durchaus sein, dass ein gewisses Maß an Flexibilität erwünscht ist und auch in irgendeiner Form (zum Beispiel finanziell) entschädigt wird. Unter Berücksichtigung dieser Tatsache hat sich das Staatssekretariat für Wirtschaft (seco) für folgende Definition entschieden: «Ein Arbeitsverhältnis wird als prekär bezeichnet, wenn relative Unsicherheit vorhanden ist, die weder erwünscht ist noch finanziell abgegolten wird.»[17] Es werden drei Formen der relativen Unsicherheit unterschieden: Zeitliche Unsicherheit (temporäre oder befristete Arbeit), ökonomische Unsicherheit (Arbeit auf Abruf, Heimarbeit ohne fixe Stundenzahl, Unterbeschäftigung) oder fehlender Schutz (Scheinselbständigkeit). Die Grenze für die finanzielle Abgeltung im Falle einer Unsicherheit gilt ein Nettolohn von 36 000 Franken plus 6000 Franken Risikoprämie.[18] Im Falle zweier Unsicherheiten wird die Grenze auf 66 000 Franken erhöht.

Unter Anwendung dieser durch den finanziellen Aspekt eingeschränkten Definition zählte das seco 2002 152 000 prekäre Arbeitsverhältnisse in der Schweiz. 3,8% aller Erwerbstätigen waren direkt betroffen.[19] 40% davon leisteten Arbeit auf Abruf. Private Haushalte, Gastgewerbe und Landwirtschaft waren die am stärksten betroffenen Wirtschaftszweige. Ein weiterer Punkt, der den deutlichen Unterschied zur von der Caritas ermittelten Zahl von 430 000 prekären Arbeitsverhältnissen erklärt, ist der Ausschluss der Schwarzarbeit und der → Sans-Papiers aus den Berechnungen des seco.

Aus den Analysen des seco lasst sich ein präzises Profil der sozioökonomischen Merkmale der Personen in prekären Arbeitsverhältnissen ablesen: Es sind Frauen, in den meisten Fällen Zweitverdienende, schlecht gebildete sowie junge Personen. Aus diesen Ausführungen

16 Stand 2000. Caritas, 2001a, S. 128.

17 Ecoplan, 2003, S. 10.

18 Auf Grund einer Sensitivitätsanalyse ermittelte mittlere Risikoprämie.

19 Ecoplan, 2003, S. 12 (Berechnungen basieren auf SAKE 2004).

geht hervor, dass viele, wenn auch nicht alle, der in prekären Arbeitsverhältnissen stehenden Menschen arm sind.

Zu geringe Erwerbsarbeit: Unterbeschäftigung

Ein weiterer Grund für ein zu geringes Einkommen kann die **Unterbeschäftigung** sein. Im Rahmen der → Schweizerischen Arbeitskräfteerhebung (SAKE) werden die an der Telefonumfrage teilnehmenden Personen gefragt, ob sie gerne mehr arbeiten würden. Wer bejaht, gilt als unterbeschäftigt. Im Jahre 2004 waren 378 000 Personen unterbeschäftigt. Das entspricht 108 000 fehlenden Vollzeitstellen. Der Großteil der Betroffenen sind Frauen. Der Anteil der unterbeschäftigten Frauen am Total aller Frauen belief sich auf 15,7%. Die Unterbeschäftigungsquote der Männer betrug dagegen 3,7%. Die meisten der unterbeschäftigten Frauen wünschen sich weiterhin eine Teilzeitbeschäftigung, jedoch mit größerem Umfang. Die betroffenen Männer hingegen wünschen sich in der Mehrzahl eine Vollzeitstelle.[20]

Unterbeschäftigung führt nicht automatisch zu Armut. Eine Mutter aus dem gehobenen Mittelstand, welche nach Schulabschluss ihrer Kinder ihren Erwerbsumfang erhöhen möchte, ohne wirklich auf den zusätzlichen Verdienst angewiesen zu sein, zählt genauso zu den Unterbeschäftigten wie eine allein stehende, zu 70% angestellte Verkäuferin, die eher schlecht als recht über die Runden kommt. Es kann jedoch davon ausgegangen werden, dass die Mehrzahl der Personen, welche explizit angeben, mehr arbeiten zu wollen, einkommensarm sind. Leider existieren keine genauen Erhebungen zu diesem Thema. Anhand der vorhandenen Daten ist es nicht möglich, das Ausmaß der Armut unter dieser Bevölkerungsgruppe zu eruieren.

Wenn das Erwerbseinkommen fehlt: Arbeitslosigkeit

Arbeitslosigkeit ist ein vorübergehender Zustand, während dem die Betroffenen dank der → ALV weiterhin auf 70 respektive 80% ihres vorherigen Verdienstes zählen können (sofern versichert). Anders ist die Lage der ausgesteuerten Arbeitslosen, auf deren Situation wir in einem späteren Abschnitt eingehen.

In der Schweiz bestehen zwei verschiedene Definitionen der Personen ohne Erwerbsarbeit. Die SAKE verwendet eine EU- und OECD-kompatible Definition und spricht von **Erwerbslosen**. Dies sind Personen, die nicht erwerbstätig sind «und die in den vier vorangegangenen Wochen aktiv eine Arbeit gesucht haben, sowie in den nachfolgenden vier Wochen mit einer Tätigkeit beginnen könnten, also verfügbar wären.»[21] Die Zahl der Erwerbslosen wird mittels einer telefonischen Befragung von 54 000 Haushalten ermittelt.

Das Staatssekretariat für Wirtschaft seco hingegen spricht von **Arbeitslosen** und meint damit «Personen, welche bei einem **Regionalen Arbeitsvermittlungszentrum (RAV)** gemeldet sind, keine Stelle haben und

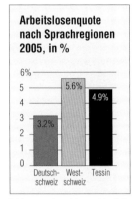

Arbeitslosenquote nach Sprachregionen 2005, in %

Deutschschweiz 3,2%
Westschweiz 5,6%
Tessin 4,9%

Zahlen: seco (ams.jobarea.ch/archiv).

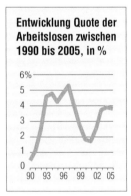

Entwicklung Quote der Arbeitslosen zwischen 1990 bis 2005, in %

Zahlen: seco (ams.jobarea.ch/archiv).

20 Ergebnisse der SAKE online: www.bfs.admin.ch, 1 Arbeit und Erwerb.

21 BFS, 2004a, S. 10.

sofort vermittelbar sind. Dabei ist unerheblich, ob diese Personen eine Arbeitslosenentschädigung beziehen oder nicht.»[22]

Da das seco also nur die registrierten Arbeitslosen erfasst, fallen diese Zahlen jeweils etwas tiefer aus als jene der SAKE, welche auch die nicht registrierten arbeitslosen Stellensuchenden erfasst.[23]

Die Arbeitslosenquote fluktuiert stark, scheint sich aber immer weiter vom Zustand der Vollbeschäftigung zu entfernen. 1990 lag die Quote gemäß seco noch bei 0,5%. Sie stieg dann bis 1997 kontinuierlich an und erreichte einen Höchststand von 5,2%. Zwischen 1997 und 2001 nahm die Arbeitslosigkeit wieder auf 1,7% ab. Seither ist sie erneut angestiegen und erreichte 2005 im Jahresmittel einen Stand von 3,8% oder 148 537 registrierten Arbeitslosen. Die Quoten sind markant höher bei Ausländern (7,1%), in der West- und der Südschweiz (5,1%) sowie bei jungen Menschen zwischen 15 und 24 Jahren (5,1%). Frauen sind mit 4,0% leicht stärker betroffen als Männer (3,6%).[24]

Weit mehr Menschen sind von Arbeitslosigkeit betroffen, als die monatlichen Arbeitslosenstatistiken den Eindruck erwecken. Die Arbeitslosenquoten und -zahlen weisen nämlich immer auf einen durchschnittlichen Bestand hin, und verdecken dadurch die tatsächliche Anzahl der betroffenen Personen. Das folgende Beispiel soll diesen Sachverhalt illustrieren: In einem fiktiven Jahr sind jeden Monat durchschnittlich 1000 Personen arbeitslos. Der Jahresdurchschnitt beträgt somit 1000 Arbeitslose. Sind während dem ganzen Jahr dieselben 1000 Personen arbeitslos, so sind insgesamt 1000 Personen betroffen. Werden aber jeden Monat 1000 andere Personen arbeitslos und die Arbeitslosen des vorhergehenden Monats finden wieder eine Arbeit, so sind Ende Jahr 12 000 Personen einmal von Arbeitslosigkeit betroffen gewesen. Der Jahresdurchschnitt beträgt jedoch nach wie vor 1000 Arbeitslose pro Monat.

Dieser scheinbar kleine Unterschied hat große Konsequenzen. Sind zwölfmal 1000 andere Personen arbeitslos, erfordert dies eine andere Politik, als wenn dauernd dieselben 1000 Personen arm sind. In der Schweiz trifft eher der erste Fall zu, in welchem viele Menschen temporär arbeitslos sind, aber vergleichbar wenige über längere Zeit.

Konkret haben zwischen Januar 1993 und Dezember 2002 1,2 Millionen Menschen mindestens einmal Arbeitslosengeld bezogen. Das sind im Durchschnitt jährlich 120 000 neu Betroffene oder monatlich 10 000. Rund jede vierte Person war in diesen zehn Jahren mindestens einmal arbeitslos.[25]

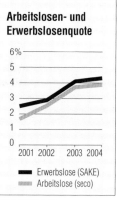

Arbeitslosen- und Erwerbslosenquote

Erwerbslose (SAKE)
Arbeitslose (seco)

Zahlen: SAKE, seco.

22 Arbeitsmarktstatistik, Definitionen. Online: ams.jobarea.ch. Neben den arbeitslosen Stellensuchenden erfasst das seco auch die nicht arbeitslosen Stellensuchenden. Letzteres sind beim RAV gemeldete Personen, die zurzeit eine reguläre Arbeitsstelle haben, in einem Beschäftigungsprogramm oder Zwischenverdienst engagiert sind oder sich umschulen respektive weiterbilden.

23 Die seco-Zahlen werden monatlich publiziert, die SAKE-Daten sind international vergleichbar.

24 Arbeitsmarktstatistik, Archiv. online: ams.jobarea.ch.

25 Monnerat, 2004.

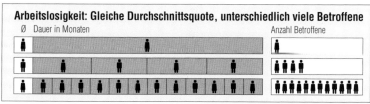

Arbeitslosigkeit: Gleiche Durchschnittsquote, unterschiedlich viele Betroffene

Ø Dauer in Monaten — Anzahl Betroffene

Darstellung: Caritas.

Armut und Arbeitslosigkeit

Arbeitslose Personen haben Anspruch auf eine Arbeitslosenentschädigung in Form von normalerweise 400 Taggeldern (→ ALV). Bei arbeitslos gewordenen Personen, welche älter als 55 Jahre sind, wird die Zahl der Taggelder auf 520 erhöht, junge, direkt nach der Ausbildung arbeitslos gewordene Personen haben Anspruch auf höchstens 260 minimale Taggelder. Ein klares Armutsrisiko besteht für jene Erwerbslosen, welche keinen Anspruch auf Arbeitslosengelder haben, weil sie nicht oder noch nicht lange genug ALV-versichert sind. Weiter reichen die Leistungen der ALV (70% respektive 80% des letzten Verdienstes) nicht immer aus, um ein Einkommen über der → Armutsgrenze zu garantieren, besonders dann, wenn das Einkommen vor Arbeitslosigkeit nur knapp über der Armutsgrenze lag.

4,1% der bei den Sozialämtern des Kantons Zürich im Jahr 2003 gemeldeten Fälle bezogen in Ergänzung zur ALV → Sozialhilfe, da die Leistungen der ALV nicht ausreichten. In zwei Drittel der gemeldeten Fälle war «Erwerbslosigkeit» ein wichtiger Grund für den Bezug von Sozialhilfe.[26] Das heißt, dass gute 70% der Sozialhilfebeziehenden entweder keinen Anspruch auf ALV haben, dass deren Anspruch noch in Abklärung ist oder dass diese bereits ausgesteuert sind. Leider gehen die respektiven Anteile nicht klar aus dem Bericht hervor. Die für die Beendigung des Sozialhilfebezugs angegebenen Gründe helfen ein Stück weiter. So konnte in 16,2 % der Fälle eine einsetzende ALV-Leistung die Sozialhilfe ablösen. Es ist ein allgemein bekanntes Problem, dass die Abklärungen der Leistungsansprüche der → Sozialversicherungen oft sehr zeitraubend sind, sodass die Zeit zwischen dem letzten Lohn und dem Einsetzen der Versicherungsleistung immer wieder mit Sozialhilfeleistungen überbrückt werden muss (→ Subsidiarität).

Armut, Langzeitarbeitslosigkeit und Aussteuerung

Das Armutsrisiko ist für **Langzeitarbeitslose** besonders hoch. Als langzeitarbeitslos gilt, wer mehr als ein Jahr arbeitslos ist. Eine spezifische Gruppe der Langzeitarbeitslosen sind die **Ausgesteuerten**. Das sind Arbeitslose, «die entweder ihren Höchstanspruch auf Taggelder ausgeschöpft haben oder deren Anspruch auf Arbeitslosentaggelder nach Ablauf der zweijährigen → Rahmenfrist erloschen ist, und die anschließend keine neue Rahmenfrist eröffnen können.»[27] 2004 wurden pro Monat durchschnittlich 3174 Personen ausgesteuert. Je länger die Arbeitslosigkeit andauert, desto schwieriger wird es, wieder einen Job zu finden.

Was passiert mit diesen Menschen nach der Aussteuerung? Ende der 90er Jahre wurden die Chancen, nach der Aussteuerung wieder Arbeit zu finden, untersucht.[28] Von den befragten 1998 ausgesteuerten Personen waren ein Jahr später gut die Hälfte wieder erwerbstätig. 6% haben sich selbständig gemacht. 15% waren zwar fündig geworden, haben aber die Stelle zwischenzeitlich wieder verloren. 4% haben in

26 BFS, 2003c, S. 80 und S. 99.
27 Arbeitsmarktstatistik, Definitionen, online: ams.jobarea.ch.
28 Aeppli, 2000.

einem Beschäftigungsprogramm Unterschlupf gefunden. Die andere Hälfte sind die sogenannten ausgesteuerten Langzeitarbeitslosen. Die Chancen, einen Wiedereinstieg zu finden, waren nicht für alle Personen gleich groß. Ältere Menschen, Personen ausländischer Nationalität, Frauen sowie eher schlecht gebildete Personen bekundeten tendenziell mehr Mühe. Bei den Personen, die wieder Arbeit fanden, dauerte die Aussteuerung im Mittel sieben Monate. Die neuen Arbeitsverhältnisse waren jedoch oft prekär. In beinahe der Hälfte aller untersuchten Fälle deckte der neue Verdienst die Lebenshaltungskosten nicht ab und lag in 55% der Fälle tiefer als vor der Arbeitslosigkeit, bei einem Drittel sogar tiefer als die Arbeitslosenentschädigung. Mehr als die Hälfte der Personen, die eine neue Stelle gefunden haben, wechselten ihren Beruf. Trotzdem gaben beinahe drei Viertel der Befragten an, mit der neuen Arbeit grundsätzlich zufrieden zu sein.

Von was leben die Betroffenen in den Monaten nach der Aussteuerung? Der Anteil der Personen, welche ihren Lebensunterhalt hauptsächlich mit einem eigenen Erwerbseinkommen bestreiten, steigt von 42% im ersten Monat auf 53% ein Jahr später. Zweitwichtigste Quelle ist die Unterstützung seitens der Lebenspartnerin oder des Lebenspartners. Zwischen 2,5 und 5% der Betroffenen leben in den Monaten nach der Aussteuerung erneut von einer Arbeitslosenentschädigung. Dabei handelt es sich um jene Personen, die vorübergehend während mindestens eines Jahres Arbeit gefunden haben und so eine neue Rahmenfrist eröffnen konnten, bevor sie ihre Stelle erneut verloren. Daneben sind Erspartes sowie Beiträge von Eltern, Verwandten und Freunden wichtige Einnahmequellen. Nur gerade 22% aller Ausgesteuerten bezogen (mindestens einmal) Leistungen der Sozialhilfe. Im ersten Monat nach Aussteuerung lebten 10% von der Sozialhilfe, ein Jahr später waren es nach wie vor 9,3%.[29]

Arbeitslosigkeit und Armut sind miteinander verbunden. Im Kanton Zürich ist Arbeitslosigkeit in zwei Dritteln der Fälle der Hauptgrund für den Bezug von Sozialhilfe, sei es, dass Leistungen der ALV nicht reichen, noch ausstehen, ausgeschöpft sind oder dafür keine Berechtigung besteht.[30]

Vergleicht man die Entwicklung in der Sozialhilfe mit jener in der ALV[31], stellt man fest, dass die Zahl der Sozialhilfebeziehenden bei steigender Arbeitslosigkeit beinahe parallel ansteigt. Bei einem Rückgang der Arbeitslosigkeit sinkt sie jedoch nicht in gleichem Maße wieder ab. Der Sockel der Sozialhilfebeziehenden wird durch jede Welle der Arbeitslosigkeit etwas höher.

Aussteuerung – was nun?

1998 ausgesteuerte Personen 1 Jahr später

50% Lanzeitarbeitslos
25% Arbeitsstelle gefunden
15% Anstellung wieder verloren
6% Selbständig gemacht
4% Beschäftigungsprogramm

Zahlen: Aeppli, 2000.

29 Aeppli, 2000, S. 08 und 131–141.

30 BFS, 2005c, S. 104.

31 In diesem Fall mangels gesamtschweizerischer Daten nur für die Stadt Zürich.

Gesundheitliche Probleme können eine **Armutskarriere** auslösen, also einen ganz individuellen Verlauf einer Lebensphase in Armut. Beeinträchtigte Gesundheit kann – allen Sozialversicherungen zum Trotz – zu Armut führen. Nicht die Gesundheitskosten an sich, sondern die verminderten Einnahmen infolge einer ganzen oder teilweisen Erwerbsunfähigkeit sind dabei das Hauptproblem.

Eine angeschlagene Gesundheit kann aber auch Folge einer Armutskarriere sein. Auf diesen Teil der Wechselwirkung zwischen Gesundheit und Armut wird später eingegangen (→ Kapitel 4, Armut und Gesundheit).

Umfang der Versicherungsdeckung

Unfall oder Krankheit sind Risiken, welche der → Sozialstaat Schweiz erkannt und dafür zwei Lösungen erarbeitet hat. Das → Unfallversicherungsgesetz (UVG) verpflichtet alle Arbeitgeber, ihre Arbeitnehmer gegen den Lohnausfall infolge von Betriebsunfällen und Berufskrankheiten zu versichern. Wer mindestens acht Stunden pro Woche im selben Betrieb arbeitet, ist zusätzlich gegen Nichtbetriebsunfälle, also Unfälle, die sich zu Hause oder in der Freizeit ereignen, obligatorisch versichert. Seit der Einführung des → Krankenversicherungsgesetzes (KVG) im Jahre 1996 haben sich alle in der Schweiz wohnhaften Personen obligatorisch gegen Krankheiten und, für Personen die nicht UVG-versichert sind, gegen Unfälle zu versichern. Das System weist jedoch Lücken auf, und Unfall oder Krankheit können nach wie vor zu Armut führen.

Diagnose-, Behandlungs- und Heilungskosten

Diagnose- und Behandlungskosten, die aus einem Unfall oder einer Krankheit entstehen, werden von den beiden Versicherungen gedeckt. Bei einem durch das UVG gedeckten Unfall werden die gesamten Kosten übernommen. Im Falle einer Krankheit geht die vertraglich vereinbarte Jahresfranchise (wählbar zwischen 300 und 2500 Franken für Erwachsene und zwischen 100 und 600 Franken für Kinder) sowie der Selbstbehalt von 10% zu Lasten der Versicherten. Die Heilungs- und Behandlungskosten sollten heute keine armutsauslösenden Faktoren mehr darstellen.

Hingegen bedeutet die Bezahlung der monatlichen Prämien für viele Menschen, vor allem aber für Familien, eine hohe finanzielle Belastung. Trotz dem sozialen Instrument der → Individuellen Prämienverbilligung (IPV) ist es oftmals gerade diese zusätzliche Belastung, die einen Haushalt unter die Armutsgrenze stößt. Hinzu kommt die Belastung durch Selbstbehalt und Jahresfranchise. Letztere wird oft gerade von Personen mit knappen finanziellen

Mitteln zu Gunsten tieferer Prämien sehr hoch angesetzt. Tritt dann tatsächlich ein «Schadensfall» ein, muss zuerst diese Franchise abbezahlt werden. ■

Fehlendes Krankentaggeld

Kann ein Arbeitnehmer infolge eines Unfalls oder einer Krankheit seiner Arbeit vorübergehend nicht mehr nachgehen, so besteht nach Artikel 324, Absatz a1 des Obligationenrechts für eine beschränkte Zeit Anspruch auf Lohnfortzahlung. Im ersten Dienstjahr beträgt diese drei Wochen, sofern die Anstellung bereits mindestens drei Monate angedauert hat. Mit steigenden Dienstjahren erhöht sich die Fortzahlung um eine «angemessene längere Zeit». Der Heilungsprozess und damit die Erwerbsunfähigkeit dauert jedoch oftmals länger als diese gesetzliche Lohnfortzahlungspflicht.

Im Falle eines Unfalls oder einer Berufskrankheit wird den Arbeitnehmenden bis zu deren Genesung oder bis zur Sprechung einer → IV-Rente ein **UVG-Taggeld** ausbezahlt. Im Falle einer Krankheit ist die Lage weniger klar, da kein Obligatorium für die Versicherung eines **Krankentaggelds** besteht. Das Fehlen eines solchen kann zu finanziellen Engpässen führen. Um sich und seine Mitarbeitenden vor solchen Folgen zu schützen, schließen viele Arbeitgeber für ihren Betrieb eine freiwillige Krankentaggeldversicherung für eine Lohnfortzahlung von 720 Tagen ab. Ein solches Taggeld beträgt meist 80% des versicherten Lohns, und teilweise übernehmen die Arbeitgeber die restlichen 20%. ■

> **CARITAS:**
>
> Wenn die steigende Belastung der Familien durch Ausgaben für Gesundheit nicht endlich gestoppt werden kann, wird der Druck steigen, Kopfprämien zu Gunsten von einkommens- und vermögensabhängigen Policen abzuschaffen.

Wartezeiten und zu tiefe IV-Renten

Dauert die Arbeitsunfähigkeit an, und sind die Aussichten einer baldigen Genesung gering, so muss in einem nächsten Schritt der Rentenanspruch geklärt werden. Ist die Arbeitsunfähigkeit Folge eines Unfalls, sieht das UVG eine Invalidenrente vor. Dieser Übergang von einem Taggeld zu einer Rente gemäß UVG verläuft meist problemlos. Wird die Arbeitsunfähigkeit jedoch durch eine Krankheit ausgelöst, verläuft dieser Wechsel nicht immer ganz reibungslos. Dies ist umso gravierender, als Krankheit in beinahe 80% der Fälle Ursache der Invalidität ist.[32] Die betroffene Person hat frühestens ein Jahr nach dem schädigenden Ereignis Anspruch auf eine IV-Rente. Die Klärung dieses Anspruchs kann lange dauern, was häufig zu finanziellen Engpässen führt. In dieser Situation sehen sich immer wieder Betroffene gezwungen, das Sozialamt aufzusuchen.

Die nächste Frage ist dann, ob die zugestandene Rente für den Lebensunterhalt ausreicht. Gemäß Bundesverfassung haben die Renten «den Existenzbedarf angemessen zu decken».[33] Eine volle Rente gemäß UVG beträgt 80% des versicherten Lohns und maximal 106 800 Franken pro Jahr. Bei → BVG-Versicherten wird diese Rente durch eine BVG-Rente auf maximal 90% des vorherigen Verdiensts ergänzt. Da gleich-

> **CARITAS:**
>
> Es ist an der Zeit, eine obligatorische Krankentaggeldversicherung in der Schweiz einzuführen.

32 BSV, 2004b, S. 16 (Geburtsgebrechen 12%).

33 Bundesverfassung, Art. 112, Abs. 2b.

zeitig keine Sozialversicherungsbeiträge mehr geleistet werden müssen und verschiedene Berufsauslagen wegfallen, reicht diese Deckung normalerweise aus, den gewohnten Lebensstandard fortzuführen.

IV-Renten sind in der Regel knapper bemessen. Die minimale Vollrente von 1075 Franken reicht auf jeden Fall kaum für einen angemessenen Existenzbedarf aus, und sogar die maximale Vollrente von 2150 Franken könnte in dieser Hinsicht Probleme verursachen. Zwischen diesen zwei Beträgen richtet sich die ausbezahlte Rente nach dem versicherten Verdienst und dem Invaliditätsgrad. → Beitragslücken führen zu zusätzlichen Kürzungen (→ IV). Bei sechzigprozentiger Invalidität wird zum Beispiel nur eine halbe Rente ausbezahlt. In diesem Fall muss die betroffene Person eine Teilzeitanstellung finden, um die Lohneinbusse einigermaßen wett zu machen. In der heutigen Situation auf dem Arbeitsmarkt ist dies für eine teilinvalide Person sehr schwierig (für mehr Details →IV).

Dem → BVG unterstellte Personen haben zusätzlich Anrecht auf eine BVG-Invalidenrente. Je früher der Eintritt der Invalidität, desto kleiner jedoch das angesparte Kapital, welches in eine Rente umgewandelt werden kann. Das Kapital wird zwar aufgerechnet auf den theoretisch möglichen Verdienst bis zum Erreichen des Rentenalters, jedoch ohne Zins und Zinseszins. Das Kapital wird dann mit dem Umwandlungsfaktor in eine Rente umgewandelt.[34] Folglich fällt diese Rente in der Regel sehr niedrig aus (für mehr Details →BVG).

Zusätzliche Bedarfsleistungen

Um ihre prekäre finanzielle Situation zu entlasten, haben IV-Versicherte zusätzlich die Möglichkeit, → Ergänzungsleistungen (EL), **Beihilfen (BH)** oder **Gemeindezuschüsse (GZ)** zu beantragen. Bei diesen Leistungen wechselt jedoch die Perspektive: Maßgebend ist nicht länger das Einkommen und die körperliche Beeinträchtigung des Individuums, sondern die finanzielle Situation des → Haushalts. 2003 beantragten 30% der IV-Rentner und -Rentnerinnen im Kanton Zürich mindestens eine dieser drei Bedarfsleistungen, die Hälfte davon alle drei gleichzeitig.[35] Mehr als die Hälfte der Zusatzempfangenden (59%) waren allein stehend und 30% lebten in Heimen. Für sie waren die Unterstützungsbeiträge auf Grund der hohen Heimkosten bis zu 92% höher als für die zu Hause Lebenden.

Trotz Sozialversicherungen und Bedarfsleistungen können Unfall oder Krankheit zu Armut führen. Beweis dafür ist die Tatsache, dass immer wieder Menschen trotz Bezug dieser Leistungen auf Sozialhilfe angewiesen sind. 4,6% der beim Sozialamt Zürich gemeldeten Fälle beziehen gleichzeitig eine Rente, EL und Sozialhilfe.[36]

Risikogruppen mit Deckungslücken

Für selbständig Erwerbende und →Nichterwerbspersonen ist die Deckung häufig weniger komfortabel und birgt noch mehr Lücken als

34 Aktuell 7,15% für Männer, 7,2% für Frauen. Schrittweise Absenkung auf 6,8% bis 2011.

35 BFS, 2005c, S. 95.

36 Schließt EL zu AHV und IV ein, wobei jene zur IV wohl den größeren Teil ausmachen. BFS, 2005c, S. 64.

jene der Arbeitnehmenden. Obligatorisch muss diese Gruppe lediglich AHV/IV-Beiträge bezahlen und sich einer Krankenkasse anschließen, um sich dort gegen Krankheit und (falls nicht anderweitig versichert) gegen Unfall zu versichern. Die obligatorische Grundversicherung der Krankenkasse kommt nur für Diagnose- und Behandlungskosten auf. Alle weiteren Leistungen, insbesondere Kranken- und Unfalltaggelder, müssen zusätzlich versichert werden.

Im Gegensatz zu den Nichterwerbspersonen haben selbständig Erwerbende die Möglichkeit, sich freiwillig einer Unfallversicherung gemäß UVG anzuschließen, und profitieren so vom erwähnten guten Versicherungsschutz im Falle eines Unfalls (Taggeld und Rente). Auch der Anschluss an eine Pensionskasse ist nur für diese Gruppe freiwillig möglich.

Eine Vollrente einer nicht erwerbstätigen Person, welche in ihrer Vergangenheit nur die minimalen AHV/IV-Beiträge bezahlt hat, entspricht der Minimalrente von 1075 Franken und liegt im Falle von Beitragslücken noch tiefer. Diese Rente kann auch nicht durch eine BVG-Rente ergänzt werden.

Deckungslücken einer arbeitnehmenden Person bei Unfall und Krankheit

Hat mein Chef eine Krankentaggeld-versicherung abgeschlossen?

Invalid? Wie lange muss ich auf meine Rente warten?

Wird die IV-Rente zum Leben reichen?

Wie hoch wird die BV-Rente ausfallen?

Wann beginnt das SUVA-Integrations-programm?

Hab ich überhaupt eine Pensionskasse?

Unfall

Krankheit

Darstellung: Caritas.

Kinder haben kostet. Die hohen direkten und indirekten Kosten führen häufig dazu, dass finanziell schlechter gestellte Haushalte bei der Gründung einer Familie von Armut betroffen werden. Diese Tatsache schränkt die Wahlmöglichkeiten weniger gut situierter Paare bedeutend ein.

Heute werden in der Schweiz mit 1,39 Kinder pro Frau[37] gerade einmal halb so viele Kinder wie Mitte der 60er Jahre geboren. Jede fünfte Frau bleibt kinderlos. Auf Grund der schlechten Vereinbarkeit von Beruf und Familie stellen vor allem Akademikerinnen immer häufiger ihren Kinderwunsch zu Gunsten der beruflichen Karriere zurück.

Kinderkosten

Elternschaft bedeutet neben Freude und Erfüllung auch große, zusätzliche Verantwortung und erhebliche finanzielle Mehrbelastung. Die Familienplanung wird folglich stark von Karrieren- und Freizeitwünschen sowie von ökonomischen Überlegungen beeinflusst. Haushalte mit Kindern haben weniger Einkommen zur Verfügung und sind gleichzeitig mit größeren Ausgaben konfrontiert. Die Mehrausgaben, die sogenannten **direkten Kinderkosten**, lassen sich anhand der zusätzlichen Haushaltsausgaben errechnen. Zentralen Posten sind die zusätzlichen Wohnkosten, Mehrausgaben für Essen, Kleidung, Versicherung oder anfallende Schulungskosten.

Neben diesen direkten und offensichtlichen Kosten müssen jedoch auch die deutlich höher ausfallenden **indirekten Kosten**, die sogenannten Opportunitätskosten zwischen einem Leben mit oder ohne Kinder, mit einberechnet werden. Das Einkommen der betreuenden Person – in den meisten Fällen die Frau – fällt weg oder wird zumindest stark eingeschränkt. Je höher die berufliche Qualifikation des betreuenden Elternteils, desto ausgeprägter sind die Mindereinnahmen des Haushaltes.

Zwei Drittel der Mütter mit kleinen Kindern sind zumindest teilzeitlich erwerbstätig. Erreichen die Kinder das Schulalter, sind es bereits drei Viertel.[38] Elternschaft ändert generell wenig an der Erwerbssituation der Männer. Dies ist möglich, da im Normalfall nach wie vor die Frauen den Großteil der Hausarbeit und der Kinderbetreuung übernehmen. Männer reduzieren ihren bereits kleineren Anteil an der Hausarbeit zu Gunsten der Kinderbetreuung. Im Durchschnitt wendet jeder Elternteil für Haus-, Familien- und Erwerbsarbeit täglich zwischen 13 und 15 Stunden auf. Der tägliche Arbeitsaufwand liegt bei Singles und Paaren ohne Kinder mit acht bis elf Stunden deutlich tiefer.[39]

Im Mittel belaufen sich die gesamten Kinderkosten bis zum 20. Lebensjahr bei einem durchschnittlichen Paarhaushalt für ein Kind

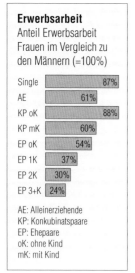

Erwerbsarbeit
Anteil Erwerbsarbeit Frauen im Vergleich zu den Männern (=100%)

Single	87%
AE	61%
KP oK	88%
KP mK	60%
EP oK	54%
EP 1K	37%
EP 2K	30%
EP 3+K	24%

AE: Alleinerziehende
KP: Konkubinatspaare
EP: Ehepaare
oK: ohne Kind
mK: mit Kind

Quelle: Bauer, 2004 S. 61/62.

37 BFS, 2005g, T1.1.1.
38 EDI, 2004, S. 11.
39 160–180% respektive 100–140% einer Vollzeitstelle. Bauer, 2004, S. 61/62.

auf 43% des Haushaltseinkommens, für zwei auf 61% und für drei auf 75%.[40] Das erste Kind ist auf Grund der sogenannten Skaleneffekte (→ Äquivalenzskala) klar das teuerste. Bei einem Einelternhaushalt belaufen sich die Kosten bereits bei einem Kind auf 118% des Haushaltseinkommens, wobei mit 74% Mindereinnahmen gerechnet wurde.[41] In diesem Fall übersteigen die Ausgaben sogar bei einer durchschnittlich verdienenden Person die Einnahmen. Armut ist unausweichlich. Bei unterdurchschnittlich verdienenden Personen nimmt der Anteil der gesamten Kinderkosten am Haushaltsbudget noch ausgeprägtere Dimensionen an. Konkret kostet ein Kind ein Elternpaar bis zu seinem 20. Geburtstag 1,2 Millionen Franken, gut 40% davon direkte und 60% indirekte Kosten. Das sind 2500 Franken im Monat. Diese Berechnung beziehen sich auf die 90er Jahre; die Kosten sind seither weiter angestiegen.

Auf Grund dieser hohen Kosten gilt: Je tiefer das Einkommen eines Haushaltes, desto größer die Gefahr, bei der Geburt eines Kindes (vorübergehend) in Armut zu geraten. Kinder sind ein Armutsrisiko. Die finanzielle Lage eines Haushalts mit Kindern ist nicht konstant. Sie unterliegt einem bestimmten Zyklus. Die ersten Jahre nach der Geburt eines Kindes sind für die Familie auf Grund des reduzierten Erwerbsumfangs sowie zahlreicher Anschaffungen finanziell die härtesten. Danach sinken die Kinderkosten vorübergehend wieder etwas ab, steigen aber mit zunehmendem Alter des Kindes, bedingt durch die Kosten für dessen Ausbildung, oder bei der Geburt eines weiteren Kindes wieder an.

Familienarmut und Kinderarmut

Bereits 1992 lebten beinahe 60% aller Armen in Familienhaushalten.[42] In den Schweizer Städten machten im Jahr 2001 Familien mit Kindern 35% aller Sozialhilfefälle aus.[43] Gemäß den neusten Zahlen aus dem Kanton Zürich betreffen zwar «lediglich» 30,2% der im Jahre 2003 bei der Sozialhilfe gemeldeten Fälle Haushalte mit Kindern[44], deren Bedeutung wächst aber in zweierlei Hinsicht stark an:

Erstens ist die Zahl der betroffenen Personen weit höher, da die Untersuchungseinheit der von seiner Größe unabhängige Haushalt ist. Multipliziert man jeden dieser Fälle (Haushalte) mit dessen jeweiliger Personenzahl, so dominieren die Familienhaushalte mit 56,3% aller Sozialhilfebeziehenden (→ Kapitel 4, Familiensituation).

Zweitens sind die langfristigen sozialen Auswirkungen für die von der Armut betroffenen Kinder zu bedenken. Sie sind bereits beim Aufwachsen in mancher Hinsicht gegenüber ihrer Altersgenossen benachteiligt. Verschiedene deutsche Studien weisen nach, dass Armut zur Isolation der Kinder sowie zur Beeinträchtigung ihrer Bildungs- und somit Zukunftschancen führen kann.[45] Fremdsprachige Kinder sind besonders stark von dieser mehrfachen Benachteiligung betroffen (→ multiple Deprivation). «Kinder, die heute in Armut leben, blei-

40 Bauer, 2004, S. 67.

41 Bauer, 2004, S. 67.

42 Leu, Burri, Priester, 1997, S. 135.

43 Hüttner, Bauer; 2003, S. 9.

44 BFS, 2005c, S. 70.

45 Arbeiterwohlfahrt, online: www.awo.de.

ben arm und auch ihre Kinder werden arm sein.»[46] Dies trifft heute nach wie vor zu, wenn auch dank familien- und bildungspolitischen Instrumente dieser Teufelskreis heute vermehrt durchbrochen wird (→ Kapitel 4, Armut und Soziale Herkunft).

Der im April 2003 erschienene Bericht des Schweizerischen Arbeiterhilfswerk, wonach jedes zehnte Kind in der Schweiz in Armut aufwächst, machte die breite Bevölkerung auf die Kinderarmut erneut aufmerksam. Gemessen am → sozialen Existenzminimum gemäß SKOS leben in der Schweiz mindestens 200 000 bis 250 000 Kinder und Jugendliche in armen Haushalten.[47]

Das Kinderhilfswerk Unicef publizierte im Februar 2005 einen internationalen Vergleich zur Kinderarmut in den OECD-Ländern.[48] Als arm gelten Kinder aus Familien, die weniger als 50% des Medianeinkommens verdienen (→ Internationale Armutsgrenze). Die Schweiz steht mit 6,8% an fünfter Stelle hinter den skandinavischen Ländern.

Besondere Risikogruppen

Alleinerziehende sind überproportional von Armut betroffen (→ Kapitel 4, Armut und Familiensituation). 5% der Bevölkerung in der Schweiz sind allein erziehend. 13,4% davon beziehen Sozialhilfe. Das sind 21,8% aller Fälle der Sozialhilfe.[49] Es kann davon ausgegangen werden, dass ein knappes Viertel aller allein erziehenden Haushalte arm sind.[50] Diese Gruppe macht beinahe drei Viertel aller Sozialhilfe beziehenden Schweizer Haushalte mit Kindern aus. Unter den Sozialhilfe beziehenden ausländischen Haushalten mit Kindern ist gut die Hälfte (55%) allein erziehend.

Ehepaare mit mehr als drei Kindern sind ebenfalls besonders häufig auf Sozialhilfe angewiesen. In dieser Gruppe dominieren Staatsangehörige anderer Nationen.[51] Folglich ist auch die Sozialhilfequote von Kindern ausländischer Eltern überdurchschnittlich hoch. Jedes zehnte dieser Kinder wird von der Sozialhilfe unterstützt. Dagegen muss, was im Vergleich zur Gesamtbevölkerung immer noch überdurchschnittlich hoch ist, jedes zwanzigste Schweizer Kind unterstützt werden.[52]

Staatliche Transfers und Familienpolitik

Der erwähnte Bericht der Unicef unterscheidet die Armut vor Staatseingriff (Steuern und Sozialtransfers) und jene danach. Die Schweiz ist das einzige Land, wo die Kinderarmut vor Staatseingriff unter 10% liegt. Dass die Armut nach Staatseingriff bei allen untersuchten Staaten, wenn auch in unterschiedlichem Maße, tiefer ausfällt, bestätigt die Wirksamkeit der staatlichen Interventionen. Spitzenreiter ist Frankreich, wo sich die Armutsquote von 27,7 auf 7,5% verringert. In der Schweiz wird sie lediglich von 7,8 auf 6,8% reduziert. ■

Was für familienpolitische Instrumente kennt die Schweiz? Auf

CARITAS:

Diese geringe Abnahme der Kinderarmut nach Wirken des Sozialstaats ist ein Skandal. Die Schweiz hat noch immer keine Familienpolitik, die diesen Namen verdient.

46 SAH, 2003, S. 8.

47 SAH, 2003, S. 7. Diese Tendenz wird von der Städteinitiative bestätigt: Städteinitiative, 2003, S. 31.

48 Unicef, 2005.

49 BFS, 2006b, S. 16.

50 EDI, 2004, S. 11. Die Nichtbezugsquote erklärt die Differenz zu den 13,9% Sozialhilfebeziehenden.

51 BFS, 2006b, S. 17; EDI, 2004, S. 11.

52 BFS, 2005c, S. 66.

Grund der föderalistischen Struktur der Schweiz ergibt sich kein einheitliches Bild. Keine einzige Maßnahme besteht überall, geschweige denn in einheitlicher Höhe.

In der Familienbesteuerung werden Konkubinatspaare auf Grund der Progression bevorzugt. Diese Diskrepanz wird teilweise durch günstigere Tarife für Ehepaare ausgeglichen, wobei aber kinderlose Ehepaare ebenso profitieren. Die Steuerabzüge bei der direkten Bundessteuer sind für gut situierte, traditionelle Familien besonders hoch. Diese Tendenz gilt auch für die Kantonssteuer, fällt aber wegen der weniger starken Progression moderater aus.[53] Die Höhe der kantonalen Steuerabzüge für Kinder variiert stark. Der Kanton Tessin ist Spitzenreiter, während der Kanton Neuenburg das Schlusslicht bildet.

Die in kantonaler Kompetenz stehenden → Familienzulagen (FZ) werden in allen Kantonen ausbezahlt, bewegen sich aber aktuell zwischen null (selbständig Erwerbende) und 344 Franken. Generell kann festgestellt werden, dass die FZ parallel zum Einkommen wachsen. Grund für diese unsolidarische Diskrepanz ist, dass bei Teilzeitarbeit oftmals nicht die ganze FZ ausbezahlt wird. Zudem sind besser gestellte Haushalte oft an private Familienausgleichskassen angeschlossen.[54] Im Parlament ist im Frühling 2006 eine Vorlage zur Vereinheitlichung der Zulagen verabschiedet worden. Nach dem Prinzip «ein Kind, eine Zulage» muss pro Kind künftig eine FZ von mindestens 200 Franken ausbezahlt werden, sofern gegen diesen Entscheid kein Referendum zustande kommt.[55] ■

In einigen Kantonen werden zusätzlich zu den FZ → Kleinkinder- oder Mutterschaftsbeiträge oder auch Ausbildungszulagen ausbezahlt. Seit Mitte 2005 besteht eine eidgenössische Mutterschaftsversicherung für erwerbstätige Frauen (→ EO). Daneben ist die kantonale → Alimentenbevorschussung (ALVB) als wichtiges Instrument der Armutsprävention zu erwähnen. Im Kanton Zürich profitierte 2001 ein Fünftel aller Kinder allein erziehender Eltern von dieser Bevorschussung. Auch → Prämienverbilligungen und → Stipendien sind kantonale Instrumente, mit denen die Familienarmut etwas eingedämmt werden soll. Schließlich richten vier Kantone weitere → Unterhaltszuschüsse an Familien in schwierigen finanziellen Lagen aus.

Die außerfamiliäre Kinderbetreuung ist ein weiteres wichtiges Element der Familienpolitik, primär um es auch den Haushalten mit Kindern zu ermöglichen, einen Erwerbsumfang von mehr als einer Vollzeitstelle zu haben. Die Zuständigkeiten sind in diesem Bereich sehr uneinheitlich. Teils ist die Bereitstellung von Betreuungsangeboten eine kantonale, teils eine kommunale Angelegenheit, und manchmal gilt dies nach wie vor als rein private Angelegenheit. Einkommensabhängige Krippentarife sind (noch) nicht die Regel. Es zeigt sich: Je größer die Urbanisation, desto besser ist das Angebot.[56]

Ein Drittel der Haushalte mit Kindern nehmen familienergänzende Betreuungsangebote in Anspruch. Das sind doppelt so viele wie vor

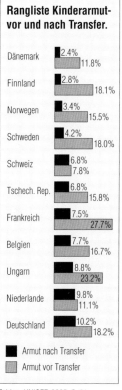

Rangliste Kinderarmut- vor und nach Transfer.

	Armut nach Transfer	Armut vor Transfer
Dänemark	2.4%	11.8%
Finnland	2.8%	18.1%
Norwegen	3.4%	15.5%
Schweden	4.2%	18.0%
Schweiz	6.8%	7.8%
Tschech. Rep.	6.8%	15.8%
Frankreich	7.5%	27.7%
Belgien	7.7%	16.7%
Ungarn	8.8%	23.2%
Niederlande	9.8%	11.1%
Deutschland	10.2%	18.2%

■ Armut nach Transfer
▨ Armut vor Transfer

Zahlen: UNICEF, 2005, S. 21.

CARITAS:

Mit dem Prinzip «ein Kind, eine Zulage» würden teilzeitlich und selbständig Erwerbende nicht länger benachteiligt, was ein wichtiger Schritt zur Reduktion der Familienarmut bedeuten würde.

53 Bauer, 2004, S. 78/79.

54 Bauer, 2004, S. 72

55 www.parlament.ch/ do-kinderzulagen.

56 Mehr Informationen zum Thema in: SKOS, 2004.

zehn Jahren. In 60% der Fälle handelt es sich jedoch nur um einen Tag pro Woche. In der Hälfte der Fälle übernehmen die Großeltern diese Betreuungsaufgabe.

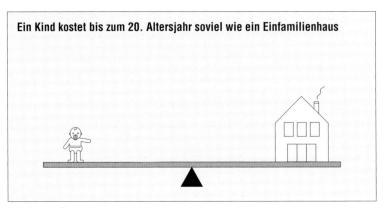

Darstellung: Caritas.

Scheidung, Trennung

Trennungen und Scheidungen gehören heute zu den wichtigsten armutsauslösenden Faktoren, und zwar für alle betroffenen Personen, den Mann, die Frau und die Kinder. Neben amtlichen Kosten fallen vor allem die Mehrkosten für die Führung zweier Haushalte sowie Kinderbetreuungs- und Alimentenkosten ins Gewicht.

Scheidungsraten und Scheidungskinder

Während die Zahl der Trennungen amtlich nicht erfasst werden kann, wird über die Scheidungen Buch geführt. Von fünf Paaren, die heute heiraten, werden sich zwei wieder scheiden lassen.[57] 1960 lag die Scheidungsrate noch bei 13%, 1990 bei 33% und heute bereits bei 45%. Das Scheidungsrisiko nimmt mit jedem neuen Heiratsjahrgang zu. Während sich vor einigen Jahren das Scheidungsrisiko mit steigender Ehedauer stark verringerte, ist diese Reduktion heute nicht mehr so ausgeprägt. Am häufigsten werden Ehen nach fünf bis neun Ehejahren geschieden.

Parallel zu den steigenden Ehescheidungen steigt die Zahl der sogenannten Scheidungskinder, auch wenn etwas mehr als 50% der betroffenen Ehepaare keine unmündigen Kinder haben. In den letzten Jahren kamen jährlich über 12 000 minderjährige Kinder zum Total aller Scheidungskinder hinzu.

Finanzielle Folgen einer Scheidung

Eine Scheidung hat auf verschiedenen Ebenen finanzielle Konsequenzen. Ein Scheidungsverfahren kann sehr kostspielig sein, dies insbesondere, wenn sich die Parteien über wichtige Punkte der Scheidungsvereinbarung nicht einig sind. Weit mehr ins Gewicht fallen jedoch die durch die Trennung des Haushalts verursachten Mehrkosten. Die Fixkosten werden verdoppelt. An Stelle einer Miete, eines Telefonanschlusses und eines Zeitungsabonnements sind nunmehr deren zwei zu bezahlen. Zudem müssen die ganzen Einrichtungsgegenstände ein zweites Mal beschafft werden. Unter diesem Kostendruck wird, wo möglich, der Beschäftigungsgrad erhöht. Wo dies nicht möglich ist, zum Beispiel auf Grund der Kinderbetreuung, ist eine Reduktion des Lebensstandards unausweichlich.

Gemeinsame Kinder erschweren die Lage zusätzlich. Die Mutter, welcher die Kinder in knapp 70% der Fälle zugesprochen werden[58], muss die Betreuung der Kinder ab sofort selbst organisieren. Das hat Konsequenzen fürs Budget sowie fürs Zeitmanagement. Es stellt sich die kritische Frage, wie viel Erwerbstätigkeit von einer allein erziehenden Mutter mit Betreuungspflichten verlangt werden kann. Gemäß den → SKOS-Richtlinien soll eine Mutter bis zur Vollendung des dritten Lebensjahrs des Kindes (Kleinkindalter) nicht zur

57 BFS, 2005g, S. 87.
58 BFS, 2005g, S. 88 (Seit 2000 kann das Sorgerecht geteilt werden. Bis dahin wurde das Sorgerecht beinahe ausschließlich der Mutter erteilt).

Aufnahme einer Erwerbstätigkeit gedrängt werden.[59] Entsprechend wird → Alleinerziehenden mit mindestens einem Kleinkind automatisch eine → Integrationszulage von 200 Franken ausbezahlt. Wie hoch der Beschäftigungsgrad sein sollte, nachdem die Kinder vier Jahre und älter sind, ist in den Richtlinien nicht geregelt.

«Ist einem Ehegatten nicht zuzumuten, dass er für den ihm gebührenden Unterhalt (…) selbst aufkommt, so hat ihm der andere einen angemessenen Beitrag zu leisten.»[60] Existieren gemeinsame Kinder, so wird das Sorgerecht dem einen Elternteil zugesprochen und der andere wird für jedes Kind zur Zahlung einer Kinderalimente verpflichtet. In den meisten Fällen ist der Mann zahlungspflichtig.

Die Höhe der Alimente hängt neben der wirtschaftlichen Situation der Ehegatten stark vom Verlauf des Scheidungsprozesses ab. Befindet sich der Mann und Vater wirtschaftlich in einer privilegierten Situation, so können die geschuldeten Alimente die auf den tatsächlichen Bar- und Naturalbedarf eines Kindes basierenden Empfehlungen[61] weit überschreiten. Neben diesen häufig angewandten Empfehlungen wird die Höhe der Alimente teilweise auch in Prozenten des Einkommens des Vaters berechnet: Für ein Kind beträgt sie zwischen 15 und 17%, für zwei zwischen 25 und 27% und für drei zwischen 30 und 35%.[62] Verglichen mit den Anteilen der → Kinderkosten am Haushaltsbudget sind diese Lohnprozente eher knapp bemessen.

Staatliche Hilfe

Die Höhe der zu leistenden Beiträge ist jedoch limitiert durch das betreibungsrechtliche Existenzminimum des Mannes, welches nur unter speziellen Umständen unterschritten werden darf.[63] Lohneinbußen können jedoch dazu führen, dass der Mann die Hilfe des Sozialamtes in Anspruch nehmen muss. Nach einer Veränderung seiner finanziellen Situation muss das Scheidungsurteil angepasst werden, was einige Zeit dauert. In der Zwischenzeit sind die ursprünglichen Alimente geschuldet. Reichen die erhaltenen Alimente zusammen mit einem allfälligen Zusatzverdienst der Frau nicht zur Deckung der Lebenskosten der Familie aus, so ist der Gang zum Sozialamt unausweichlich.

Kommt der Vater, mit oder ohne eigenes Verschulden, seiner Unterhaltspflicht nicht nach, so hat die Mutter Anspruch auf staatliche Hilfe bei der Geltendmachung der Forderung.[64] Die Behörden können zum Beispiel eine materielle Sicherstellung der künftigen Forderungen verlangen oder eine Lohnzession in die Wege leiten. Ein Teil des Lohnes des Vaters wird dann direkt an die Mutter überwiesen. Außerdem hat die Mutter nach ZGB Art. 290 und 293 Anspruch auf eine Bevorschussung der Kinderalimente und, je nach kantonalem Recht, der Frauenalimente (→ ALVB).

Die beiden so neu entstandenen Gruppen der allein erziehenden Mütter und jene der geschiedenen Väter gehören heute zu den Hauptrisikogruppen für die Armut (→ Familiensituation). Es ist somit nicht

59 SKOS, 2005, S. 68.

60 ZGB, Art. 125 Abs. 1.

61 Amt für Jugend und Berufsberatung, 2000 (per 1.1.2005 der Teuerung angepasst).

62 Merkblatt «Bemessung der Kinderalimente» des SVAMV.

63 Bundesgerichtliche Praxis gemäß Verein Schuldensanierung Bern: www.schuldenhotline.ch.

64 ZGB, Art. 290 und 131 Abs. 1 sowie Art. 293 Abs. 2.

verwunderlich, dass die Sozialhilfebezugsquote der Geschiedenen im Kanton Zürich mit 5,8% klar über dem Durchschnitt (3,2%) liegt.[65]

Trennung durch den Tod

Stirbt ein Ehegatte, sind zumindest die finanziellen Auswirkungen dieser Trennung für den überlebenden Ehegatten im Vergleich zur Scheidung gering. Das kleine Armutsrisiko der verwitweten Personen zeigt auf, wie ein gesellschaftliches Risiko erfolgreich abgesichert werden kann, sofern es als ein solches anerkannt wird und entsprechende Maßnahmen getroffen werden. Die Leistungen aus den → Sozialversicherungen der ersten und zweiten Säule, allenfalls ergänzt durch Leistungen aus der freiwilligen dritten Säule, reichen aus, den Hinterbliebenen die Fortsetzung des gewohnten Lebensstandards zu ermöglichen. Der geringe Anteil verwitweter Menschen in der Sozialhilfe – im Kanton Zürich beispielsweise weniger als ein Prozent – bestätigt diese Feststellung.

Sozialhilfequote nach Zivilstand
(Kanton Zürich, 2003)

ledig	4,4%
verheiratet	1,9%
verwitwet	0,8%
geschieden	5,8%

Zahlen: BFS, 2005c, S. 100.

65 BFS, 2005c, S. 66.

Der Weg in die Armut führt oft zunächst über die Verschuldung. Jemand, der sich trotz knappen finanziellen Ressourcen etwas Größeres leisten will, lässt sich zur Aufnahme eines Kredites verführen und wird dann von der Zinslast und den Rückzahlraten erdrückt. Der umgekehrte Fall, dass Armut zur Verschuldung führt, ist eher selten. Schulden machen, vor allem bei institutionellen Geldgebern, ist für arme Menschen viel schwieriger. Ihnen fehlt die Kreditwürdigkeit, da sie die Schulden nicht zurückzahlen können.

Wer Schulden hat, dessen Ausgaben übersteigen dauerhaft die Einnahmen. Dies wäre an sich bereits ein deutliches Indiz für Armut. Alle verschuldeten Personen als arm zu bezeichnen, entspräche jedoch nicht der Realität. Die Art der Ausgaben spielt eine wichtige Rolle. Wer sich bei der Krankenkasse oder dem Steueramt verschuldet, um den →Grundbedarf decken zu können, kann als arm bezeichnet werden. Wer sich jedoch auf Grund von Ausgaben für Luxusgüter verschuldet, gilt nicht sogleich als arm. Diese Art von Verschuldung kann jedoch zu Armut führen, wenn die Schuldenlast auf Grund der Zinsbelastung ein ungewolltes, erdrückendes Ausmaß annimmt.

Die Datenlage zu diesem Thema ist in der Schweiz eher dürftig. Schuldenstatistiken sind inexistent.

Betreibung und Konkurs

Die extremste Form der Verschuldung ist der Konkurs. Betreibungs- und Konkursämter sind gemäß Schuldbetreibungs- und Konkursgesetz (SchKG) kantonal organisiert. Die einzige eidgenössische Statistik zu diesem Thema listet die Anzahl der von den Betreibungsämtern behandelten Fälle auf, ohne diese jedoch in Privat- und Firmenkonkurse zu unterteilen.[66] Die Anzahl der Zahlungsbefehle stieg in den letzten Jahren regelmäßig an, ebenso die Zahl der Konkurse. 2003 generierten 9400 Konkurse (private und Firmen) einen Verlust von 3,5 Milliarden Franken.

Weit aussagekräftiger für das Ausmaß der privaten Verschuldung sind die Lohnpfändungen. Im Kanton Basel Land beispielsweise hat sich die Zahl der Lohnpfändungen zwischen 1991 und 2001 verdoppelt. 8% der 259 700 Einwohner sind davon betroffen.

Nicht alle Betriebenen sind arm, nicht alle Verschuldeten werden betrieben, und nicht alle Betreibungen erfolgen rechtmäßig. Die Daten der Betreibungsämter allein sind folglich bedingt aussagekräftig.

Wer hat Schulden?

In der Schweiz gibt es 17 kantonale Budgetberatungsstellen. Die Berichte dieser Stellen geben Hinweise über die soziodemografischen Merkmale der Personen mit Budgetproblemen. Die Klientel der

66 BFS, 2005c, S. 306.

Budgetberatungsstellen wiederspiegelt, bis auf die deutliche Untervertretung von Akademikerinnen und Akademikern, relativ gut die Bevölkerungsstruktur. Die zahlenmäßig häufigsten Klienten der Budgetberatungsstelle Bern sind allein stehende, kinderlose Männer zwischen 31 und 40 Jahren mit Abschluss in der → Sekundarstufe II.[67]

Beinahe die Hälfte der Rat suchenden Haushalte verfügt über ein Einkommen von mehr als 4500 Franken. Die Untervertretung von sehr tiefen Einkommen ist ein deutliches Indiz dafür, dass, wie erwähnt, nicht Armut zur Verschuldung führt, sondern Verschuldung in die Armut.

Dies passiert häufig dann, wenn unerwartete Einkommenseinbußen auftreten, der gewohnte Lebensstil aber weitergeführt wird.

Wie hoch verschuldet die Betroffenen sind, ist schwierig einzuschätzen und lässt sich nur schwer verallgemeinern. Als Richtgröße können die Daten der Beratungsstelle Plusminus erwähnt werden. Dort belief sich die durchschnittliche Verschuldung pro Dossier im Jahr 2004 auf 47 000 Franken, 2003 auf 55 000 Franken.[68]

Kaufverhalten und Schulden

Was sind die Gründe für die Verschuldung? Scheidungen oder Familienzuwachs, zu hoher Konsumgüterkauf, zu tiefes Einkommen oder Einkommenseinbußen sowie Arbeitslosigkeit sind die häufigsten Verschuldungsgründe. Auch Glücksspiel-, Drogen- und Alkoholsucht sind relativ oft Ursachen für eine Verschuldung.[69]

Konsum hat wie Arbeit einen sehr zentralen Stellenwert in unserer Gesellschaft. Kaufdruck, Kaufzwang und teils sogar Kaufsucht sind heute weit verbreitet und lösen immer wieder den Teufelskreis der Verschuldung aus. Ein Drittel der Schweizerinnen und Schweizer haben eine «Tendenz zum unkontrollierten Kaufen».[70] Sie kaufen, um sich zu entspannen, um sich etwas zugute zu tun oder einfach «weil es billig ist». 5% der Bevölkerung hat den «Drang zum Kaufen» nicht unter Kontrolle; sie sind **kaufsüchtig**. Diese Zahl hat sich in den letzten zehn Jahren verdoppelt. Speziell anfällig sind Jugendliche zwischen 18 und 24 Jahren. Frauen sind beinahe doppelt so häufig kaufsüchtig wie Männer. Als traditionelle Einkäuferinnen der Haushalte sind sie auch deutlich häufiger der Kaufverführung ausgesetzt.

Die Mehrzahl der Kaufsüchtigen hat Schulden. Auch wenn der Besitz einer Kreditkarte generell das Kaufverhalten nicht beeinflusst, wirkt er sich bei Personen mit unkontrolliertem oder süchtigem Kaufverhalten negativ aus und animiert diese, Schulden zu machen. Diese Personengruppen schließen ferner häufiger Leasingverträge und Abzahlungsgeschäfte ab oder nehmen Kleinkredite auf. 14% der unkontrollierten Käufer und Käuferinnen sind schon betrieben worden, doppelt so viele als bei Personen mit normalem Kaufverhalten.

67 Verein Schuldensanierung Bern, 2005.

68 Plusminus Beratung Statistik 2004 online; www.plusminus.ch.

69 Verein Schuldensanierung Bern, 2005.

70 Maag, 2004. Zusammenfassung online: www.gfs-zh.ch/?pid=65.

Jugendliche und Schulden

Jüngere Menschen sind besonders stark durch Werbung zu beeinflussen und werden entsprechend häufig als deren Zielgruppe anvisiert. Sie erliegen schneller den allgegenwärtigen Konsumverlockungen, häufig um durch materiellen Besitz Anerkennung und Zugehörigkeit zu gewinnen. Knapp jeder fünfte junge Mensch (17%) hat große Probleme mit der Kontrolle seines Kaufverhaltens. Beinahe die Hälfte (47%) weist leichte bis mittlere Probleme auf.[71]

Eine im Januar 2005 veröffentlichte Umfrage der Universität Zürich bei Jugendlichen zwischen 15 und 22 Jahren ergab, dass durchschnittlich 16% der Befragten Schulden haben, unter den Berufsschülern und Gymnasiasten gar 20%.[72] Schulden haben ist kein Tabuthema mehr. Jugendliche machen ihre Schulden häufig bei Freunden und der Familie, und nur selten führen Kreditkarten oder Leasingverträge zu Schulden. Kleinkredite werden als Schuldengrund überhaupt nicht genannt.[73] 80% der überschuldeten Erwachsenen machen ihre ersten Schulden vor dem 25. Lebensjahr.

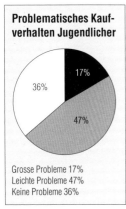

Problematisches Kaufverhalten Jugendlicher

17%
36%
47%

Grosse Probleme 17%
Leichte Probleme 47%
Keine Probleme 36%

Zahlen: Maag, 2004.

Wer sind die Gläubiger?

Am häufigsten werden Rechnungen der Steuerämter nicht termingerecht bezahlt. Dennoch kann daraus nicht geschlossen werden, dass die Steuerlast der eigentliche Grund der Verschuldung ist. Geldnot wird meist durch einen bestimmten Umstand ausgelöst und führt dazu, dass anderswo Schulden gemacht werden. Einem armen Haushalt, der die außerordentlichen Kosten des Klassenlagers der Tochter bezahlt, fehlen beispielsweise die liquiden Mittel für die Begleichung der Krankenkassenprämien. Neben dem Steueramt und den Krankenkassen sind die Banken die meist genannten Gläubiger, wobei sich deren Anteil hin zu den Krankenkassen verlagert.[74] Auf Grund der hohen Zinssätze (erlaubt sind bis zu 15%) und dem erbarmungslosen «Debitorenmanagement» werden Kreditraten oft vor Steuern und Krankenkassenprämien bezahlt.[75]

Konsumkredite und das KKG

Trotzdem sind Konsumkredite für die Verschuldung von großer Bedeutung. Die breite Palette von Varianten solcher Kredite umfasst Barkredite, Teilzahlungskäufe, Festkredite und schließlich Kontokorrentkredite. Um Ordnung in die Kreditlandschaft zu bringen und auch, um die Kreditnehmenden besser zu schützen, wurde per 1. Januar 2003 das Konsumkreditgesetz (KKG) in Kraft gesetzt. Dieses Gesetz ist Ausdruck eines Kompromisses zwischen den Interessen der Kreditgeber und jenen der Kreditnehmer. Die Kreditfähigkeitsprüfung wurde verstärkt und im Gegenzug der Kreditmarkt liberalisiert.

Kernstück des Gesetzes sind die verschärften Auflagen für die Kreditfähigkeitsprüfungen. Die Kreditgeber müssen für jede Kundin und jeden Kunden eine individualisierte Prüfung durchführen, indem

71 Maag, 2004.
72 Bamert, Oggenfuss, 2005.
73 Bamert, Oggenfuss, 2005.
74 Meier, 1999.
75 Schwarz, 2005.

sie den Notbedarf gemäss Betreibungsamt plus den effektiv geschuldeten Mietzins, die effektiven Krankenkassenprämien und die Steuern zusammenzählen und mit dem Einkommen vergleichen. Zudem müssen sie bei der zu diesem Zweck gegründeten Informationsstelle für Konsumkredit IKO[76] abklären, ob bereits andere Kredite ausstehend sind und anschließend den neu gesprochenen Kredit dort registrieren. ∎

Diese neuen Regelungen scheinen den klassischen Fest- und Barkrediten (fixer Schuldenbetrag und Rückzahlungsplan) den Wind aus den Segeln zu nehmen. Hingegen ist ein eindeutiger Trend hin zu den Kontokorrentkrediten (variable Kreditlimite) feststellbar, wo das Gesetz lediglich eine «summarische» Kreditfähigkeitsprüfung vorschreibt. Es handelt sich dabei um ein Konto, welches bis zu einem vereinbarten Betrag überzogen werden kann und bei dem die Schuldrückzahlung nicht terminlich fixiert ist. Während der gesamten Dauer der Überziehung häufen sich Schuldzinsen an. Solche Konten können bei einigen Anbietern problemlos übers Internet eröffnet werden.

Kredit- und Kundenkarten fallen ebenfalls unter dieses Gesetz, doch sind die Ansprüche an die Kreditwürdigkeitsprüfungen in diesem Bereich gering. Dies rechtfertigt sich damit, dass die meisten Kundinnen und Kunden von den teuren Kreditoptionen dieser Karten keinen Gebrauch machen, sie also nicht überziehen. Aus Sicht der Schuldenprävention wären verstärkte Schutzbestimmungen wünschenswert.

Insgesamt stieg das Volumen dieser Konsumkredite 2004 wie die vorangehenden Jahre leicht an und erreichte 6,573 Milliarden Franken. Während Festkredite und Bankkredite an Bedeutung verlieren, steigt die Zahl der Teilzahlungskäufe und, ganz besonders markant, die Zahl der Kontokorrentkredite an.[77]

Leasingverträge gehören nicht unter den Sammelbegriff der Konsumkredite. Sie werden im KKG separat behandelt. Nur bei dieser Kreditform dürfen Vermögenswerte des Leasingnehmers in der Kreditfähigkeitsprüfung mit einbezogen werden, was den Kreis der potenziellen Kreditnehmerinnen und Kreditnehmer erweitert. Trotz diesen relativen Privilegien der Leasinggeschäfte scheint die Bedeutung des Leasings in den letzten Jahren abzunehmen.

Verschuldung und Armut

So offensichtlich der Zusammenhang zwischen Verschuldung und Armut ist, so schwierig ist er statistisch zu belegen. Der einzige Hinweis wäre die Bedeutung der Schulden in der Sozialhilfe. Die Schuldenlage der Sozialhilfebeziehenden wird jedoch nicht systematisch erfasst. In der Zusammenarbeit zwischen dem Sozialamt und den Sozialhilfe beziehenden wird diese Frage jedoch häufig thematisiert. Entsprechend wurde im Kanton Zürich festgestellt, dass mindestens 14% der gemeldeten Sozialhilfefälle verschuldet sind.[78] Speziell gefährdet sind Paare

CARITAS:

Trotz dieser Prüfung geraten noch zu viele armutsgefährdete Haushalte durch Verschuldung in Armut. Nämlich dann, wenn unerwartet ein Arbeitsplatzverlust oder eine Scheidung eintritt und sich damit die Einkommenssituation radikal ändert.

76 iko-info.ch/willkommen/fs_willkommen_d.htm.

77 Verein zur Führung einer Zentralstelle für Kreditinformationen: www.zek.info.

78 BFS, 2005c, S. 76.

ohne Kinder. Der effektive Anteil dürfte um einiges höher liegen. Eine ältere Studie stellte fest, dass 40% der 1987 unterstützten Bevölkerung verschuldet war und dass diese Verschuldung lediglich in 7% der Fälle das eigentliche Kernproblem darstellte.[79]

Diese Informationslücke ist unter anderem darauf zurückzuführen, dass die Sozialhilfe keine Schulden bezahlt. Als negative Konsequenz dieser Politik bleiben verschuldete Personen länger in der Sozialhilfe hängen, da die Unterstützung in der Regel nicht ausreicht, die Schulden zu begleichen.

79 Ulrich, Binder, 1998, S. 310 und 332.

4.

Beschreibung der Armutsbevölkerung

4. Beschreibung der Armutsbevölkerung

Armut ist in der Schweiz kaum sichtbar. Arme fallen in der Öffentlichkeit nicht auf. Trotzdem ist einiges darüber bekannt, wer in diesem Land arm ist.

Das Profil der Armutsbevölkerung lässt sich gut beschreiben: jüngere Menschen sind häufiger arm als ältere, Frauen tragen ein höheres Armutsrisiko als Männer, Ausländerinnen und Ausländer gehören öfter zu den Armen als Schweizerinnen und Schweizer.

Arme sind häufig weniger gut ausgebildet, wohnen in prekären Verhältnissen, sind schlecht integriert, öfter krank und weisen eine tiefere Lebenserwartung auf.

So wird deutlich, dass Armut mehr ist als eine Einkommensschwäche. Armut ist eine prekäre Lebenssituation, die viele Facetten des Daseins prägt. Wer in solchen Verhältnissen aufwächst, trägt ein größeres Risiko, als erwachsene Person erneut zu den Armen zu gehören. Die Wege aus der Armut sind steinig, und nur wenigen gelingt der soziale Aufstieg.

Mangels einer Schweizer → Armutsstatistik werden diese Beobachtungen vorwiegend anhand der von fünf Kantonen und neun Städten veröffentlichten Statistiken zur Sozialhilfe aufgezeigt.

Die soziodemografischen Merkmale geben Auskunft über die Familienkonstellation oder die Herkunft einer Person. Sie sind mehr oder weniger gegeben und kaum beeinflussbar. Sie werden auch → horizontale Faktoren der → sozialen Schicht genannt.

Armut und Familiensituation: allein erziehend, allein stehend, kinderreich

Armut hat sich in den letzten Jahren eindeutig auf zwei Haushaltstypen konzentriert: Die Alleinstehenden und die Alleinerziehenden. Es sind auch diese Haushalte, die in der ganzen Schweiz am häufigsten → Sozialhilfe beziehen. 80 bis 90% der Sozialhilfefälle gehören diesen beiden Gruppen an.[1]

Alleinlebende und Armut

In den neun Städten, welche zusammen den Kennzahlenvergleich herausgeben, betreffen 2004 durchschnittlich 60% aller bei den Sozialämtern gemeldeten Fälle Einpersonenhaushalte.[2] Auch auf kantonaler Ebene sind diese Haushalte überdurchschnittlich stark von Armut betroffen. Im Kanton Thurgau beispielsweise leben 70% aller Sozialhilfebeziehenden allein[3], obwohl Einpersonenhaushalte nur etwa 35% der Gesamtbevölkerung ausmachen.[4] Die → Sozialhilfequote Alleinlebender beträgt im Kanton Jura beispielsweise 4,8% und liegt damit doppelt so hoch wie die Durchschnittsquote von 2,4%.[5] Im Kanton Zürich beträgt diese Quote sogar 6,7% bei einem Durchschnitt von 3,2%.[6]

Die meisten allein wohnenden Menschen sind ledig, gefolgt von den Geschiedenen. Im Kanton Thurgau ist ein knappes Viertel aller Alleinlebenden geschieden. Deren Sozialhilfequote ist überall besonders hoch und liegt im Thurgau mit 6,1% mehr als dreimal so hoch wie die Durchschnittsquote (1,9%). Die Quote der Ledigen liegt mit 2,6% ebenfalls über dem Mittel. Nur 1% der Sozialhilfebeziehenden sind verwitwet. Ihr Armutsrisiko ist durch die → Sozialversicherungen gut abgesichert.

Alleinerziehende und Armut

4,8% aller Haushalte sind allein erziehend und haben in den meisten Fällen ein Kind.[7] In der Sozialhilfe ist diese Gruppe aber klar stärker vertreten, besonders in den Städten. In den neun erwähnten Städten betreffen zwischen 17 und 28 Prozent der Fälle Einelternfamilien, im Kanton St. Gallen 23%, im Kanton Zürich 18%. Die Sozialhilfequote dieser Familien ist überall überdurchschnittlich hoch. Im Kanton Jura ist sie mit 6% doppelt so hoch wie die Durchschnittsquote von 2,4%, im Kanton Thurgau mit 9,7% gar mehr als dreimal höher als die Durchschnittsquote von 3%.

1 In Bezug auf die Anzahl betroffener Personen reduziert sich dieser Anteil etwas. Städteinitiative, 2005, S. 2.

2 Städteinitiative, 2005, S. 2.

3 BFS, 2005d.

4 BFS, 2005g, S. 97.

5 BFS, 2005e.

6 BFS, 2005c, S. 100.

7 BFS, 2005g, S. 105. Im Kanton Zürich haben 60% ein Kind, knappe 30% zwei und etwa 9% drei Kinder.

Paare, Kinder und Armut

Generell sind Paare unterdurchschnittlich oft auf Sozialhilfe angewiesen. Dies gilt insbesondere für kinderlose Paare. Aber auch der Anteil von Paaren mit Kindern ist, unabhängig von deren Kinderzahl, in der Sozialhilfe kleiner als in der Gesamtbevölkerung. ■

Erst ab dem dritten Kind steigt das Risiko Sozialhilfe zu beziehen deutlich an.[8]

CARITAS:

Die Sozialämter zählen Fälle oder Dossiers. Die Zahl der Einpersonenfälle ist am höchsten. Insgesamt sind aber mehr Menschen, die in Familien leben, auf Sozialhilfe angewiesen. Denn hinter jedem Familiendossier verbergen sich zwei, drei oder mehr Personen.

Anzahl Fälle ist nicht gleich Anzahl betroffene Personen
(Zahlen der Sozialhilfe des Kantons Zürich, 2003)

	Haushalte ohne Kinder		Haushalte mit Kindern		
	allein lebend	Paare	Eltern mit Kindern	allein erziehend	**Total**
% aller Fälle	63.2	5.7	12.3	17.9	**100**
% aller Personen	36.6	6.7	28.9	27	**100**
Anzahl Fälle	14534	1310	2828	4116	**22788**
Anzahl Personen	14542	2643	11464	10723	**39690**
Anteil an der Bev.	39.4	27.7	20.3	5	**92.4**

Lesebeispiel: 30% der Fälle sind Fälle mit Kindern, 70% Fälle ohne Kinder. Betrachtet man jedoch die Zahl der betroffenen Personen, so stellt man fest, dass mehr als die Hälfte (56%) in Haushalten mit Kindern leben und 43% in solchen ohne.

Zahlen: BFS, 2005c sowie Informationen des BFS, Abteilung Sozialhilfestatistik.

Armut und Alter: Problemverlagerung von Alt zu Jung

Alt sein heißt arm sein; dies war früher oft der Fall. Heute decken die → Sozialversicherungen dieses Risiko gut ab und die Aussage trifft so nicht mehr zu. Altersarmut existiert nach wie vor, jedoch in wesentlich bescheidenerem Ausmaß.

Das Problem der Armut hat sich aber nicht aufgelöst, sondern hin zu den Jungen verlagert. Heute stellt man fest, dass das Armutsrisiko steigt, je jünger eine Person ist. Diese Tatsache ist umso problematischer, als die Gefahr einer Verfestigung der Armut besteht.

Altersarmut

Heute sind 15,8% der Bevölkerung 65-jährig und älter, Tendenz steigend.[9] Dank der Vorsorgeversicherungen → AHV und → Berufliche Vorsorge (BV) ist die Bevölkerung heutzutage gut gegen das Risiko der Altersarmut abgesichert. Wo die AHV-Rente nicht ausreicht und

8 BFS, 2006b, S. 17.
9 BFS, 2005g, S. 34.

kein Anspruch auf eine Rente der BV besteht, können die betroffenen Personen → Ergänzungsleistungen (EL), → Beihilfen (BH) oder → Gemeindezuschüsse (GZ) beantragen. Diese → Bedarfsleistungen sind der Sozialhilfe vorgelagert und haben zum Ziel, die Armut im Alter zu verhindern.

Dieses System funktioniert. Ende der 90er Jahre waren vor Auszahlung von Bedarfsleistungen immerhin noch 17% der über 65-Jährigen arm. Dank den EL konnte dieser Anteil auf 3 bis 4% verringert werden (→ Kapitel 2, Armutssituation in der Schweiz). Es wird sich zeigen, ob dank der seit 1985 obligatorischen BV der Anteil armer alter Menschen weiter sinken wird.

In der Sozialhilfe sind Altersrentnerinnen und -rentner untervertreten. In den neun Städten des Kennzahlenvergleichs beträgt die Sozialhilfequote der über 65-Jährigen zwischen 0,1 und 1,8%. Sie ist nur in Luzern und Frauenfeld höher als 1%. Dort werden keine Beihilfen ausbezahlt. Bei den Hochbetagten steigt die Bezugsquote jedoch wieder langsam an. Schuld daran sind die hohen Kosten für die stationäre Pflege.

Kinder und Sozialhilfe

In der Schweiz leben etwa 250 000 Kinder in armen Haushalten (→ Kapitel 2, Armutssituation in der Schweiz). Wo altersgruppenspezifische Auswertungen der Sozialhilfedaten existieren, wird deutlich, dass Kinder bis 14 Jahre meist die höchste Sozialhilfequote aufweisen. Sie sind am häufigsten von Armut betroffen. In der Stadt Basel ist die Quote am eindrücklichsten: Jedes siebte Kind (bis 18 Jahre) ist hier auf Sozialhilfe angewiesen.[10] Kinder ausländischer Herkunft sind speziell gefährdet. ■

Jugendliche und Sozialhilfe

Ebenfalls sehr viele Jugendliche zwischen 15 und 19 Jahren sind auf Sozialhilfe angewiesen. Ein Teil von ihnen lebt noch bei den Eltern und die ganze Familie bezieht Sozialhilfe, einige Jugendliche sind auch auf sich selbst gestellt.

Die Sozialhilfequote der ausländischen Jugendlichen ist besonders hoch. Sie ist höher als jene der Kinder und der jungen Erwachsenen ausländischer Herkunft.[11] Dass diese Altersgruppe so stark von Armut betroffen ist, hängt mit der angespannten Lage auf dem Lehrstellenmarkt zusammen. Jugendliche aus bildungsfernen Familien mit entsprechend minimalen Schulleistungen und mit Migrationshintergrund haben immer größere Schwierigkeiten, eine passende Lehrstelle zu finden.

Junge Erwachsene und Sozialhilfe

Auch junge Erwachsene zwischen 20 und 25 Jahren weisen eine besonders hohe Sozialhilfequote auf. In den meisten Kantonen liegt sie insgesamt über jener der Jugendlichen. Ein Teil dieser 20- bis 25-

CARITAS:

Gemäß BFS werden rund die Hälfte der Gesamtausgaben für die soziale Sicherheit für das Risiko «Alter» (inklusive Pflege) aufgewendet. Entsprechend sind alte Menschen gut vor Armut geschützt. Hingegen wird den Armutsrisiken junger Menschen und Familien noch nicht genügend entgegengehalten, und entsprechend häufig sind diese auf Sozialhilfe angewiesen.

10 Städteinitiative, 2005, S. 16.
11 Auskunft BFS, Abteilung Sozialhilfestatistik.

Jährigen hat keine Lehrstelle gefunden und schlägt sich entsprechend mit Hilfsjobs durchs Leben. Andere haben zwar eine Lehre absolviert, finden aber keinen Berufseinstieg. Das Überangebot an Arbeitskräften auf dem Arbeitsmarkt führt dazu, dass Firmen eine größere Auswahl haben. Unter diesen Umständen entscheiden sie sich oft für Angestellte, die bereits eine gewisse Berufserfahrung ausweisen, und sparen sich so die Einarbeitungskosten.

Unter den Schweizerinnen und Schweizern ist die Sozialhilfequote der jungen Erwachsenen klar höher als jene der Jugendlichen. In der Gruppe der Ausländerinnen und Ausländer verhält es sich genau umgekehrt: Die Quote sinkt leicht ab, obwohl die Voraussetzungen auf Grund der hohen Sozialhilfequoten der ausländischen Jugendlichen alles andere als rosig sind. «Offenbar gelingt vielen ausländischen Jugendlichen der Einstieg ins Erwerbsleben trotz vergleichsweise schwieriger Bedingungen.»[12] Diese Tatsache rührt wohl unter anderem daher, dass sich junge Ausländerinnen und Ausländer eigenständiger durchs Leben schlagen als Einheimische und ihre Ansprüche nach unten korrigieren, aus Angst, bei Fürsorgeabhängigkeit des Landes verwiesen zu werden. Diese Gefahr besteht vor allem bei Ausländerinnen und Ausländern mit Bewilligung B und bei solchen, die weniger als zehn Jahre in der Schweiz sind.[13]

Längerfristige Auswirkungen

Diese Überrepräsentation der jungen Generationen in der Sozialhilfe kann längerfristige Folgen haben, denn Armut droht sich bei den Betroffenen zu verfestigen. Es ist schwierig, aus dem Teufelskreis der Armut auszubrechen. Wer in jungen Jahren einmal Sozialhilfe bezogen hat, für den ist sie auch im Erwerbsalter kein Tabuthema mehr (→ Armut und Soziale Herkunft).

12 BFS, 2005c, S. 68.
13 ANAG, Art. 10, Abs. 1d.

Sozialhilfequoten Kinder, Jugendliche und junge Erwachsene (2003)

Kanton	Altersgruppen	Bezugsquote Total
ZH*	1–14	5.4
	15–19	5.4
	20–24	3.7
BE*	1–14	4.7
	15–19	3.9
	20–24	4.3
GR*	1–14	1.6
	15–19	1.7
	20–24	1.4
JU*	1–14	1.5
	15–19	2.3
	20–24	2.9
LU	1–14	3.3
	15–19	2.5
	20–24	2.5
NW	1–14	0.9
	15–19	0.9
	20–24	0.5
OW	1–14	1.5
	15–19	0.8
	20–24	1.1
SG**	1–14	2.6
	15–19	2.4
	20–24	2.7
TG*	1–14	2.1
	15–19	2.0
	20–24	2.6
SZ	1–14	2.2
	15–19	1.8
	20–24	1.9
UR	1–14	0.9
	15–19	1.4
	20–24	1.5
ZG	1–14	2.3
	15–19	2.4
	20–24	2.5

Quelle: BFS, Sozialhilfestatistik, 2005 (*Stichprobe, ansonsten Vollerhebung; **Halbjahreszahlen).

109

Armut und Geschlecht: Ist Armut weiblich?

Spontan gefragt, ob Frauen oder Männer häufiger arm sind, werden die meisten auf die Frauen tippen. Ein Blick auf die Sozialhilfequote wiederspricht diesem Bauchgefühl. Männer und Frauen beziehen in etwa gleich häufig Sozialhilfe. Auf internationaler Ebene wird oft von der «Feminisierung der Armut» gesprochen. Dies trifft in der Schweiz nicht zu. Fest steht hingegen, dass Frauen mehr geschlechterspezifische Armutsrisiken aufweisen. Diese Risiken stehen vorwiegend im Zusammenhang mit der Gründung einer Familie. Denn die Armutsquote der allein lebenden Frauen ist klar tiefer als jene der allein lebenden Männer.

Frauen und Männer in der Sozialhilfe

In fünf größeren Städten des Kennzahlenvergleichs ist die Zahl der Sozialhilfe beziehenden Männer höher als jene der Frauen, in den vier kleineren Städten jene der Frauen.[14] In der Untergruppe der ausländischen Bevölkerung beziehen Männer in allen neun Städten häufiger Sozialhilfe als Frauen. Insgesamt präsentiert sich die Situation relativ ausgeglichen.

In absoluten Zahlen sind im ländlichen Kanton Thurgau Schweizer Frauen knapp vor Schweizer Männern die häufigsten Klienten der Sozialhilfe. Deren Sozialhilfequote liegt mit 1,6% jedoch deutlich unter jener der Ausländerinnen mit 3,1%. Das Risiko, im Thurgau auf Sozialhilfe angewiesen zu sein, ist für Ausländerinnen am höchsten, wenn auch diese Gruppe zahlenmäßig am wenigsten bedeutend ist.

Im Kanton Zürich ist dieses Risiko ebenfalls für die ausländischen Frauen am höchsten. Über die gesamte Kantonsbevölkerung verteilt ist jedoch die Sozialhilfequote der Männer etwas höher als jene der Frauen, vor allem in der Stadt Zürich.[15] Die selbe Beobachtung gilt für den Kanton Jura.[16]

Geschlechterspezifische Armutsrisiken

Auch wenn, alles in allem, das Sozialhilferisiko relativ gleichmäßig zwischen Mann und Frau verteilt ist, muss auf einige geschlechterspezifische Benachteilungen hingewiesen werden. Es fällt auf, dass Frauen klar häufiger mit Armutsrisiken konfrontiert sind. Dass sie in der Sozialhilfe trotzdem nicht übervertreten sind, deutet einerseits auf eine bessere Anpassungsfähigkeit und andererseits auf eine höhere →Nichtbezugsquote hin. Zu dieser Frage existieren bisher keine Untersuchungen.

Bildung, Karrieren und Löhne

Frauenkarrieren sehen anders aus als Männerkarrieren. Das beginnt bereits in der Erziehung, wo Lebensziele und Selbstvertrauen entstehen. Punkto Bildung sind Frauen nach wie vor im Rückstand, auch wenn sich die Differenzen langsam verringern. Insbesondere Frauen ausländischer

14 Städteinitiative, 2005, Tabelle (Zürich, Bern, Basel, St. Gallen, Uster und Winterthur, Luzern, Schaffhausen, Frauenfeld).

15 BFS, 2005c, S. 67/68.

16 BFS, 2005e.

Herkunft sind nach wie vor benachteiligt. Nur gerade 58% dieser Frauen haben mehr als die obligatorische Grundbildung absolviert.[17] Dies ist besonders dramatisch, als Bildung eines der Hauptrisiken für Armut ist (→ Kapitel 4, Armut und Bildung). Schlecht gebildete Menschen üben, wenn sie eine Anstellung finden, häufig schlecht bezahlte oder → prekäre Jobs aus. Markant weniger Frauen als Männer haben Führungspositionen inne. Frauen gehören folglich häufiger zu den → Working Poor als Männer.[18] Sie wären weniger häufig arm, würden sie (für gleiche Arbeit) gleich viel verdienen wie Männer. Der Lohnunterschied beträgt aber nach wie vor zwischen 20 und 60%. 18% der Frauenlöhne lagen im Jahr 2000 (hochgerechnet auf Vollzeitstellen) unter 3000 Franken. Bei den Männern waren es 5%.[19]

Hinzu kommt, dass Frauen häufiger arbeitslos sind. In den letzten 15 Jahren lag die Erwerbslosenquote der Frauen dauernd um bis zu 1,8% über jener der Männer. Im Jahr 2004 lag sie beispielsweise bei 4,7% für Frauen und bei 3,9% für Männer.[20]

Familiengründung

Gründet ein Paar eine Familie, ziehen sich die Frauen noch immer häufig zumindest teilweise aus dem Erwerbsleben zurück und tragen so die → indirekten Kinderkosten. Stundenmäßig sind zwar beide Partner gleich stark mit Haus- oder Erwerbsarbeit ausgelastet, mit dem Unterschied, dass Frauen oft vom Erwerbseinkommen der Männer abhängig sind und dass ihnen weniger Prestige gezollt wird. Frauen, die trotz Kindern weiter erwerbstätig sind, arbeiten häufig Teilzeit, was die Aufstiegsmöglichkeiten erheblich hemmt. «Erwerbsunterbrüche und Teilzeitarbeit sind Karrierekiller».[21]

Oft lohnt es sich für einen Haushalt nicht, in den ersten Jahren nach der Niederkunft ein zusätzliches Einkommen zu haben. Die Kosten für Arbeitsweg, Kinderbetreuung, höhere Steuern sowie der Verlust von Ansprüchen auf verschiedene → Bedarfsleistungen wie zum Beispiel → Individuellen Prämienverbilligung (IPV) übersteigen rasch das mögliche zusätzlich Einkommen (→ Existenzsicherung im Föderalismus).

Scheidungen und Einelternfamilien

Bereits 1989 machte die Caritas Schweiz darauf aufmerksam, dass Alleinerziehende ein großes Armutsrisiko tragen.[22] Entsprechend sind sie verhältnismäßig häufig auf Sozialhilfe angewiesen (→ Familiensituation). Alleinerziehende sind in den allermeisten Fällen Mütter. Im Falle einer → Scheidung sind sie in vielen Punkten schlechter gestellt als die Väter. Deren Alimentenpflicht wird nämlich durch das → betreibungsrechtliche Existenzminimum begrenzt, was sie im Normalfall vor einem Sozialhilfebezug bewahrt. Decken die Alimente den Lebensunterhalt von Frau und Kindern nicht ab, bleibt diesen nichts anders als der Gang zum Sozialamt.

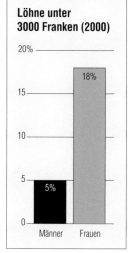

**Löhne unter
3000 Franken (2000)**

Männer: 5%
Frauen: 18%

Zahlen: Strub, Stutz, 2004, S. 15.

17 Bevölkerung zwischen 25 und 64. Gemäß BFS, Abteilung Bildungssysteme, Wissenschaft und Technologie.

18 Ihre Quote beträgt 7,6% bei einer Durchschnittsquote von 7,4% (BFS, 2004i, S. 8).

19 Strub, Stutz, 2004, S. 16.

20 BFS, 2004a, S. 16/17.

21 Strub, Stutz, 2004, S. 15.

22 Caritas Schweiz, 1989.

Die Tatsache, dass trotzdem in vielen Städten, besonders in Zürich, allein lebende, geschiedene Männer doppelt so häufig Sozialhilfe beantragen als der Durchschnitt, lässt sich folgendermaßen erklären: Ändert die finanzielle Situation des Alimentenzahlers, muss eine Anpassung des Scheidungsurteils beantragt werden. Eine solche Anpassung kann lange dauern, währenddessen bleiben die ursprüngliche Alimente geschuldet.[23]

Sozialversicherungen

Die → Sozialversicherungen sind auf vollzeiterwerbstätige Personen zugeschnitten. Teilweise profitieren mittlerweile auch die Ehefrauen erwerbstätiger Männer. Alle anderen Frauen sind schlechter gegen die traditionellen Risiken abgesichert.

► → AHV und → IV sind zwar für die ganze Bevölkerung obligatorisch, nicht erwerbstätige Personen müssen aber ihren Versicherungsschutz selbst organisieren und dafür schauen, dass sie die minimalen Beiträge lückenlos einzahlen. Auf Grund des durch diese Mindestbeiträge tiefen versicherten Einkommens oder auf Grund von Beitragslücken fallen die Renten oft sehr tief aus. Dass die Versicherungen mittlerweile Gutschriften für Erziehungs- und Betreuungsarbeit gewähren, ändert nicht viel an dieser Situation.

► Obligatorisch → BVG-versichert ist nur, wer mehr als 19 350 Franken im Jahr verdient. Diese Grenze gilt seit dem 1.1.2005. Vorher lag sie noch höher und schloss dadurch weitere Kleinverdiener vom BVG aus. Die Medaille der tieferen Eintrittsschwelle hat jedoch eine Kehrseite: Der BVG-Beitrag wird vom Lohn abgezogen und reduziert so das gegenwärtige → verfügbare Einkommen.

► Wer weniger als acht Stunden angestellt ist, wird nicht gegen Nichtbetriebsunfälle (→ UVG) versichert und muss dies über seine Krankenkasse tun (→ KVG).

► Auch in der → ALV sind diese Frauen benachteiligt: Erstens auf Grund der zu erfüllenden Rahmenfristen und zweitens, da sich die Leistungen der ALV am vorherigen Verdienst bemessen. Haus- und Familienarbeit werden nicht berücksichtig.

► Schließlich muss auch erwähnt werden, dass Teilzeitarbeitende meist nicht von allfälligen → Krankentaggeldversicherungen profitieren und keine oder nur reduzierte → Familienzulagen erhalten.

23 ZGB Art. 286 Abs. 2 und Auskunft Schweizerischer Verband für Alimentenfachleute.

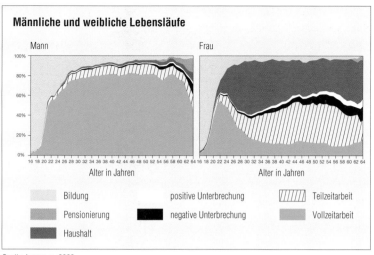

Männliche und weibliche Lebensläufe

Mann / Frau

Alter in Jahren

Bildung
Pensionierung
Haushalt
positive Unterbrechung
negative Unterbrechung
Teilzeitarbeit
Vollzeitarbeit

Quelle: Levy u.a., 2003.

Armut und Staatsangehörigkeit: Ist Armut ausländisch?

Personen ausländischer Staatsangehörigkeit sind in der Schweiz häufiger arm als Schweizerinnen und Schweizer.

Einkommen ausländischer Staatsangehöriger

Fast 30% der Ausländerinnen und Ausländer in der Schweiz verdienen weniger als 70% des medianen → Äquivalenzeinkommens und gelten als einkommensschwach.[24] Der durchschnittliche Stundenlohn der ausländischen Wohnbevölkerung ist etwa 15% tiefer als jener der einheimischen.[25] Als Konsequenz sind 10,9% der erwerbstätigen ausländischen Bevölkerung in der Schweiz → Working Poor, unter der Schweizer Erwerbsbevölkerung sind es 5,2%.[26] Die Tatsache, dass bei einem Stellenabbau oft als erstes die Arbeitsplätze der Ausländerinnen und Ausländer wegrationalisiert oder in deregulierte Graumärkte ausgelagert werden, fördert die Armut dieser Gruppe zusätzlich.

Bildungsniveau der ausländischen Bevölkerung

Im Vergleich zu den Schweizerinnen und Schweizern ist das Bildungsniveau der ausländischen Bevölkerung deutlich tiefer. 38% dieser Gruppe haben höchstens die obligatorische Schule abgeschlossen (12% der Schweizerinnen und Schweizer).[27] Schlechte → Bildung führt oft zu schlecht bezahlter → Arbeit und schlechten Arbeitsverhältnissen und schließlich zu Armut.

Ausländerinnen, Ausländer und Sozialversicherungen

Je später ausländische Staatsangehörige in die Schweiz kommen, desto weniger gut abgesichert sind sie für das Alter. Beitragslücken führen in der → AHV wie auch in der → Beruflichen Vorsorge (BV) zu Rentenkürzungen. Ausländerinnen und Ausländer im Rentenalter bilden eine der größten Armuts-Risikogruppen der Zukunft.[28]

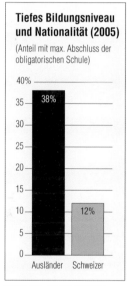

Tiefes Bildungsniveau und Nationalität (2005)

(Anteil mit max. Abschluss der obligatorischen Schule)

38% Ausländer
12% Schweizer

Zahlen: BFS, Abteilung Bildungssysteme, Wissenschaft und Technologie.

24 BFS, 2005g, S. 843.

25 BFS, 2004a, S. 73. Einzig Führungskräfte ausländischer Herkunft verdienen mehr als einheimische Führungskräfte.

26 BFS; 2005g, S. 844.

27 Bevölkerung zwischen 25 und 64. Gemäß BFS, Abteilung Bildungssysteme, Wissenschaft und Technologie.

28 Höpflinger, Stuckelberger, 1999, S. 21.

Ausländische Bevölkerung in der Sozialhilfe

Nach diesen Ausführungen ist es nicht verwunderlich, dass die Sozialhilfequote der ausländischen Bevölkerung über jener der Schweizerinnen und Schweizer liegt. In den Städten haben zwischen 50 und 70% der Sozialhilfebeziehenden das Schweizer Bürgerrecht.[29] Die restlichen 30 bis 50% sind Ausländerinnen und Ausländer. Verglichen mit ihrem Anteil an der Gesamtbevölkerung (22%) sind sie deutlich häufiger auf Sozialhilfe angewiesen.[30] Ihre Bezugsquote liegt im Kanton Thurgau beispielsweise mit 3% doppelt so hoch wie jene der Schweizerinnen und Schweizer.[31] Im Kanton Jura ist der Unterschied noch deutlicher: 6% der Ausländerinnen sehen sich gezwungen, Sozialhilfe zu beantragen, hingegen nur gerade 0,8% der Schweizerinnen.[32] ■

Drittelsgesellschaft nach Herkunft

Nicht alle Ausländerinnen und Ausländer sind gleichermaßen von Armut betroffen. Die in der Schweiz ansässige Bevölkerung ausländischer Herkunft kann in Bezug auf ihre → soziale Schicht grob als Drittelsgesellschaft bezeichnet werden.[33] Das oberste Drittel bilden die aus den nördlichen Ländern Europas stammenden hoch qualifizierten Migrantinnen und Migranten. Sie haben oft Führungspositionen inne und beziehen ein überdurchschnittliches Salär. Das mittlere Drittel bilden aus den südlichen Ländern der EU stammende Familien, die oft schon seit zwei oder drei Generationen in der Schweiz wohnen. Vor allem diesen Secondas und Secondos, der zweiten Generation, ist ein sozialer Aufstieg gelungen. Das letzte Drittel stammt aus den aktuellen Einwanderungsländern Südost- und Osteuropas sowie Afrikas. Diese Personen arbeiten, sofern sie Arbeit finden, im untersten Lohnsegment und sind häufig arm.

Soziale Mobilität von Ausländerinnen und Ausländern

Trotz allem weisen Ausländerinnen und Ausländer eine relativ hohe soziale Mobilität auf. In der Schweiz geborene Kinder ausländischer Eltern haben größere Chancen, den sozialen Status ihrer Eltern zu übertreffen, als Kinder Schweizer Eltern (→ Kapitel 4, Armut und soziale Herkunft). Vor allem die eingebürgerten Ausländerinnen und Ausländer der zweiten Generation haben hohe soziale Aufstiegschancen. Dies gilt jedoch nicht für alle Nationalitäten gleichermaßen: Aus Italien und Spanien stammende, eingebürgerte Menschen haben größere Aufstiegschancen als aus Serbien oder Montenegro oder auch Portugal stammende. Am schwierigsten gestaltet sich der Aufstieg – wie übrigens auch die Integration – für aus Albanien stammende Menschen.[34]

Asyl Suchende und Sans-Papiers

Damit ist die Betrachtung der Situation der Ausländerinnen und Ausländer in der Schweiz noch nicht fertig. Es fehlen die Asyl

---

CARITAS

Das höhere Armutsrisiko von Ausländerinnen und Ausländern überrascht nicht. Zu viele von ihnen müssen sich in prekären Arbeits- und Lebensverhältnissen durchschlagen. Noch immer erledigen sie die Jobs, die Schweizerinnen und Schweizer nicht mehr machen.

---

29 Städteinitiative, 2005, S. 17.

30 BFS, 2005g, S. 97.

31 BFS, 2005d.

32 BFS, 2005e.

33 Basel Stadt, 2004
online: www.statistik-bs.ch/
kennzahlen/integration/c_
Einkommen/bsartikel.2004-12-
15.3679658561.

34 BFS, 2005h.

Suchenden und die *Sans-Papiers*. **Asyl Suchende** werden in den offiziellen Armuts- und Sozialhilfestatistiken nicht berücksichtigt. Die meisten Asyl Suchenden kommen mit leeren Händen in die Schweiz, entweder weil sie schon immer arm waren oder weil sie auf oder vor der Flucht alles verloren haben. 70% aller Asyl Suchenden und 75% aller anerkannten Flüchtlinge sind auf Fürsorgeleistungen angewiesen.[35]

2005 ersuchten 10 061 Personen um Asyl. Das sind 30% weniger als im Vorjahr und so wenige wie seit 1987 nicht mehr. Im Dezember 2005 lebten 48 193 Asyl Suchende[36] in der Schweiz, auch dies ein klar tieferer Stand als in den letzten Jahren.

Während dem Asylverfahren erhalten Asylbewerber in der Regel Logis (meist in Gemeinschaftsunterkünften), Kranken- und Unfallversicherung, Kleider sowie ein minimales Taschengeld für Kost und Freizeit. Dies reicht nicht, um ihnen einen minimalen Lebensstandard zu garantieren. Im Schnitt liegen die Unterstützungsleistungen 20% unter den üblichen Sozialhilfeleistungen. Seit dem 1. April 2004 erhalten Asylbewerbende, auf deren Gesuch nicht eingetreten wird, nur noch eine einmalige Nothilfe von 600 Franken. Viele von ihnen suchen seither Hilfe bei den Kirchen.[37] ■

In den 90er Jahren wurde ein Arbeitsverbot für Asylbewerber eingeführt. Während den ersten drei Monaten dürfen sie ihren Lebensunterhalt nicht selbst verdienen. Die Kantone können diese Frist um drei Monate verlängern. Die Asyl Suchenden haben also gar keine Chance, ihren Unterhalt mitfinanzieren zu können.

Schließlich sind auch die 70 000 bis 180 000 **Sans-Papiers**[38], Menschen ohne gültige Aufenthaltsbewilligung, zu erwähnen. Sie erscheinen in keiner Statistik, sind jedoch mit an Sicherheit grenzender Wahrscheinlichkeit mehrheitlich arm.

Armut und soziale Herkunft: Ist Armut vererbbar?

«Arm als Kind, arm für immer?»[39] Besteht ein Zusammenhang zwischen sozialer Herkunft und Armut?

Auf theoretischer Ebene findet sich keine eindeutige Antwort. Die Theorie der → Zweidrittelgesellschaft bejaht die Frage, jene der → Risikogesellschaft eher nicht. Auch in der Realität scheint der Zusammenhang nicht eindeutig zu sein. Das Risiko, dass arme Kinder arm bleiben, besteht nach wie vor, auch wenn, vor allem dank unserem Bildungssystem, Aufstiegschancen bestehen.[40]

Vererbbare Ressourcen

Welche Ressourcen können überhaupt vererbt werden? Jedes Kind wird in ein bestimmtes familiäres Umfeld hinein geboren, welches seine Eigenschaften und Spezialitäten, aber auch seine Ressourcen über die Jahre entwickelt hat. Die Soziologie unterscheidet vier verschiedene Ressourcen, die vererbt, das heißt an die Nachkommen weitergegeben werden können:[41]

CARITAS:

Der Fürsorgestopp für abgewiesene Asyl Suchende ist zu verurteilen. Er verstößt gegen die Menschenwürde.

35 BFM, Sozialhilfe im Asylbereich, online: www.bfm.admin.ch.

36 Personen im Verfahrens- und Vollzugsprozess und vorläufig Aufgenommene (BFM, 2006, S. 3).

37 Auskunft des Schweizerischen Evangelischen Kirchenbundes SEK.

38 Zeugin, 2003, S. 22.

39 Titel einer Diplomarbeit, Flisch, 2004.

40 Volken, Knöpfel, 2004.

41 Theorie von Bourdieu Pierre, zusammengefasst in: Coradi, Wolter, 2002, S. 90–132.

- das **ökonomische Kapital,**
- das **kulturelle Kapital,**
- das **soziale Kapital und**
- das **symbolische Kapital.**

Arme Familien weisen oft in allen vier Bereichen ein Defizit auf. Dies erschwert den sozialen Aufstieg. Die Armut droht sich in einem familiären Umfeld zu verfestigen.

Vererbung des ökonomischen Kapitals

Die offensichtlichsten Kapitalien sind die finanziellen und materiellen. Das Gesetz (ZGB) bestimmt über die Modalitäten der Vererbung an die Nachkommen. Auch Schulden können (teilweise) vererbt werden. In der Schweiz werden jährlich 28,5 Milliarden Franken vererbt und zwischen sechs und sieben Milliarden verschenkt (→ Kapitel 2, Armutssituation in der Schweiz). Pro erbende Person sind das durchschnittlich knapp 200 000 Franken.[42] Die Hälfte der Erbenden erhält fast nichts, und 10% der Erbenden teilen drei Viertel der gesamten Erbsumme unter sich auf. Sie werden so reich, ohne selbst etwas dafür tun zu müssen, und oft sogar ohne etwas davon an die öffentliche Hand abzugeben. Nur noch etwa die Hälfte aller Kantone erheben Erbschaftssteuern. Besitzen indessen die Eltern oder Großeltern nichts, kann auch nichts vererbt werden. So entstehen große Unterschiede zwischen den Nachkommen, ganz unabhängig von ihren individuellen Charakteristiken und Fähigkeiten.

Vererbung des kulturellen Kapitals

Kulturelles Kapital kann verschiedene Formen annehmen. Rein materiell kann es in Form von Büchern oder Kunstwerken weitergereicht werden. Es kann sich auch um immaterielle kulturelle Fähigkeiten und Kompetenzen handeln, die durch eine gute Bildung und Erziehung weitergegeben werden. Dieses Kapital bildet später die Basis für den beruflichen und sozialen Erfolg einer Person. Diplome oder Bildungsabschlüsse geben diesem Kapital einen offiziellen, institutionalisierten Charakter.

Die **intergenerationelle soziale Mobilität,** die Chancen des Aufstiegs eines Kindes in eine höhere → soziale Schicht als dessen Eltern und die Risiken eines solchen Abstiegs, ist in den letzten Jahren vermehrt untersucht worden. Verschiedene neuere Studien analysieren die Auswirkungen der beiden Hauptindikatoren für die soziale Schicht, nämlich Bildung und berufliche Stellung, auf die Aufstiegschancen und Abstiegsrisiken der Kinder.

Obwohl unser Bildungssystem allen offen steht, zeigen Untersuchungen wie die Pisa-Studien, dass Kinder aus bildungsfernen Haushalten nicht die gleichen Leistungen erbringen wie ihre Kolleginnen und Kollegen aus gutem Hause.[43] «In keinem OECD-Land

42 Bauer, Stutz, Schmugge, 2005.

43 Pisa-Studie online: www.portal-stat.admin.ch/pisa/ pisa_d.htm.

sind die Leistungen der Jugendlichen so stark vom Berufsstatus der Eltern geprägt wie in Belgien, Deutschland und der Schweiz.»[44] Dies ist die wichtigste Determinante des Bildungserfolgs, vor andern oft erwähnten Faktoren wie Nationalität oder Wohnort.[45]

Generell gilt: Je besser die Bildung der Eltern, desto besser die Bildung der Kinder. Kinder von Eltern mit → tertiärem Bildungsabschluss begeben sich mit einer Wahrscheinlichkeit von etwa zwei Dritteln ebenfalls auf akademische Wege. Der Zusammenhang zwischen schlecht gebildeten Eltern und ihren Kindern ist etwas weniger ausgeprägt, wobei ein wichtiger Unterschied besteht zwischen Kindern Schweizer Eltern und in der Schweiz geborenen Kindern ausländischer Eltern (Secondas und Secondos): Nur gerade 7,5% der Schweizer Kinder aus bildungsfernem Elternhaus genießen selbst eine höhere Ausbildung, unter den Secondas und Secondos sind es doppelt so viele, nämlich 15,5%.[46]

Echte Chancengleichheit würde voraussetzen, dass Kinder der unteren Schichten größere Aufstiegschancen haben als Kinder von mittleren und oberen Schichten, um so ihre benachteiligte Ausgangslage zu kompensieren und den Rückstand aufzuholen. Dem ist nicht so. Wer sozial aufsteigt, befindet sich immer noch im gleichen Abstand zu den Aufsteigern der andern Schichten, einfach auf höherem Niveau.[47] Man könnte von einem «Fahrstuhl-Effekt» sprechen; die gesamte Gesellschaft fährt einen Stock höher, ohne dass die Differenzen zwischen den bestehenden Schichten verringert würden.

Vererbung des sozialen Kapitals

Das soziale Kapital ist das Netz mehr oder weniger institutionalisierter Beziehungen (→ Kapitel 4, soziale Kontakte). Es ist das gegenseitige Kennen und Anerkennen, die Zugehörigkeit zu einer Gruppe. Wer bereits vom Elternhaus aus über ein gutes solches Netz verfügt, hat viele Vorteile bei der beruflichen Positionierung. Der Nutzen des «Networkings», nicht nur in beruflichen Belangen, ist heute erkannt und gewinnt immer mehr an Bedeutung.

In Bezug auf die intergenerationelle Vererbung ist dieses Kapital weniger gut erforscht. Studien zur Wahl von Partnern und Freunden haben gezeigt, dass das Sprichwort «gleich und gleich gesellt sich gerne» in vielen Fällen zutrifft (→ Armut und Freizeit).[48] Man bewegt sich in den gleichen Kreisen und lernt entsprechend ähnlich gesinnte und ähnlich gebildete Menschen aus ähnlichen sozialen Schichten kennen. Durch die Eltern werden die Kinder in dieselben Kreise eingeführt. Ein Kind einer Familie mit Flüchtlingsstatus wird kaum je am Sechseläuten mitparadieren oder am Opernball teilnehmen, umgekehrt wird ein Kind der Goldküste nie in einem Durchgangsheim logieren.

Vererbung des symbolischen Kapitals

Symbolisches Kapital besteht aus Anerkennung, Ruf, Ehre, Glaubwürdigkeit und Ähnlichem. Die Art, wie eine Person Dinge verrichtet,

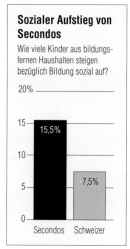

Sozialer Aufstieg von Secondos

Wie viele Kinder aus bildungsfernen Haushalten steigen bezüglich Bildung sozial auf?

Zahlen: Baur, Riphahn, 2004.

44 www.bfs.admin.ch, Bildung und soziale Schicht – Einfluss der sozialen Schicht.

45 Lamprecht, Stamm, 1996.

46 Baur, Riphahn, 2004.

47 Lamprecht, Stamm, 1996.

48 Levy, 1998.

sich bewegt oder sich ausdrückt, zeigt automatisch und meist ohne das Bewusstsein dieser Person, in welchem sozialen Umfeld sie sich bewegt, wo sie hingehört und woher sie kommt. Wie gekonnt zum Beispiel jemand den angebotenen Wein probiert oder wie gerade jemand einen Nagel einschlägt, sagt viel über seine oder ihre Herkunft aus. Jede soziale Schicht hat ihre eigenen Kodes, Regeln und Sitten, die sie von den andern differenziert. «Symbolische Kämpfe um die Macht» gehören ganz unbewusst zum Alltag.[49]

Das symbolische Kapital wird oft als «Geschmack» bezeichnet. Geschmack wird nicht nur biologisch vererbt, sondern auch sozial. Als gutes Beispiel sind Manieren und Etiketten zu erwähnen. «Als Elemente von Lebensstilen verraten sie nicht nur die Herkunft und die gegenwärtige soziale Position ihres Trägers, sondern sie legen auch weitgehend die weitere soziale Karriere und Position ihres Trägers fest.»[50] Der Geschmack, als Ausdruck einer Lebensweise, legt also fest, ob jemand zu den Gewinnern oder zu den Verlierern in der Gesellschaft gehört.

Auf Grund dieser kurzen Ausführungen wird klar, dass die verschiedenen Kapitalien miteinander in Wechselwirkung stehen. Das ökonomische Kapital allein genügt nicht, um seine Position in der Gesellschaft zu halten. Kulturelles, soziales und symbolisches Kapital sind ebenso wichtig – auch für den sozialen Aufstieg.

Kinderleben in Armut

Kinder von Sozialhilfeempfangenden erleben Stigmatisierung. Sie werden von ihren Altersgenossen auf ihre missliche Lage hingewiesen und häufig ausgeschlossen. Dies kann verschiedene Reaktionen auslösen: Arme Kinder haben oft einen ausgeprägten Gerechtigkeitssinn, der durch die Realität immer wieder verletzt wird. Diese Kinder entwickeln ein Gespür für ihre soziale Stellung, und wissen, was sie sich in ihrer Position erlauben können und was nicht. Damit akzeptieren sie diese Stellung stillschweigend, was gewichtige Auswirkungen für ihre Zukunft hat.[51]

Auf der andern Seite weisen Untersuchungen nach, dass Kinder armer Eltern vermehrt zu Verhaltensauffälligkeiten und Aggressionen gegen sich und gegen andere neigen. Diese Feststellung muss jedoch mit Vorsicht genossen werden, denn erwähnte Untersuchungen beschränken sich fast ausschließlich auf Kinder aus armen Verhältnissen.

Allerdings ist ein deutlicher Unterschied zwischen Kindern, welche vorübergehend in Armut leben, und Kindern, die dauernd von Sozialhilfe leben müssen, festzustellen. Während sich bei ersteren durch die Erfahrung des Auswegs aus dieser Situation positive Perspektiven entwickeln, führt die als Normalzustand erlebte Armut rasch zu Passivität.[52]

Armutsbetroffene Kinder leiden häufiger unter verschiedenen körperlichen, psychischen und psychosomatischen Beschwerden.

49 Theorie von Pierre Bourdieu in: Bublitz, 1998.

50 Bublitz, 1998.

51 Hofmann, Nadai, 2001, S. 52.

52 Hofmann, Nadai, 2001, S. 53.

Bei den Mädchen treten häufig Essprobleme auf, bei den Knaben Konzentrationsstörungen und mangelndes Selbstwertgefühl. Diese Probleme sind häufig keine direkten Auswirkungen materieller Mangellagen, sondern entstehen aus der psychischen Belastung durch die Armutssituation.[53] Trotzdem belegen Untersuchungen aus dem Ausland, dass die Ernährung in armen Haushalten oft ungesund und einseitig ist. Dies, kombiniert mit Bewegungsmangel, hat Auswirkungen auf die Zukunft: Übergewicht, Zuckerkrankheit, Rückenschmerzen, um hier nur einige mögliche Probleme zu nennen (→ Gesundheit). Soziale Faktoren beeinflussen in hohem Maße die Gesundheit.

Der Übergang von der Schule in die Lehre gestaltet sich für Jugendliche aus armem Elternhaus besonders schwierig. Das Gefühl, die Verantwortung für die Familie mitzutragen, kann dazu führen, dass Jugendliche in dieser Situation so schnell wie möglich finanziell unabhängig werden möchten und deshalb auf weiterführende Ausbildungen verzichten. Einige Eltern scheinen sich dessen bewusst zu sein und legen großen Wert auf gute Bildung. Dies wiederum erhöht den Druck auf die Jugendlichen.[54]

Kapitalien bestimmen die Schicht

BANK

POST
KONTO

Soziale, kulturelle, symbolische und ökonomische Kapitalien

Darstellung: Caritas.

53 Baur, Riphahn, 2004.
54 Hofmann, Nadai, 2001, S. 51.

Nachdem die Frage nach den nur bedingt beeinflussbaren Prädispositionen der Armut durch die soziodemografischen Faktoren geklärt ist, interessieren in diesem zweiten Teil des Kapitels zur Beschreibung der Armutsbevölkerung deren →Lebenslagen. Wie wohnen arme Menschen? Wie gesund sind sie? Es geht darum, das Armutsverständnis über das rein Ökonomische hinaus zu erweitern und die Lebenssituation der betroffenen Menschen möglichst umfassend zu verstehen.

Armut und Bildung

Bildung ist ein Kapital, das einem niemand wegnehmen kann. Sie ist einerseits Voraussetzung für eine erfolgreiche Integration in den Arbeitsmarkt und einen gesicherten Verdienst, andererseits aber auch Werkzeug für die Bewältigung verschiedener Probleme und Hindernisse in allen →Lebenslagen. Mangelnde Bildung und Armut sind häufig eng miteinander verbunden. Schlecht gebildete Personen sind nicht nur häufiger mit einem Armutsrisiko konfrontiert, zum Beispiel auf dem Arbeitsmarkt, sondern zeigen sich auch weniger versiert bei deren Abwendung oder Bewältigung.

Bildungsniveau in der Schweiz

Global gesehen hat sich das Bildungsniveau der Schweizer Bevölkerung in den letzten Jahrzehnten laufend verbessert. Der Anteil der Personen mit einem Universitäts- oder Fachhochschuldiplom (**Tertiärabschluss**) stieg seit Anfang der 90er Jahre markant an. Auch der Anteil Personen mit Berufslehre oder Maturitätsabschluss (die sogenannte **Sekundarstufe II**) stieg kontinuierlich, wenn auch weniger stark, an. Dagegen nahm die Zahl der Personen mit lediglich neun (obligatorischen) Volksschuljahren (**Sekundarstufe I**) beständig ab.[55] Die Bildungsunterschiede zwischen den Geschlechtern verringern sich ebenfalls fortlaufend. An den Hochschulen sind mittlerweile beinahe gleich viele Frauen wie Männer immatrikuliert, wobei sich deren Anteil bis zum Abschluss auf 38,5% verringert.[56]

Die Pisa-Studie 2000, welche die Kompetenzen Jugendlicher verschiedener Länder nach Abschluss der obligatorischen Schulzeit analysiert, wirft jedoch ein anderes Licht auf das Thema. Die Lesekompetenzen der Jugendlichen in der Schweiz sind nicht nur eher gering, sondern hängen zusätzlich stark vom individuellen sozioökonomischen Hintergrund und, besonders stark, vom Bildungsniveau der Eltern ab. Bildung wird also sozial vererbt. Kinder aus immigrierten Familien sind speziell von diesem Problem betroffen, da deren Eltern häufig über ein geringes Bildungsniveau verfügen und nur ungenügend über das hiesige Bildungssystem informiert sind.[57]

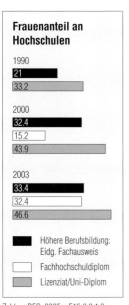

Frauenanteil an Hochschulen

1990
21
33.2

2000
32.4
15.2
43.9

2003
33.4
32.4
46.6

■ Höhere Berufsbildung: Eidg. Fachausweis

□ Fachhochschuldiplom

▨ Lizenziat/Uni-Diplom

Zahlen: BFS, 2005g, F15.2.2.1.2.

55 BFS, 2004a, S. 12. Und BFS, 2005g, Kapitel 15.

56 BFS, 2005g, Kapitel 15.

57 Informationen zu Pisa online: www.portal-stat.admin.ch/pisa/pisa.htm.

Die Folgestudie Pisa 2003 zu den Kenntnissen im Fachbereich Mathematik attestiert den in der Schweiz getesteten Jugendlichen zwar allgemein gute Kenntnisse, weist jedoch erneut auf den Einfluss der sozialen Herkunft hin. Das Schweizer Bildungssystem ist offensichtlich nicht in der Lage, die sozialen Unterschiede auszugleichen.[58] In der Reaktion auf diese Studien wurde die *Pisa Steering Group* gebildet, welche einen Katalog von Reformempfehlungen zuhanden der kantonalen Erziehungsdirektoren verabschiedete.

«Bildungsinstitutionen sind für die Verteilung von Lebenschancen in hohem Maße mitverantwortlich.»[59] Die Verteilung der Armutsrisiken findet bereits in der primären Bildungsphase, also der Kindheit, statt. Sie bestimmen gewissermaßen über das Schichtungsgefüge einer Gesellschaft. Deshalb ist es umso wichtiger, dass die Bekämpfung der Armut bereits an diesem Punkt ansetzt. ■

Strukturwandel und Anpassung des Schweizer Bildungssystems

Die fortschreitende Konzentration der Wirtschaft auf den Dienstleistungsbereich ist in der Schweiz, einem Land ohne Bodenschätze und mit hohen Lohnkosten, besonders ausgeprägt. Der tertiäre Sektor expandiert auf Kosten der Produktion sowie der Land- und Hauswirtschaft.

Dieser Strukturwandel wirkt sich direkt auf den Arbeitsmarkt aus. Stelleninserate geben Aufschluss darüber, welche Fähigkeiten, Charaktereigenschaften und Qualifikationen auf dem Arbeitsmarkt gefragt sind. In den letzten 50 Jahren nahmen die Stellenangebote für unqualifiziertes Personal auf Kosten der explizit nach höheren Qualifikationen verlangenden Angebote ab. Es werden nicht nur klar bessere Qualifikationen in Form von Ausbildungsabschlüssen und Diplomen gefordert, sondern auch im Bereich der so genannten *soft skills* hat sich ein Wandel vollzogen. Traditionelle arbeitsbezogene Tugenden wie Ehrlichkeit, Treue, Fleissigkeit, Tüchtigkeit oder «von einwandfreiem Charakter» reichen heute nicht mehr aus. Gefragt sind derzeit analytische und reflexive Fähigkeiten. Adjektive wie selbständig, initiativ, flexibel, kreativ und kommunikativ dominieren in den heutigen Stelleninseraten. Der «Jedermann-Arbeitsmarkt» schrumpft.[60]

Das Schweizer Schul- und Ausbildungssystem muss diesen wirtschaftlichen Veränderung Rechnung tragen, was es noch in ungenügendem Maße tut. Auf Grund der Trägheit des Systems und der dauernden Änderungen der Anforderungen in einer dynamischen Wirtschaft, erfolgt die teilweise Anpassung dieser Strukturen immer mit einer gewissen Verzögerung. Das neue Berufsbildungsgesetz, verschiedene kantonale Volksschulreformen, neue oder angepasste Ausbildungsgänge oder der neue Bildungsartikel sind erste Schritte der Adaption.

Bildung und Arbeitslosigkeit

Im Jahr 2004 hatte mehr als jede dritte erwerbslose Person (35,4%) höchstens die obligatorischen neun Volksschuljahre absolviert, über

CARITAS:

Die liberale Forderung nach Chancengleichheit an der «Startlinie» bleibt so lange eine hohle Formel, als die Ungleichheit auf Grund der sozialen Herkunft nicht von Staates wegen kompensiert wird, zum Beispiel im Bildungssystem.

58 Bildungsmonitoring Schweiz, 2005.
59 Volken, Knöpfel, 2004, S. 77.
60 Arbeitsmarktforschung, 2002.

die Gesamtbevölkerung verteilt sind es 20%.[61] Die Arbeitslosenquote war in dieser Gruppe der minimal Gebildeten mit 7,4% beinahe doppelt so hoch wie in der gesamten Bevölkerung (4,3%). Zudem ist sie in den letzten Jahren überproportional zur Gesamtarbeitslosenquote und besonders zur Arbeitslosenquote der Personen mit Tertiärabschluss gestiegen. 1991 lag die Arbeitslosenquote der minimal gebildeten Personen noch bei nur 2,3%, jene der Personen mit einem Universitäts- oder Fachhochschuldiplom bei 1,3% (gegenüber 2,7% 2004). Die Schere hat sich geöffnet.

Bildung und Sozialhilfe

Die Armuts- und Sozialhilfequoten nehmen mit steigendem Ausbildungsniveau ab[62], während das Bruttoeinkommen wächst.[63] Das Risiko, zu den →Working Poor zu gehören, ist auf dem untersten Bildungsniveau am größten.[64] Bei ganzen 46,6% der Sozialhilfebeziehenden ist der Abschluss der Sekundarstufe I das höchste erreichte Bildungsniveau. Nur gerade 5,8% der Unterstützten verfügen über einen Tertiärabschluss (gegenüber 9,4% in der Gesamtbevölkerung).[65] Hinzu kommt, dass genau jene Personen mit geringer Ausbildung markant weniger Gebrauch von Nachhol- und Weiterbildungsangeboten machen und somit in ihrer Position stehen bleiben.[66] Sie werden in diesen Belangen von ihren Arbeitgebern auch kaum unterstützt.

Bildung und Bewältigungsstrategien

Das Eintreffen eines armutsauslösenden Ereignisses führt nicht automatisch zu dauerhafter Armut, sondern kann teilweise mit geschicktem strategischem Handeln der betroffenen Person bewältigt werden. Die individuelle **Bewältigungsstrategie** hängt stark vom Bildungsniveau des Betroffenen ab. Wer nur über eine minimale Bildung verfügt, ist nicht nur häufiger mit einem solchen armutsauslösenden Ereignis konfrontiert, sondern bekundet auch mehr Mühe, die Situation zu bewältigen. So kann sich Armut verfestigen (→ Zweidrittelsgesellschaft).

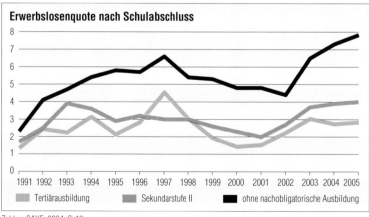

Erwerbslosenquote nach Schulabschluss

Tertiärausbildung   Sekundarstufe II   ohne nachobligatorische Ausbildung

Zahlen: SAKE, 2004, S. 12.

61 Errechnet aus BFS, 2004a, S. 12.
62 Stand 2004. BFS, 2006b, S. 28.
63 BFS, 2004a, S. 73.
64 Caritas, 1998, S. 31.
65 BFS, 2005c, S. 68.
66 NZZ am Sonntag, 7.11.2004.

Armut und Gesundheit

Gesundheit ist einer der wichtigsten Lebensbereiche und gleichzeitig neben Einkommen und Bildung eine der drei wichtigsten Ressourcen. Ein beeinträchtigtes gesundheitliches Befinden hat viele Auswirkungen auf andere Lebenslagen wie Arbeit, Freizeit oder Bildung. Gesundheit steht in einem engen Zusammenhang mit Armut. Die gesundheitliche Chancengleichheit ist bis heute in der Schweiz nicht gewährleistet. Auf den Punkt gebracht heißt das: Arme sterben früher.[67] Je besser die allgemeinen Lebensumstände, desto besser der allgemeine Gesundheitszustand.

Gesundheit definieren und messen

Was ist **Gesundheit?** Die *World Health Organisation* (WHO) definiert den Begriff sehr umfassend: «Gesundheit ist ein Zustand des gänzlichen physischen, psychischen und sozialen Wohlbefindens und nicht lediglich das Fehlen von Krankheiten oder Gebrechen.»[68] In diesem Sinne ist Gesundheit ein positives Konzept, das neben körperlichen Fähigkeiten die Bedeutung sozialer und individueller Ressourcen für die Gesundheit betont. Gesundheit und Krankheit sind die zwei Endpunkte eines Kontinuums, auf welchem sich die Individuen bewegen und mehr oder weniger gesund oder krank sind.

Wie kann man Gesundheit messen? Primär kann zwischen objektiver und **subjektiver Gesundheit** unterschieden werden. Der subjektive Aspekt kann relativ einfach mit einer Frage nach dem selbst empfundenen Gesundheitszustand ermittelt werden. Zwischen diesem subjektiven Empfinden und der **objektiven Gesundheit** besteht ein deutlicher Zusammenhang, wie die psychosomatischen Krankheiten, Krankheiten seelischen Ursprungs, zeigen. Wer sich krank fühlt, ist auch anfälliger auf Krankheiten. Der objektive Gesundheitszustand allein ist schwieriger messbar und bereits die Auswahl der Indikatoren führt zu Diskussionen.

Gesundheit und soziale Schicht

Gesundheitsverhalten, Krankheitshäufigkeit, Wahrscheinlichkeit von chronischen Erkrankungen oder Invalidität, psychische Gesundheit sowie Lebenserwartung werden von → sozialen Faktoren beeinflusst.[69] Der Zusammenhang ist besonders in Bezug zu den schichtbestimmenden → vertikalen Faktoren ausgeprägt, wird aber auch durch → horizontale Faktoren beeinflusst.

Vertikale soziale Faktoren und Gesundheit

Betrachtet man den isolierten Zusammenhang zwischen Einkommen und Gesundheit, lässt sich feststellen, dass Personen mit niederem Verdienst ihren Gesundheitszustand mit größerer Wahrscheinlichkeit als mittelmäßig bis sehr schlecht einstufen als gut Verdienende. 18 von 100 einkommensschwachen Personen bezeichnen ihre Gesundheit als

67 Künzler, Knöpfel, 2003.

68 Aus dem Englischen Originalzitat online: www.who.int/about/definition/en.

69 Lampert, 2003.

mittelmäßig, schlecht oder sehr schlecht. Mit steigendem Einkommen verbessert sich der Gesundheitszustand laufend.[70] Gesundheit ist und bleibt trotz Krankenkassen-Obligatorium auch eine Kostenfrage. So haben zum Beispiel 11% der Personen, welche über weniger als 60% des Medianeinkommens verfügen, 1998 auf eine notwendige Zahnbehandlung verzichtet.[71]

Die Verknüpfung zur Bildung ist sehr ausgeprägt. Personen mit Abschluss in der → Sekundarstufe II fühlen sich gesünder als jene, die nur die obligatorische Schulbildung absolviert haben.[72] Sehr gut gebildete Personen wiederum liegen mit ihrer selbst eingestuften Gesundheit zwischen den beiden Extremen. Auch bei den Arbeitsunfällen führen die Personen ohne nachobligatorische Schulbildung die Rangliste an, gefolgt von jenen mit Ausbildung in der Sekundarstufe II und bereits mit großem Abstand von jenen mit Tertiärabschluss.[73] Tendenziell scheint die Zahl der Arztbesuche mit steigender Bildung kontinuierlich abzunehmen.[74]

Der ausgeübte Beruf wie auch die berufliche Stellung beeinflussen die Risiken von Invalidität und Frühsterblichkeit. Die Mortalität der Männer im Baugewerbe, der Forstwirtschaft und zum Teil auch im Holz verarbeitenden Gewerbe liegt klar über dem Mittel, jene von Akademikern und frei beruflichen Personen klar darunter. Eine Anfang der 90er Jahre in Genf durchgeführte Untersuchung mit Arbeitnehmern zeigt, dass einer von fünf an- und ungelernten Arbeitern das Rentenalter nicht erreicht, unter den freiberuflich

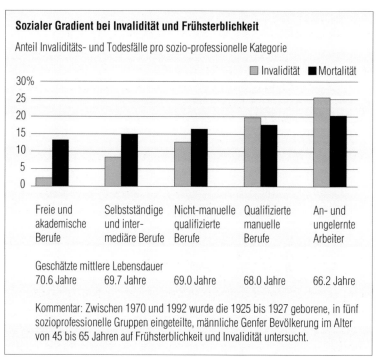

Quelle: Künzler, Knöpfel, 2003, S. 27.

70 Lampert, 2003.
71 Lampert, 2003.
72 BFS, 2004e, Tabelle TSUBG01.
73 BFS, 2004e, Tabelle TSUBG01.
74 BFS, 2004e, Tabelle TSUBG01.

Tätigen jedoch «nur» einer von acht.[75] Ein noch deutlicheres Bild zeichnet sich beim Invaliditätsrisiko ab: das Risiko, vollinvalid zu werden, liegt für un- oder angelernte Arbeiter bei eins zu vier, bei einem Akademiker gerade mal bei eins zu 50.[76] Neben dem erhöhten Unfallrisiko bei körperlich anstrengenden Berufen gestaltet sich auch die Wiederbeschäftigung eines invalid gewordenen Menschen im gleichen Arbeitsumfeld schwieriger als bei Schreibtischarbeiten.

Psychische und physische Belastung am Arbeitsplatz haben einen sehr direkten Einfluss auf die allgemeine Gesundheit. Bei Personen mit geringen finanziellen Mitteln kommt hinzu, dass diese die Belastungen am Arbeitsplatz nicht in gleichem Maß kompensieren können wie besser Verdienende (→ Freizeit). Das Argument geht noch weiter; als Folge der finanziellen Situation sind die Wohnverhältnisse oft wenig förderlich für die Erholung (→ Kapitel 4, Armut und Wohnsituation; Armut und Freizeit). Zudem beeinflusst Bildung in wichtiger Weise die Fähigkeit, mit Problemen und Spannungen umzugehen (→ Bewältigungsstrategien).

Der so genannte *job strain*[77], welcher die Anforderungen und den Handlungsspielraum misst und miteinander vergleicht, ist sehr ausgeprägt bei Erwerbstätigen mit niedrigem beruflichem Status und erhöht die Gefahr einer Herz-Kreislauf-Erkrankung. Wer arm ist, lebt vermehrt im Stress. Hohe Belastung am Arbeitsplatz, etwa bei Schicht- oder Nachtarbeit ungelernter Arbeiter, führt oft zu Genussmittelmissbrauch.[78] Auch Herz- und Kreislauf-Krankheiten treten vermehrt bei Menschen mit niedrigem sozialem Status auf. Hauptverantwortlich dafür sind psychosoziale Belastungsfaktoren. Risikofaktoren im Gesundheitsverhalten spielen eine untergeordnete Rolle.

Horizontale soziale Faktoren und Gesundheit

Alter, Geschlecht und Nationalität sind horizontale Faktoren, welche die Wirkung der vertikalen Faktoren verstärken oder umgekehrt teilweise auch relativieren.

Die durchschnittliche Lebenserwartung ist im letzten Jahrhundert andauernd gestiegen (sie hat im Jahr 2003 bei Männern 77,9 Jahre und bei Frauen 83 Jahre erreicht[79]), jedoch nicht für alle Bevölkerungsschichten im gleichen Maß. Dasselbe gilt für den Gesundheitszustand im Alter. Wohlhabende Menschen werden nicht nur älter, sondern erfreuen sich auch besserer Gesundheit im Alter.

Die Lebenserwartung der Frauen übertrifft jene der Männer, wenn sich die Differenz auch langsam verringert. Viele der geschlechterspezifischen Unterschiede in der Gesundheit können anhand der biologischen Verschiedenheiten erklärt werden. Etliche Krankheiten betreffen nur das eine Geschlecht. Weit einflussreicher ist aber die ungleiche Sozialisation von Mann und Frau sowie deren unterschiedliche Lebenslagen.[80] Werden schichtspezifische Unterschiede in der Gesundheit zusätzlich nach Geschlechtern analysiert, verstärken sich

75 Gubéran, Usel, 2000. Zitiert in: Künzler, Knöpfel, 2003, S. 28.

76 Künzler, Knöpfel, 2003, S. 24.

77 Karasek, Torres, 1990. Zitiert von Schwank Alex: Soziale Ungleichheit und Gesundheit: Gesundheitliche Chancengleichheit muss prioritäres Ziel werden. In: Caritas, 2003a, S. 141.

78 Leu, Burri, Priester,1997, S. 77.

79 BFS, 2005g, T1.2.2.2.7.1.

80 Knöpfel, 2005. Meier Claudia: Sozioökonomische Benachteiligung und Gesundheit bei Frauen. In: Caritas, 2003, S. 81–94.

die Differenzen. Die gesundheitliche Diskrepanz zwischen Frauen der Unterschicht und Frauen der Oberschicht ist besonders ausgeprägt.

Die Gesundheit von Migrantinnen und Migranten ist häufiger beeinträchtigt als jene von Schweizerinnen und Schweizern. Viele Migrierende gehören auf Grund ihrer geringen Ausbildung und schlechten Sprachkenntnisse zu den untersten sozialen Schichten und üben die prekärsten und gefährlichsten Beschäftigungen aus. 37% der über 15-jährigen ausländischen Bevölkerung hat höchstens die obligatorische Schule abgeschlossen, unter den Schweizerinnen und Schweizern sind es halb so viele.[81] Die Unsicherheit der persönlichen Situation wie auch Unkenntnis der sozialen Institutionen wirken sich zusätzlich negativ auf die Gesundheit aus. Nicht zu vergessen sind traumatische Erkrankungen, die im Zusammenhang mit der Migrationsgeschichte stehen können.

Ursachen des Zusammenhangs zwischen sozialer Schicht und Gesundheit
Früher war es einfacher, die Ursachen der schichtspezifischen Gesundheits- und Morbiditäts-Unterschiede zu nennen. Die Lebenslagen von Reich und Arm unterschieden sich gewaltig. Heute, mit allgemein steigendem Wohlstand, ist es schwieriger geworden, die gesundheitlichen Unterschiede zu deuten. Nachfolgend zwei Hypothesen, die versuchen, den Zusammenhang zwischen Gesundheit und sozialer Schicht zu erklären, wobei die zweite da ansetzt, wo die erste aufhört:

▶ Gesundheitsverhalten und Gesundheit
Diese Hypothese sucht die Ursachen der schichtspezifischen Gesundheit im **Gesundheitsverhalten**. Sie postuliert erstens, dass das individuelle Verhalten die Gesundheit bestimmt, und zweitens, dass dieses Verhalten je nach sozialer Schicht verschieden ist. Der Gehalt dieser Hypothesen soll nun mit Hilfe der Daten der Schweizerischen Gesundheitsbefragung[82] getestet werden, wobei der Faktor Bildung als Schichtmerkmal dient.

Das Gesundheitsbewusstsein der Schweizer Bevölkerung ist relativ hoch, jedoch nicht gleichmäßig über die Bevölkerung verteilt. 88% der Bevölkerung geben an, eine gesundheitsorientierte Lebenseinstellung zu vertreten, wobei das Gesundheitsbewusstsein mit zunehmender Bildung steigt.[83] Gesunde Ernährung ist Ausdruck dieses Bewusstseins. 77% der Schweizerinnen und 60% der Schweizer geben Acht auf ihre Ernährung. Aber auch hier übt das Bildungsniveau einen entscheidenden Einfluss aus. Während lediglich 58 von 100 Personen ohne Ausbildung und 61 von 100 ohne nachobligatorische Bildung auf ihre Ernährung achten, sind es 74 von 100 Personen mit → tertiärer Bildung.

Das Ernährungs- wie auch das Gesundheitsbewusstsein der Bevölkerung hat in den letzten Jahren zugenommen. Einzig in der obersten Bildungskategorie konnte keine Progression festgestellt werden. Es bahnt sich somit ein langsamer Ausgleich an.

81 Errechnet auf Grund BFS, 2004a, S. 117.
82 BFS, 2004e.
83 BFS, 2005g, S. 615

Im Jahr 2000 betrieben gut zwei Drittel aller Einwohnerinnen und Einwohner mit tertiärer Bildung mindestens einmal die Woche Sport. Nur eine von zwei Personen mit maximal obligatorischer Schulbildung betätigte sich sportlich. Gegenüber der Befragung 1992 ist entgegen dem steigenden Gesundheitsbewusstsein eine allgemeine leichte Reduktion der sportlichen Betätigung feststellbar.[84]

Beinahe jede fünfte Person mit tertiärer Ausbildung konsumiert täglich Alkohol, 17% mehrmals pro Woche. Nur knappe 13% dieser Gruppe verzichten ganz auf Alkohol. Diese Anteile liegen klar höher als bei Personen ohne nachobligatorische Schulbildung. Zwar konsumieren auch in dieser Gruppe 17% täglich Alkohol, auf der andern Seite bezeichnen sich aber 35% als abstinent. Die Befragung nach den Rauchgewohnheiten ergibt ein ähnliches Bild: 54 von 100 Personen ohne nachobligatorische Schulbildung haben nie geraucht gegenüber 47 mit tertiärem Abschluss. Die Zahl der aktuellen Raucher und Raucherinnen ist gleichmäßig über alle Bildungsniven verteilt. Ein signifikanter Unterschied ist jedoch bei der Befragung nach dem Einstiegsalter festzustellen: Je weniger gebildet eine Person, desto früher konsumierte sie Tabak.

Auch wenn sich das Gesundheitsverhalten zwischen den sozialen Schichten langsam ausgleicht und schichtspezifische Verhaltensmuster an Bedeutung verlieren, bleiben wichtige Unterschiede bestehen. Trifft nun die Hypothese des schichtspezifischen Gesundheitsverhaltens auch grundsätzlich zu, vermag sie nicht, dieses zu erklären. Und ohne Klärung der Ursachen birgt diese Hypothese die Gefahr, sozial tiefere Schichten für ihre schlechtere Gesundheit verantwortlich zu machen. So steht zum Beispiel in der Baselbieter Verfassung ausdrücklich geschrieben, dass jede und jeder für ihre respektive seine Gesundheit in erster Linie selbst verantwortlich sei[85], und es wird dabei unterlassen, nach den Gründen für diese Verhaltensweisen zu fragen. Diese Tendenz hat sich bereits bis in die Gesundheitspolitik durchgeschlagen: wer sein Verhalten nicht den üblichen Regeln anpasst – sprich Risiken eingeht –, soll mit höheren Krankenkassenprämien belastet werden.[86]

▶ Lebenslagen und Gesundheit

Die zweite Hypothese ergänzt die erste, indem sie nach den Ursachen für die schichtspezifische Gesundheit und das Gesundheitsverhalten fragt. Diese sind in den → Lebenslagen zu suchen. Angehörige der unteren sozialen Schichten sind in vielen → Lebensbereichen benachteiligt. Die Unterschiede bei der körperlichen Belastung am Arbeitsplatz und am Wohnort, der Ausstattung mit finanziellen Mitteln oder der Qualität der sozialen Beziehungen wirken sich (auch) auf die Gesundheit und das Gesundheitsverhalten aus. Neben dem → ökonomische Kapital, den materiellen Bedingungen, wird das Gesundheitsverhalten insbesondere auch durch das → kulturelle Kapital beeinflusst. Jede soziale

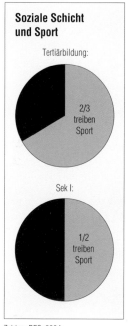

Soziale Schicht und Sport

Tertiärbildung:

2/3 treiben Sport

Sek I:

1/2 treiben Sport

Zahlen: BFS, 2004e.

84 BFS, 2004e.

85 Kantonsverfassung Basel Land, Art. 110.

86 Knöpfel, 2005.

Schicht, teilweise gar jede Familie, hat ihre eigenen Vorstellungen, ihr eigenes Wissen und ihre eigenen Fähigkeiten im Umgang mit der Gesundheit, was zu einem spezifischen Gesundheitsverhalten führt. «Der gesundheitsrelevante Lebensstil ist also keine rein individuelle Angelegenheit, sondern er ist geprägt von kulturellen und sozialen Faktoren.»[87]

Verhältnisprävention vor Verhaltensprävention

Zusammengefasst lässt sich feststellen, dass schichtspezifische Unterschiede in der Gesundheit existieren, und dass deren Ursachen in den Lebenslagen der Betroffenen zu suchen sind. Die entscheidende Frage ist aber: Was kann getan werden, um diese Unterschiede zu verringern? Welche Schlüsse für die Gesundheitspolitik, aber auch für weitere Politikbereiche mit Einfluss auf die Arbeits- und Lebensbedingungen, können aus diesen Hypothesen gezogen werden?

Verhaltensprävention ist zwar wichtig, erreicht aber ohne vorherige Verhältnisprävention jene Menschen nicht, die diese Aufklärung am nötigsten haben. **Verhaltensprävention** soll die Menschen auf den richtigen Pfad bringen, denn ein gesunder Lebensstil spart Krankheitskosten. Weniger Rauchen, mehr Bewegung, weniger fetthaltige Ernährung; das alles sind Ratschläge zur Verbesserung des individuellen Verhaltens. Diese Art von Prävention zeigt wohl Wirkung bei gut gebildeten Personen mit entsprechendem Einkommen, nicht aber im gleichen Maß bei Menschen der unteren sozialen Schichten. Verhaltensprävention ist von und für Menschen der mittleren und oberen Schichten gemacht.

«Interventionen auf der individuellen Handlungsebene» führen zu keinen langfristigen Wirkungen, «solange nicht auch Handlungsvoraussetzungen geschaffen werden, die einen gesunden Lebensstil ermöglichen.»[88] Um den Erfolg dieser Prävention zu vergrößern, müssen zuerst aktiv im Rahmen einer **Verhältnisprävention** die sozial Schwachen besser gestellt werden. Der Schlüssel dazu liegt in der Bildung. Sozial schwächer Gestellte müssen dieselben Bildungschancen haben wie Gutsituierte, auch an den Hochschulen. «Selbst ein kleiner Anstieg im Bildungs- und Einkommensniveau für Individuen und soziale Gruppen aus unteren Schichten mit hohem Krankheitsrisiko würde wahrscheinlich einen weit größeren Effekt auf die Gesundheit haben als alle im engen Rahmen der dominierenden Gesundheitsförderung debattierten Gesundheitsressourcen zusammengenommen.»[89]

Armut und Wohnsituation

Wohnen ist eine Lebenslage, in welcher man privilegiert oder auch benachteiligt sein kann. Sie ist eng mit der finanziellen Lage des Haushaltes verbunden. Reiche wohnen besser als Arme. Wohnqualität ist aber auch eine Ressource, denn Gesundheit, Erwerbsmöglichkeiten oder Zugang zur öffentlichen Infrastruktur hängen davon ab.[90]

87 Burla, Bucher, Abel, 2004, S. 88.

88 Burla, Bucher, Abel, 2004.

89 Kühn, Hagen, zitiert von Schwank Alex: Soziale Ungleichheit und Gesundheit: Gesundheitliche Chancengleichheit muss prioritäres Ziel werden. In: Caritas, 2003, S. 143.

90 Der Zusammenhang zwischen Wohnort und Armut wird im Kapitel 2, Räumliche Unterschiede der Armut in der Schweiz, behandelt.

Wohnungsmarkt und günstige Wohnungen

Die Zahl der Wohnungen ist in der Schweiz zwischen 1990 und 2000 um 8% gestiegen. In derselben Zeit ist die Bevölkerung lediglich um 6% gewachsen. Folglich stiegen auch die durchschnittliche Zimmerzahl und die durchschnittliche Wohnfläche pro Person.[91] Es werden aber immer weniger kleine Mietwohnungen zu Gunsten von Einfamilienhäusern und großen Mietwohnungen erstellt.[92] Dasselbe gilt für den Preis: Zwischen 1990 und 1998 hat sich der Anteil günstiger Mitwohnungen (unter 800 Franken pro Monat) nahezu halbiert und jener der Wohnungen im oberen Preissegment (über 1400 Franken pro Monat) beinahe verdoppelt.[93] ■

Mietzinsen und Mietbelastung

Zwischen 1990 und 2003 nahmen die Mietzinsen um durchschnittlich 36% zu. Demgegenüber stieg der Landesindex der Konsumentenpreise, ein Indikator der die Preisentwicklung aller Konsumgüter zusammenfasst, mit 24% deutlich weniger stark an.[94] Real erhöhte sich somit der durchschnittliche Mietpreis zwischen 1990 und 2003 um 12%. Der Anstieg der Mietzinsen kann nicht vollumfänglich durch steigende Kosten (Hypotheken, Renovationen, Investitionen) gerechtfertigt werden. Würden lediglich die Kosten einer Wohnung als Miete verrechnet, wären die heutigen Mieten noch auf dem gleichen Stand wie 1985.[95]

Die Bruttomieten machen den größten Anteil eines durchschnittlichen Haushaltsbudgets aus (→ Verfügbares Einkommen, dort jedoch für alle Haushalte, nicht nur für Mieter). Krankenkassenprämien und Steuern folgen mit deutlichem Abstand. Die **Mietbelastung** hängt stark vom Einkommen ab: Je höher das Einkommen, desto tiefer die Belastung. Die Mietbelastung in der Schweiz ist im Ländervergleich hoch und ist zwischen 1990 (19,4%) und 1998 leicht angestiegen und erreichten im Durchschnitt 19,6% des Haushaltseinkommens.[96] Die Zahl der Haushalte, in welchen die Bruttomiete mehr als 35% des Einkommens ausmacht, ist von 420 000 (1990) auf 460 000 (1998)

CARITAS:

Armutsbetroffene Menschen sind auf günstigen Wohnraum angewiesen. Aber gerade solche Wohnungen sind Mangelware und werden häufig unter der Hand und nicht an Personen, die sie in besonderem Maße benötigen, vermietet. Arme müssen darum oft einen zu hohen Anteil ihres Einkommens fürs Wohnen aufwenden.

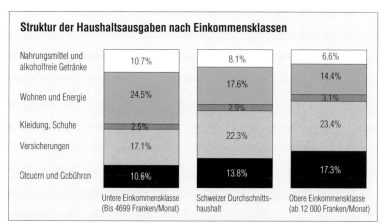

Struktur der Haushaltsausgaben nach Einkommensklassen

	Untere Einkommensklasse (Bis 4699 Franken/Monat)	Schweizer Durchschnittshaushalt	Obere Einkommensklasse (ab 12 000 Franken/Monat)
Nahrungsmittel und alkoholfreie Getränke	10.7%	8.1%	6.6%
Wohnen und Energie	24.5%	17.6%	14.4%
Kleidung, Schuhe	2.5%	2.9%	3.1%
Versicherungen	17.1%	22.3%	23.4%
Steuern und Gebühren	10.6%	13.8%	17.3%

Zahlen: BFS, EVE 2003, online: www.bfs.admin.ch, 20, Einkommen und Lebensqualität.

91 BFS, 2005g, S. 388. Im Jahr 2000 betrug die Wohnfläche pro Person 44 Quadratmeter, zehn Jahre zuvor 39.
92 BFS, 2004h, S. 46.
93 Gerheuser, 2001, S. 17.
94 BFS, 2005g, S. 390.
95 Schweizerischer Mieterinnen- und Mieterverband, 2005.
96 Gerheuser, 2001, S. 44.

gestiegen. Am meisten davon betroffen sind Alleinerziehende und Alleinlebende, oftmals Rentnerhaushalte. Die Mietbelastung ist für Paare mit und ohne Kinder durchschnittlich niedriger.[97]

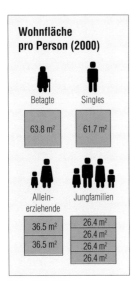

Wohnfläche pro Person (2000)

Betagte — 63.8 m²
Singles — 61.7 m²
Alleinerziehende — 36.5 m² / 36.5 m²
Jungfamilien — 26.4 m² / 26.4 m² / 26.4 m² / 26.4 m²

Zahlen: BFS, 2004h.

Die Wohnqualität der Armen

Gut die Hälfte aller bis 1971 erstellten Mietwohnungen und 60% der danach erbauten sind noch nie saniert worden.[98] Dieser Sanierungsstau ist auf die Renditeneinbusse bei schlecht gelegenen Wohnungen zurückzuführen, die durch die hohe Leerwohnungsziffer der 90er Jahre verursacht wurde. Folglich stand das nötige Sanierungskapital nicht zur Verfügung. Auch die Tatsache, dass die Mehrzahl aller Mietobjekte im Besitz von Privatpersonen sind, wirkt sich ungünstig auf den Sanierungszyklus aus. Für die finanziell schwächeren Menschen hat das zur Folge, dass sie oft in sanierungsbedürftigen Wohnungen mit entsprechend günstigeren Mitzinsen hausen.

Schlechte **Wohnqualität** in Form von baulichen Mängeln und schlechter Wohnumgebung kann mit Adjektiven wie dunkel, feucht, lärmig, kalt, stinkig oder staubig beschrieben werden. Knapp jeder zehnte Haushalt ist von drei oder mehr dieser Wohnmängel betroffen, ebenso viele von zweien und knapp jeder fünfte von einem. Lärm und Geruchsbelastung sind am weitesten verbreitet, vor allem in den Städten. Jeder fünfte Haushalt fühlt sich von Verkehrslärm gestört, jeder zehnte von sonstigem Lärm. 14% der Haushalte sind hoher Luftverschmutzung ausgesetzt.[99] Auf die große Mehrheit der Haushalte (62%) trifft kein solcher Qualitätsmangel zu. Je höher das Einkommen, desto größer die Chance, von keinem Mangel betroffen zu sein. Personen ausländischer Herkunft sind stärker von schlechter Wohnqualität betroffen. 1992 lebten nur knapp die Hälfte der Ausländerinnen und Ausländer in qualitativ akzeptablen Wohnungen. Bei den Schweizerinnen und Schweizern waren es dagegen zwei Drittel.[100] Allein lebende Männer und allein erziehende Frauen, die hauptsächliche Klientel der Sozialhilfe, waren tendenziell stärker von Wohnungsmängeln betroffen. Es liegen keine neueren Studien zur seitherigen Entwicklung vor.

Ein anderes Qualitätsmerkmal ist die Größe. Wie groß ist eine angemessene Wohnung? In der Schweiz gilt der inoffizielle Richtwert «ein Zimmer pro Person» (Küchen und Wohndielen gelten nicht als Zimmer, Erwachsene und Kinder werden gleich gewichtet). Seit 1970 sinkt die **Wohndichte**, das heißt die Anzahl Personen pro Wohnraum, laufend. Parallel dazu nahm die Haushaltsgröße ab. Im Jahr 2003 lag die durchschnittliche Wohnraumdichte bei 0,59 Personen pro Wohnraum.[101] Im Jahre 1992 lebten 11% der Bevölkerung in Haushalten mit mehr Personen als Zimmern und waren somit überbelegt.[102] Im Jahr 2000 waren es noch 7%.[103] Familien mit Kindern sind dreimal häufiger von diesem Mangel an Wohnqualität betroffen als der Bevölkerungsschnitt.[104] Daneben sind Personen mit tiefem Einkommen, Working Poor,

97 Eine relativ hohe Belastung kann allerdings auch eine Frage der Präferenzen sein. So kann gute Wohnqualität für einzelne Personen oder Familien so viel bedeuten, dass sie die hohe finanzielle Belastung in Kauf nehmen (→ subjektive Armut).

98 Schweizerischer Mieterinnen- und Mieterverband, 2005, S. 23.

99 Gerheuser, 2001, S. 93.

100 Leu, Burri, Priester, 1997, S. 208.

101 BFS, 2005g, S. 407.

102 Leu, Burri, Priester, 1997, S. 197.

103 BFS, 2004h, S. 49.

104 Stand 2001. EDI, 2004, S. 68.

Menschen zwischen 20 und 39 Jahren sowie Personen ausländischer Herkunft überproportional betroffen. Auf der andern Seite stehen heute jedem fünften Haushalt mindestens drei Zimmer mehr zur Verfügung, als er Haushaltsmitglieder zählt. Der Großteil davon sind Eigentümer. 11% der Haushalte verfügen über eine Zweitwohnung.[105]

Arme in Kollektivwohneinrichtungen

Vor allem im Alter nimmt die Zahl der Armen, die in Kollektivwohneinrichtungen leben, zu. Die Kosten einer solchen Einrichtung können je nach Umfang der nötigen Pflegeleistungen sehr hoch sein und zu Armut führen. Im Kanton Zürich leben ein Drittel aller Menschen, die → Ergänzungsleistungen (EL) zu → AHV/IV erhalten, in Heimen. Der EL-Bedarf von Altersrentnerinnen und -rentnern in Heimen liegt etwa dreieinhalbmal so hoch wie jener von zu Hause lebenden und steigt mit zunehmendem Alter der betroffenen Person weiter an. Im Falle von IV-Rentnerinnen und -rentnern ist der Bedarf in Heimen gegenüber zu Hause lebenden etwa doppelt so hoch und die bezogenen Leistungen reichen trotzdem nicht immer aus. Es kommt nicht selten vor, dass diese Personen ergänzend zur IV und zu den EL noch Sozialhilfe beantragen müssen.

Wie viele arme Kinder wohnen in Heimen? Darüber ist wenig bekannt. Grundsätzlich sind im Heim wohnhafte Kinder nicht mehr arm, da sie dort alles zum Leben Nötige erhalten. Aber wer bezahlt die Heimkosten? Auf diese Frage gibt es 26 verschiedene kantonale Antworten, wobei die öffentliche Hand den größten Teil der Kosten deckt (das heißt die Sozialversicherungen, die Kantone oder die Gemeinden). Die Eltern zahlen meist einen nach Einkommen abgestuften Anteil. Im Kanton Zürich beträgt der individuelle Anteil einer Schulheimplatzierung in einer öffentlichen Anstalt 270 Franken pro Tag, in den Kantonen Aargau und Luzern dank einem von den Gemeinden betriebenen Solidarfonds etwa 25 Franken pro Tag. Daneben gibt es natürlich diverse private Angebote.

Knapp 15% der im Kanton Zürich ausbezahlten → Alimentebevorschussungen gehen an in Heimen oder Pflegefamilien lebende Kinder und Jugendliche[106], was darauf hindeutet, dass diese Kinder häufiger aus finanziell schwächeren Verhältnissen stammen.

Obdachlosigkeit

So klar und bekannt der Begriff **Obdachlosigkeit** scheint, so wenig ist er wirklich definiert. Sind Obdachlose all jene, die kein Dach über dem Kopf haben? Wenn ja, dann gibt es die Obdachlosigkeit in der Schweiz, abgesehen von einigen überzeugten Individuen, nicht. Gelten als obdachlos all jene, die keinen festen Wohnsitz haben? Auch da muss weiter nuanciert werden. Die Wohn- und Obdachlosenhilfe Zürich[107] schafft mit ihren Begriffsbestimmungen etwas Ordnung. Unter dem Oberbegriff der akuten Wohnproblematik wird unter-

105 BFS, 2005g, S. 388.
106 BFS, 2005c, S. 53.
107 Online: www3.stzh.ch/internet/
    sd/sub_navi_sd/SEB/woh.html.

schieden zwischen dem Wohnungsnotfall, der Wohnungslosigkeit, der kommunalen Obdachlosigkeit und der offenen Obdachlosigkeit. Ein **Wohnungsnotfall** liegt dann vor, wenn ein Haushalt unmittelbar von einem Wohnungsverlust bedroht ist, «eskalierenden Konflikten mit Mitbewohnern oder Nachbarn ausgesetzt ist, unfreiwillig in unsicheren, überbelegten, baulich und hygienisch unzulänglichen Wohnungen leben müssen oder über zu wenig Mittel und Hilfen verfügen, um ihre Wohnungsversorgung angemessen und auf Dauer sicherzustellen.» Unter **Wohnungslosigkeit** wird der tatsächliche Verlust der Wohnung verstanden, der dazu führt, dass betroffene Personen selbstzahlend in Billigpensionen, Frauenhäusern oder bei Verwandten und Bekannten vorübergehend Unterschlupf suchen. Als **kommunale Obdachlose** werden jene Wohnungslose bezeichnet, die in kommunalen Notunterkünften Unterschlupf suchen. Wohnungslose Personen, welche ohne jede Unterkunft sind und keinen festen Schlafplatz haben, werden als **offene Obdachlose** bezeichnet.

Von akuter Wohnproblematik betroffene Personen sind nicht schweizweit erfasst und deren Lebenslagen sind noch nie eingehend studiert worden. Die Problematik der Obdachlosigkeit ist praktisch auf die Städte Zürich, Basel, Lausanne, Genf und allenfalls Winterthur konzentriert. Wobei klar zu betonen ist, dass die offene Obdachlosigkeit eine sehr marginale Rolle spielt. In Zürich handelt es sich um sieben bis zehn Personen, welche nicht von den kommunalen Angeboten Gebrauch machen wollen. Ansonsten existieren in der Schweiz genügend Plätze, damit niemand ohne Obdach bleiben muss. In der Stadt Zürich standen im Jahr 2004 insgesamt etwa 2000 Schlafplätze zur Verfügung. Etwa 1700 Plätze wurden von der Stadt angeboten, etwa 300 standen in privaten Wohnheimen (zum Beispiel der Caritas oder der Heilsarmee), Notschlafstellen (zum Beispiel Pfarrer Siebers Pfusbus) oder Aids-Projekten zur Verfügung.

Sind Obdachlose generell arm? Gründe für die akute Wohnproblematik sind gemäß Wohn- und Obdachlosenhilfe Zürich psychische oder physische Probleme, Suchtprobleme, «kulturell oder lebensstilbedingte soziale Nichtkonformität» oder schließlich gravierende finanzielle Probleme. Diese Faktoren treten oft kumuliert auf. Nicht alle Obdachlosen sind zwingend von finanzieller Armut betroffen, die allermeisten sind jedoch in irgendeiner Form benachteiligt.

Armut, soziale Kontakte und Integration

Armut hat Auswirkungen auf die gesellschaftliche Integration. Drei Viertel der in der Schweiz wohnhaften Bevölkerung trifft sich wenigstens einmal pro Woche mit Freunden, zwei Drittel gehen «unter die Leute».[108] Daneben lebten 1 bis 2% der Bevölkerung, also etwa 100 000 Menschen, stark isoliert. Die verschiedenen Faktoren, welche zur Armut an sozialen Kontakten führen, sollen hier analysiert werden. Zuerst sind jedoch einige Begriffsklärungen notwendig.

108 Basierend auf Daten der EVE 98. Gerheuser, 2001, S. 96.

Integration, Isolation, Einsamkeit

→ Integrierte Menschen haben viele und tragende soziale Kontakte. Diese Kontakte decken einerseits die Bedürfnisse nach emotionaler Zuwendung und sozialer Anerkennung ab. Andererseits sind sie in Form von Unterstützung und Hilfeleistung auch eine wichtige Ressource zur Bewältigung verschiedenster Probleme, besonders wenn sie auf Gegenseitigkeit beruhen.

Zur Knüpfung dieser Kontakte stehen verschiedene Netze zur Verfügung. Dazu zählen Familie, Verwandtschaft, Freundes- und Bekanntenkreis, Nachbarschaft, Interessengemeinschaften oder Vereine sowie auch das berufliche oder schulische Umfeld. Der Anschluss an jedes solches Netz erhöht die Möglichkeit des Ausbaus der Kontakte.

Gegenstück zur Integration ist die Isolation. **Soziale Isolation** bedeutet Beziehungslosigkeit, aber auch die Konzentration der Beziehungen auf Menschen in der selben benachteiligten Lebenslage.[109] Soziale Isolation ist anhand der Anzahl Kontakte konkret messbar. **Einsamkeit** hingegen ist das subjektive Gefühl, allein und auf sich selbst gestellt zu sein. Nicht nur die Anzahl Kontakte, sondern auch die Qualität der Kontakte ist dabei wichtig. Eine Verkäuferin an der Kasse im Hauptbahnhof kann einsam sein, wenngleich sie täglich mit Hunderten von Mitmenschen in Kontakt kommt. Auf der andern Seite heißt allein sein nicht zwingend Einsamkeit. Einsamkeit äussert sich durch Gefühle wie Traurigkeit, Niedergeschlagenheit, Angst, Langeweile oder Sehnsucht nach Nähe. Einsame Menschen sind oft schüchtern und verfügen über wenig Sozialkompetenz (oder nehmen sich zumindest selbst so wahr). Sie erleben die Integration oft als stressig und haben Mühe, Probleme kreativ zu verarbeiten. ■

Homogamie und Homosozialität

Arme Menschen leben statistisch gesehen gleich häufig in einer Partnerschaft wie Reiche. Es fällt jedoch auf, dass ein klarer Zusammenhang zwischen der Schichtzugehörigkeit der Partner besteht, eine **Homogamie** der Armut.[110] Wenn Arme heiraten, heiraten sie Ihresgleichen. In der Schweiz ist die Bildungshomogamie besonders ausgeprägt: 44% aller Paare setzen sich aus zwei gleich gebildeten Partnern zusammen.[111] Ist ein Partner besser gebildet, so ist das meist der Mann. Diese Feststellungen gelten auch in Bezug auf die berufliche Stellung.

«Gleich und Gleich gesellt sich gerne» gilt in noch stärkerem Maße für den Freundeskreis. Dieses Phänomen wird **Homosozialität** genannt. Bis zu 90% der Freunde stammen aus denselben Bildungsschichten.

Homogamie und Homosozialität verfestigen somit den Einfluss der sozialen Herkunft zusätzlich (→ Kapitel 9, Armut und soziale Herkunft). Es ist schwierig, aus dem Umfeld auszubrechen, in das man hinein geboren wurde.

CARITAS:

Arme Menschen werden oft als **randständig** bezeichnet. Doch welches Gesellschaftsbild offenbart sich da? Wer bildet denn den Kern, wo beginnt der Rand? Besser wäre es, von **unfreiwilliger sozialer Isolation** zu reden.

109 Kronauer, 2005.
110 Begriff aus der Soziologie, welcher die sozioökonomische Nähe oder Distanz zwischen den Partnern misst.
111 Levy, 1998, S. 43.

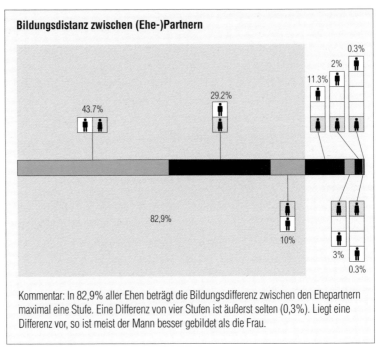

Bildungsdistanz zwischen (Ehe-)Partnern

0.3%

2%

11.3%

29.2%

43.7%

82,9%

10%

3%

0.3%

Kommentar: In 82,9% aller Ehen beträgt die Bildungsdifferenz zwischen den Ehepartnern maximal eine Stufe. Eine Differenz von vier Stufen ist äußerst selten (0,3%). Liegt eine Differenz vor, so ist meist der Mann besser gebildet als die Frau.

Zahlen: Levy, 1998, S. 43.

Armut und soziale Kontakte

Welche armutsrelevanten Aspekte wirken sich auf Anzahl und Qualität der sozialen Kontakte aus?

▶ Finanzielle Situation und soziale Kontakte

Finanzielle Schwierigkeiten wirken sich stark auf die außerfamiliären Kontakte aus, denn Geldmangel schränkt die Teilnahme am sozialen Leben ein. Bereits eine angenommene Einladung zum Essen kann zu Problemen führen, denn sie verpflichtet moralisch zu einer Gegeneinladung – und da möchte der Gastgeber etwas Besseres bieten als «Gehacktes mit Hörnli».

Auch innerhalb der Familie können knappe finanzielle Ressourcen die Qualität der Kontakte negativ beeinflussen, indem sie familieninterne Verteilungskämpfe provozieren.[112]

▶ Bildung und soziale Kontakte

«Die individuelle Fähigkeit, Beziehungen aktiv entwickeln, erhalten und mitgestalten zu können, ist abhängig vom Bildungsgrad.»[113] Schlecht gebildete Menschen fühlen sich häufiger einsam. Durchschnittlich fühlten sich im Jahr 2002 1,1% der Schweizer Bevölkerung sehr häufig und 2,3% häufig einsam. Unter den Personen mit höchstens obligatorischer Schulbildung waren es beinahe doppelt so viele, nämlich 2 respektive 3,4%. Ausgeprägte Einsamkeit begünstigt ein Risikoverhalten im Umgang mit Drogen, Alkohol oder sexuellen Kontakten.

112 Leu, Burri, Priester, 1997, Teil III, Kapitel 5.
113 Leu, Burri, Priester, 1997, S. 258.

134

► Migration und soziale Kontakte

Migrantinnen und Migranten, insbesondere allein lebende Arbeits-suchende, welche ohne ihre Familie in die Schweiz einwandern, sind speziell häufig einsam. Sie verfügen oft über sehr beschränkte Kontaktnetze, denn das ganze Netz der Verwandtschaft fehlt, und der Aufbau eines Freundes- und Bekanntenkreises braucht seine Zeit. Die sozialen Kontakte beschränken sich häufig auf Landsleute, da sich dort weder Sprach- noch Kulturprobleme stellen. Tendenziell gilt: je länger die Aufenthaltsdauer, desto besser die Integration. Ausländerinnen und Ausländer der zweiten und dritten Generation sind meist gut integriert.

Gleichwohl erhöht sich das Risiko der Isolation der ausländischen Bevölkerung mit deren Alter. Viele finden während den Erwerbsjahren keine Zeit, sich sozial zu integrieren und sich der deutschen Sprache zu bemächtigen. Der oftmals niedrige Bildungsstand ist dabei auch nicht gerade förderlich. Hinzu kommt ein tiefes Rentenniveau, bedingt durch Beitragslücken und den niedrigen Verdienst (→ Altersvorsorge). Tod oder Wegzug der Bezugspersonen führen unter diesen Umständen schneller zu Einsamkeit. Entsprechend leiden Erstmigrantinnen und -migranten häufiger unter physischen und psychischen Störungen im Alter. Es handelt sich dabei um eine soziale Risikogruppe, welche in den nächsten Jahren weiter wachsen wird.[114]

Durchschnittlich fühlen sich 4,9% aller ausländischen Männer und 7,7% aller ausländischen Frauen einsam. Bei aus Südeuropa (Italien, Portugal, Spanien) stammenden Menschen ist dieser Anteil geringer als bei aus den Nachbarländern und aus Übersee stammen-den. Im Vergleich dazu fühlen sich 1,9% der Schweizer und 3,5% der Schweizerinnen einsam.

► Gesundheit und soziale Kontakte

Der Handlungsspielraum physisch und psychisch kranker Menschen ist in Bezug auf die sozialen Beziehungen eingeschränkt, obwohl gerade diese Menschen in ihrer schwierigen Lebenslage am meisten auf Unterstützung angewiesen wären. Je besser ein Mensch während seiner Krankheit unterstützt wird, desto schneller seine Genesung. Dasselbe gilt für Suchttherapien. Menschen, die ihre Gesundheit als schlecht einschätzen, verfügen qualitativ und quantitativ über ein reduziertes Beziehungsnetz und ein Viertel der Betroffenen fühlt sich einsam.[115] Chronisch Kranke sind besonders stark von Einsamkeit betroffen. Einsame Menschen wiederum sind krankheitsanfälliger und weisen häufiger gesundheitliche Probleme wie zum Beispiel Schlafstörungen oder Bluthochdruck auf.[116] Ein Teufelskreis.

► Erwerbssituation und soziale Kontakte

Im Arbeitsumfeld können zusätzliche soziale Kontakte geknüpft wer-den. Nicht erwerbstätigen Personen steht diese Möglichkeit nicht offen.

114 Wanner Philippe, Fibbi Rosita: Migration und Einsamkeit. In: Caritas, 2004, S. 143–158.

115 Leu, Burri, Priester, 1997, S. 259.

116 Uchtenhagen Ambros: Einsam-keit und Gesundheit. In: Caritas, 2004, S. 159–171.

→ Prekäre Arbeitsverhältnisse können sich negativ auf die sozialen Kontakte eines Menschen auswirken. Für Schicht- und Nachtarbeitende ist es schwierig, private Kontakte zu pflegen und gesellschaftlichen Hobbies nachzugehen, und auch deren Partnerschaften brechen häufiger auseinander. Die Einsamkeit wird weiter begünstigt durch die Flexibilisierung der Arbeitszeit.[117]

▶ Frau, Familie und soziale Kontakte

Die Gründung einer Familie kann für Frauen nach wie vor zur gesellschaftlichen Isolation führen, wenn sie sich, was ab dem dritten Kind oft der Fall ist, voll und ganz auf Haushalt und Kinderbetreuung konzentrieren. Die Desintegration schreitet in Phasen voran: Mit der Geburt der Kinder wird das berufliche Umfeld reduziert oder fällt weg, was jedoch durch den Aufbau eines neuen Kontaktnetzes rund um die Kinder und deren Erziehung und Ausbildung kompensiert wird. Mit zunehmendem Alter der Kinder fällt dieses Netz wieder weg und kann zur sozialen Isolation der Frau führen, wenn diese den Wiedereintritt ins Berufsleben nicht sucht oder schafft. Dieses Risiko ist besonders hoch für wenig gebildete Frauen, für Frauen mit vielen Kindern, aber auch für Frauen aus sehr reichem Hause, da deren finanzieller Beitrag nicht nötig oder gar unerwünscht ist.[118]

▶ Allein leben und soziale Kontakte

Immer mehr Menschen in der Schweiz leben allein in ihren vier Wänden. Diese Menschen sind nicht automatisch einsamer, denn in vielen Fällen handelt es sich um eine bewusste Präferenz. Allein leben ist eine neue, moderne Lebensform für welche sich häufig junge, finanziell unabhängige, urbane und sehr kontaktfreudige Personen entscheiden. Wohnt jemand jedoch nicht (ganz) freiwillig allein, dann erhöht sich das Einsamkeitsrisiko. Die Tatsache, dass allein lebende Menschen in der Sozialhilfe deutlich übervertreten sind, scheint diese Theorie zu stützen. Im Kanton Luzern ist die Sozialhilfequote der Alleinlebenden mit 6% doppelt so hoch wie jene des Durchschnitts.[119]

Armut und Freizeit

Armut wirkt sich auch auf das Freizeitverhalten aus. Viele der in unserer Gesellschaft verbreiteten Freizeitaktivitäten sind nicht gratis und folglich sind Menschen mit knappem Budget von deren Teilnahme ausgeschlossen. Diese Tatsache kann negative Folgen auf die → soziale Integration der von Armut betroffenen Menschen haben. Kinder leiden am häufigsten unter dieser Benachteiligung.

Armut und Freizeitaktivitäten

Viele Freizeitaktivitäten kosten Geld. Arme Menschen fühlen sich in dieser Hinsicht oft eingeschränkt. Ein einfaches Hobby wie Velofahren

117 Ulich Eberhard: Arbeit und Lebensqualität. In: Caritas, 2004, S. 115–130.

118 Levy René, Widmer Eric: Einsam in der Familie leben? Über die «normale» Entgesellschaftlichung von Frauen. In: Caritas, 2004, S. 131–142

119 BFS, 2005b.

setzt den Kauf eines Velos voraus. Kino und Theater kosten Eintritt. Das Hobby Shopping ist von vornherein ausgeschlossen.[120]

Der Vergleich, wie Menschen verschiedener Einkommenskategorien ihre Freizeit gestalten, gibt Aufschluss über Benachteiligungen. Während «mit Freunden, Kollegen, Bekannten zusammen sein», «Verwandte treffen», «Ausruhen, Entspannen» und «Ausgehen, unter den Leuten sein» für die Befragten aller Schichten die wichtigsten Freizeitaktivitäten sind, besteht hinsichtlich kultureller und sportlicher Aktivitäten ein beträchtlicher Unterschied zwischen Arm und Reich. Wohlhabende Personen gehen diversifizierteren Freizeitbeschäftigungen nach als Einkommensschwache und üben diese auch häufiger aus. Vier von fünf besser situierten Einwohnerinnen und Einwohnern besuchen klassische Kulturveranstaltungen, unter den ärmeren nur jeder und jede zweite. Knapp zwei Drittel der oberen Einkommensklasse besuchen moderne Kulturveranstaltungen, gerade mal halb so viele der untersten. Reichere Menschen besuchen mit 55% mehr als doppelt so oft Jazz- oder Rockkonzerte als ärmere (25%). Nur bei volkstümlichen Veranstaltungen übertrifft der Anteil ärmerer Menschen jener der Wohlhabenden mit 47 zu 34%.[121]

Armut und Ferien

Die Hälfte der Bevölkerung fühlt sich im Bereich Ferien finanziell eingeschränkt. Aber wer träumt schon nicht vom Urlaub im 5-Stern-Hotel am Strand? 18% der Gesamtbevölkerung fühlen sich in ihrer Feriengestaltung jedoch stark eingeschränkt.[122] Gemäß → SKOS kann «ein Urlaub für die ganze Familie bedeutsam sein und dazu beitragen, eine akut belastende Situation besser zu ertragen und den Willen zur Selbsthilfe zu stärken.»[123] Entsprechend soll langfristig von der Sozialhilfe unterstützten Personen, welche nach Kräften erwerbstätig sind oder Betreuungsaufgaben wahrnehmen, ein Urlaub ermöglicht werden. Dazu arbeitet die Sozialhilfe wenn möglich mit privaten Stiftungen und Fonds zusammen. Die Genossenschaft Reka zum Beispiel bietet einkommensschwachen Familien in der Schweiz seit über 50 Jahren günstige Ferienangebote im Inland an. Daneben organisieren verschiedene Hilfswerke gratis oder ermäßigte Ferien für weitere Bevölkerungsgruppen. Kovive zum Beispiel bietet Kinderferien, die Aktion Denk an mich Ferien für Behinderte an.[124]

Arme Kinder und Freizeit

Kinder leiden besonders stark unter den Einschränkungen im Bereich der Freizeit und der Konsumgüter. Die Teilnahme an Ausflügen oder Kindergeburtstagen ist für aus armen Familien stammende Kinder nicht selbstverständlich, ebenso wenig Kinobesuche und der Kauf symbolträchtiger Markenkleider. Folglich werden sie aus Teilen der «Kinderkultur» ausgeschlossen. Für diese Kinder ist die Versuchung

120 Statistisches Amt des Kantons Zürich, 2002, S. 16/17

121 BFS, Lebensqualität und Armut – Kennzahlen. Freizeit. Online: www.bfs.admin.ch (basiert auf Daten der EVE 2002)

122 Statistisches Amt des Kantons Zürich, 2002, S. 16/17

123 SKOS, 2005b, C 1–9

124 www.reka.ch, www.kovive.ch, www.denkanmich.ch.

groß, durch auffälliges und demonstratives Verhalten Anerkennung der Altersgenossen zu gewinnen.[125]

Allein erziehende Working Poor und Freizeit

Eine spezifische Gruppe armutsbetroffener Menschen sei hier besonders erwähnt: Die allein erziehenden Working Poor. Deren Freizeit ist in dreierlei Hinsicht eingeschränkt: Erstens fehlen die finanziellen Mittel, zweitens fehlt auf Grund der Kombination von Erwerbsarbeit, Hausarbeit und Kinderbetreuung die Zeit (für Freizeit) und schließlich sind die betroffenen Frauen nach getaner Arbeit zu müde für außerhäusliche Freizeitaktivitäten. Diese Frauen weisen jedoch oft eine hohes Maß an Improvisationskraft auf und suchen sich Freizeitaktivitäten, die wenig Geld kosten, oder verzichten auf etwas anderes.[126]

Vereinsmitgliedschaft und freiwilliges Engagement

Drei von vier Einwohnerinnen und Einwohner über 15 Jahren sind Mitglied mindestens eines der knapp 5500 Vereine oder einer andern Vereinigung oder Organisation, zwei Drittel davon aktiv.[127] Vereine leisten einen wichtigen Beitrag zur sozialen Integration der Bevölkerung. Nicht alle Bevölkerungsschichten beteiligen sich jedoch gleichermaßen an diesem Vereinsleben. Unter der ausländischen Bevölkerung ist nur jede und jeder vierte Mitglied eines Vereins. Weiter sind Vereinsmitgliedschaften auch einkommensabhängig. Während 57% der Wohlhabenden mitmachen, sind es nur gerade 38% der Einkommensschwachen.[128] Die Integrationschancen ausländischer und einkommensschwacher Personen sind in dieser Hinsicht geschmälert.

Für jede vierte Person oder 1,5 Millionen Menschen geht die Mitgliedschaft weiter: Sie engagieren sich freiwillig und unbezahlt im Rahmen einer Organisation oder Institution, wie zum Beispiel in Sport- oder Kulturvereinen oder in politischen Parteien und Ämtern (**formelle Freiwilligenarbeit**). Daneben erbringen beinahe gleich viele Personen, nämlich 1,4 Millionen, **informelle freiwillige Arbeit** für ihre Mitmenschen. Für solche Dienste wie Kinderhüten oder Gartenarbeit engagieren sich Frauen klar häufiger als Männer.[129]

Zwischen Freiwilligenarbeit und →sozialer Schicht besteht ein Zusammenhang. Bildung, berufliche Stellung und Einkommen korrelieren deutlich positiv mit dem freiwilligen Engagement. Das heißt, je höher eine Person gebildet, je besser ihr Einkommen und ihre berufliche Stellung, desto stärker engagiert sie sich im Freiwilligensektor. Werden die drei Faktoren auf ihren Erklärungsgehalt geprüft, stellt man fest, dass Bildung die Unterschiede am besten zu erklären vermag, denn die berufliche Stellung und schließlich das Einkommen hängen in großen Teilen von dieser Variabel ab.

Dieser Zusammenhang ist in Bezug zur formellen Freiwilligenarbeit besonders ausgeprägt. Die Freiwilligenquote im institutionellen Bereich ist bei Menschen mit tertiärem Bildungsabschluss mehr als

125 Fachhochschule Solothurn Nordwestschweiz, 2001.

126 Wälte, 2004.

127 BFS, online: www.bfs.admin.ch, 20, Einkommen, Lebensqualität (basierend auf Daten der EVE 2002). Anzahl Vereine gemäß Auskunft des Eidgenössischen Amtes für das Handelsregister, Stand 31.12.2004.

128 Verglichen werden das oberste und das unterste Einkommensquintil (Fünftel).
Online: www.bfs.admin.ch, 20, Einkommen, Lebensqualität (Basierend auf Daten der EVE 2002).

129 BFS, 2005i, S. 1.

doppelt so hoch wie jene der Menschen mit maximal obligatorischer Schulbildung.[130] Bei der informellen Freiwilligenarbeit hingegen relativiert sich diese Beziehung bei hohen Einkommen und hohem beruflichen Status ein wenig.[131]

Folgen eingeschränkter Freizeitgestaltung

Freizeit ist eine Ressource, die Kraft, Motivation, Ausgeglichenheit, Freude und vieles mehr spendet. Die Einschränkungen im Bereich der Freizeit können deshalb Auswirkungen auf die Gesundheit haben. Auch die Wahl der Freizeitbeschäftigung wirkt sich auf die Gesundheit aus. Wer die ihm verbleibende Zeit vor dem Fernseher verbringt, tut wenig für sein körperliches Wohlbefinden. Personen mit wenig Einkommen und schlechter Bildung betreiben weniger Sport als ihre gut situierten Mitbürgerinnen und Mitbürger. Sie fühlen sich auch weniger gesund und besuchen häufiger den Arzt (→ Kapitel 4, Armut und Gesundheit).

Formen der Freiwilligenarbeit

Formell
– Führungsaufgaben
– Basisaufgaben

Informell
– Hilfe für Freunde/
  Bekannte
– Hilfe für Verwandte

Quelle: Nollert, Huser, 2005.

---

130 BFS, 2005i, S. 4
131 Nollert, Huser, 2005.

5.

**System der Sozialen
Sicherheit in der Schweiz**

5. System der Sozialen Sicherheit in der Schweiz

Soziale Sicherheit für alle! Dieses Ziel will ein Sozialstaat modernen Zuschnitts erreichen. Dafür stehen in der Schweiz die verschiedensten Instrumente zur Verfügung: obligatorische Sozialversicherungen, kantonale Sozialtransfers, die kommunale Sozialhilfe. Ergänzt werden diese Leistungen durch die private und kirchliche Einzelfallhilfe. Über die Jahrzehnte ist daraus ein komplexes Gebilde entstanden. Dieses System der sozialen Sicherheit ist nicht frei von Widersprüchen, der Koordinationsbedarf ist immens, die interinstitutionelle Zusammenarbeit zwingend notwendig.

Trotzdem oder gerade darum kann die soziale Sicherheit für alle nicht vollumfänglich gewährleistet werden. Im gesellschaftlichen Wandel entstehen neue soziale Risiken, die nur ungenügend abgesichert sind. Erwerbsarmut, Armut durch Langzeitarbeitslosigkeit, Armut nach Scheidung und Trennung oder Armut durch psychische Erkrankung sind solche neuen Risiken, die den Sozialstaat herausfordern. Anpassungen im System der sozialen Sicherheit gehen aber langsam vonstatten. Dies ist mit ein Grund dafür, dass die Sozialhilfe als letztes Auffangnetz im Sozialstaat eine große Bedeutung erlangt hat.

Die primären Quellen sozialer Sicherheit aber sind und bleiben Erwerbsarbeit und Familie. Das Lohneinkommen sichert nicht nur die Existenz des Einzelnen, sondern ist auch wesentliche Quelle für die Finanzierung des Sozialstaats. Erwerbsarbeit ist auch vielfach Voraussetzung für Ansprüche an den Sozialstaat. Um so mehr muss beunruhigen, wenn der Arbeitsmarkt nicht mehr allen Erwerbsfähigen die Chance zur eigenverantwortlichen Lebensgestaltung gewährt, denn wer wenig berufliche Qualifikationen hat, wer gesundheitlich eingeschränkt ist, wer auf Grund familiärer Verpflichtungen nicht voll flexibel am Arbeitsplatz auftreten kann, der hat es zunehmend schwer, ein (normales) Arbeitsverhältnis zu finden (→ Kapitel 3, wirtschaftlicher Wandel).

Die zweite Quelle sozialer Sicherheit, die Familie, ist eine Solidargemeinschaft, von der wesentliche soziale Leistungen erwartet werden, sei dies bei der Begleitung von Kindern und Jugendlichen, bei der Pflege von Familienangehörigen, im freiwilligen Engagement in der Nachbarschaft oder in sozialen Einrichtungen. In dieser Hinsicht stellt uns der momentane soziale Wandel, der zur einer Auflösung sozialer Milieus und zu einer fortschreitenden Individualisierung führt, vor neue Herausforderungen. Die «riskanten Freiheiten»[1] werden nicht nur in neuen, überraschenden Lebensverläufen sichtbar, sondern schlagen sich auch in einer sinkenden Kinderzahl, einer wachsenden Zahl von Single-Haushalten, einer hohen Scheidungsrate und vielem mehr nieder (→ Kapitel 3, sozialer Wandel).

---

1 Beck, Beck-Gernsheim, 1994

In dieser Zeit des Umbruchs gewinnt der Sozialstaat seine neue Wichtigkeit. Er muss die sozialen Kosten des gesellschaftlichen Wandels tragen können, er muss jenen Sicherheit vermitteln, die auf dem Arbeitsmarkt und in der Vielfalt sozialer Lebensformen mit wachsenden Unsicherheiten zu kämpfen haben. Damit der Sozialstaat dieser Aufgabe gerecht werden kann, bedarf es einer neuen Stärkung der großen → Solidarität zwischen den Gewinnerinnen und Gewinnern und den Verliererinnen und Verlierern der Modernisierung. Nur so kann die soziale Sicherheit für alle auch in Zukunft gewährt werden.

In diesem Kapitel wird das historisch gewachsene System der sozialen Sicherheit beschrieben. Es ist auf die Vermeidung von Armut bei Erwerbsausfall und die Förderung des gesellschaftlichen Zusammenhalts ausgerichtet. Im föderalen Staatsaufbau können die verschiedenen nationalen und obligatorischen Sozialversicherungen, ein langer Katalog von kantonalen Sozialtransfers und die kommunale öffentliche Sozialhilfe unterschieden werden. Mit der interinstitutionellen Zusammenarbeit wird versucht, die Wirkung dieses komplexen Systems zu steigern. Ergänzt wird das staatliche System durch die private Sozialhilfe der verschiedenen zivilgesellschaftlichen Akteure: Hilfswerke, Kirchen, Selbsthilfeorganisationen.

Fast alle Sozialversicherungen müssen revidiert werden. Ob diese Revisionen einen Beitrag zur Vermeidung und Verminderung von Armut leisten, wird in diesem Kapitel ebenfalls diskutiert.

Der erste Schritt in der Geschichte der Staatenbildung war die Schaffung des Polizeistaats. Dieser schützte Leben und Eigentum seiner Bürger. In einem nächsten Schritt, mit der Verankerung des Rechtsstaats, wurden die Bürger dank verfassungsmäßigen Rechten vor Willkür geschützt. Heute kümmert sich der **Sozialstaat** um das Wohl seiner Bürger und Bürgerinnen.

Ein Sozialstaat zeichnet sich durch eine gezielte **Sozialpolitik** aus. Diese regelt und beeinflusst die Verhältnisse unter den Menschen sowie zwischen ihnen und dem Staat. Durch sie sollen Armut sowie Gegensätze und Spannungen innerhalb der Gesellschaft gemildert und beseitigt werden. In erster Linie sind der Staat, die Kantone und die Gemeinden für die Sozialpolitik verantwortlich. Aber auch andere private und öffentlich-rechtliche Institutionen wie Kirchen oder Gewerkschaften spielen eine wichtige Rolle.

Ziele der Sozialpolitik

Der Sozialstaat verfolgt drei hauptsächliche Ziele: sozialer Friede, soziale Gerechtigkeit und soziale Sicherheit.

Der **soziale Friede** ist eng an die wirtschaftliche Entwicklung gekoppelt. Wirtschaftlicher Aufschwung und Prosperität erhöhen den sozialen Frieden im Sozialstaat durch verminderte Arbeitslosigkeit, besseren Verdienst und dadurch, dass Ressourcen zur Verteilung und Umverteilung zur Verfügung stehen. Ein weiteres wichtiges Element des sozialen Friedens ist eine funktionierende Sozialpartnerschaft zwischen Arbeitnehmern (repräsentiert durch die Gewerkschaften) und Arbeitgebern, zwischen Arbeit und Kapital.

Die **soziale Sicherheit** des Individuums wird auf staatlicher Ebene primär durch das System der **Sozialversicherungen** gewährleistet. Dies sind für die gesamte (teilweise auch beschränkt auf die erwerbstätige) Bevölkerung obligatorische Versicherungen gegen gesellschaftlich anerkannte Risiken. Die Durchführungsorganisationen dieser Versicherungen sind unabhängig, stehen aber unter staatlicher Kontrolle. Finanziert werden sie gemeinsam durch von der Risikohöhe unabhängige Beiträge der Versicherten, durch die Arbeitgeber und den Staat. Wo die Leistungen dieser Versicherungen nicht reichen, kommen kantonale → Sozialtransfers zum Tragen. Als letztes Auffangnetz ist schließlich die → Sozialhilfe konzipiert worden. Daneben leisten Familie, Freunde und eine Vielzahl privater Institutionen einen wichtigen Beitrag zur sozialen Sicherheit.

Durch die Verteilungs- und Umverteilmechanismen, welche diesen Sicherungsinstrumenten innewohnen, soll die **soziale Gerechtigkeit** innerhalb der Gesellschaft gefördert werden, indem sie die wirtschaftliche Ungleichheit mildern. Bei der → AHV zum Beispiel zahlen reiche

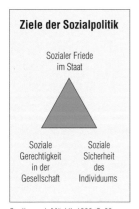

Ziele der Sozialpolitik

Sozialer Friede im Staat

Soziale Gerechtigkeit in der Gesellschaft

Soziale Sicherheit des Individuums

Quelle: nach Möckli, 1988, S. 33.

Menschen ein Vielfaches der Prämien eines Armen, erhalten aber im Endeffekt höchstens doppelt so hohe Leistungen. Besserverdienende profitieren dafür umso mehr von der zweiten und dritten Säule der Altersvorsorge.

Auch das Steuersystem trägt zu diesem Ausgleich bei. Das System der sozialen Sicherheit wird in wachsendem Maße durch die progressiven direkten Steuern finanziert und Erträge aus Konsumsteuern (Mehrwertsteuer, Alkohol- und Tabaksteuer, Spielbankenabgabe) fließen in die AHV.

Diese drei Ziele stehen in einem dynamischen Wirkungszusammenhang. Wird ein Ziel vernachlässigt, wirkt sich das zugleich auch auf den Erreichungsgrad der anderen beiden Ziele aus. So strapaziert die hohe und anhaltende Arbeitslosigkeit nicht nur den sozialen Frieden, sondern belastet auch die soziale Absicherung durch die ALV und vermindert die Steuereinnahmen, die zur Finanzierung des Systems der sozialen Sicherheit vonnöten sind.

Das System der sozialen Sicherheit

Aus diesen Zielen hat sich im Sozialstaat Schweiz im Laufe der Zeit nach und nach ein System der sozialen Sicherheit entwickelt. Das heutige System ist also nicht Resultat einer einmaligen, bewussten strategischen Entscheidung.

Das System der sozialen Sicherheit beschränkt sich nicht auf Sozialversicherungen, Sozialtransfers und Sozialhilfe. Ein weiteres wichtiges

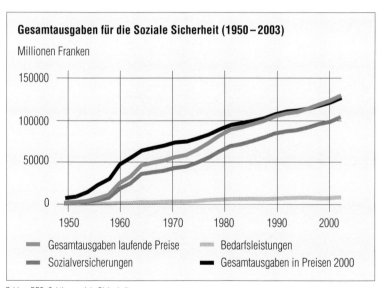

Gesamtausgaben für die Soziale Sicherheit (1950–2003)

Millionen Franken

Legende:
- Gesamtausgaben laufende Preise
- Bedarfsleistungen
- Sozialversicherungen
- Gesamtausgaben in Preisen 2000

Zahlen: BFS, Sektion soziale Sicherheit.

145

Element ist die staatliche Grundvorsorge, zum Beispiel im Bereich der Bildung (Grundschulen) oder der Gesundheit (Spitäler). Weiter sind die gesetzlichen Mindestgarantien und Schutzbestimmungen zur Sicherung der Grundversorgung zu erwähnen: Arbeitsgesetzgebung, Mieter- und Konsumentenschutz oder Wohnbauförderung gehören zu dieser Kategorie.

Der Ursprung der einzelnen Sicherungsinstrumente liegt immer in der Bundesverfassung, also auf nationaler Ebene. In den meisten Fällen besteht zu den einzelnen verfassungsmäßigen Sozialaufgaben ein eidgenössisches Gesetz, für dessen konkrete Umsetzung jedoch die Kantone oder sogar die Gemeinden zuständig sind.

Kosten der Sozialversicherungen und der Sozialhilfe

Die Kosten der Sozialversicherungen und der Sozialhilfe (inklusive Subventionen an Institutionen der Sozialen Sicherheit) beliefen sich 2003 auf knapp 130 Milliarden Franken. Das sind beinahe 30% der gesamten Bruttoinlandproduktes. 1970 lag diese Quote noch bei 11,4%, 1990 bei 19,7%.[2] Diese Zunahme ist zum einen auf den notwendigen Ausbau des Systems der sozialen Sicherheit, zum anderen auf die zunehmende Inanspruchnahme der Sozialversicherungen zurückzuführen. Mit knapp 100 Milliarden Franken machen die Kosten für die Sozialversicherungen den größten Teil des Kuchens aus.[3] Für Bedarfsleistungen, ohne Asylwesen und Unterstützung privater Hilfsaktionen, wurden 6304 Millionen ausgegeben. Davon gingen 2562 Millionen Franken an die kommunale Sozialhilfe.

2 BFS, 2005a, S.7

3 Ohne Ausgaben für kantonale Familienzulagen.

Netz der sozialen Sicherheit

Das *Netz der sozialen Sicherheit*, bestehend aus staatlichen Sozialversicherungen, kantonalen Sozialtransfers und kommunaler Sozialhilfe,
kann grafisch wie folgt dargestellt werden:

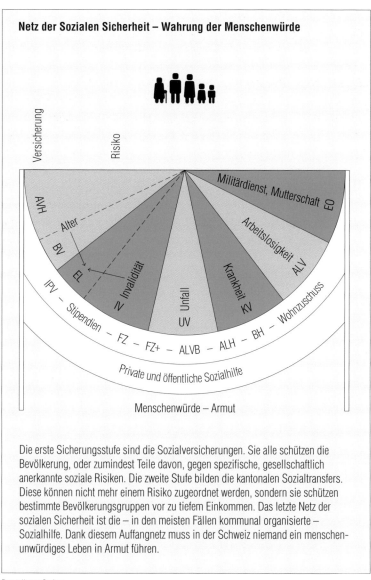

Netz der Sozialen Sicherheit – Wahrung der Menschenwürde

Versicherung

Risiko

Militärdienst, Mutterschaft EO

AVH

Alter

Arbeitslosigkeit

BV

ALV

EL

Invalidität

IV

Krankheit

IPV – Stipendien

Unfall

KV

Wohnzuschuss

UV

FZ – FZ+ – ALVB – ALH – BH

Private und öffentliche Sozialhilfe

Menschenwürde – Armut

Die erste Sicherungsstufe sind die Sozialversicherungen. Sie alle schützen die
Bevölkerung, oder zumindest Teile davon, gegen spezifische, gesellschaftlich
anerkannte soziale Risiken. Die zweite Stufe bilden die kantonalen Sozialtransfers.
Diese können nicht mehr einem Risiko zugeordnet werden, sondern sie schützen
bestimmte Bevölkerungsgruppen vor zu tiefem Einkommen. Das letzte Netz der
sozialen Sicherheit ist die – in den meisten Fällen kommunal organisierte –
Sozialhilfe. Dank diesem Auffangnetz muss in der Schweiz niemand ein menschen-
unwürdiges Leben in Armut führen.

Darstellung: Caritas.

Die erste Stufe des Netzes der sozialen Sicherheit sind die Sozialversicherungen. Sie werden alle primär auf nationaler Ebene geregelt. Seit Oktober 2000 ist das **Bundesgesetz über den Allgemeinen Teil des Sozialversicherungsrechts (ATSG)** in Kraft, welches die Grundlagen aller verschiedenen Zweige zusammenfasst.

Die Alters- und Hinterbliebenenvorsorge

Das älteste Element der **Alters- und Hinterbliebenenvorsorge** ist die **Alters- und Hinterbliebenenversicherung (AHV)**. Nach mehr als 20 Jahren Anlaufzeit, der entsprechende Verfassungsartikel[4] wurde bereits 1925 gutgeheißen, trat sie 1948 in Kraft. Diese erste Säule soll den Versicherten im Alter den Rückzug aus dem Erwerbsleben ermöglichen und verhindern, dass Hinterlassene beim Tod des Ehepartners oder eines Elternteils in finanzielle Not geraten. Die «AHV-Renten sollen grundsätzlich den Existenzbedarf sichern».[5] Später wurde diese Säule durch eine zweite, die **Berufliche Vorsorge (BV)**, ergänzt, mit dem Ziel, den Pensionierten die Weiterführung des gewohnten Lebensstandards zu ermöglichen.[6] Zusammen sollten diese zwei Säulen ein Renteneinkommen von mindestens 60% des letzten Lohnes generieren, bei niedrigen Einkommen eine Ersatzquote von 80%.[7] Schließlich kam eine dritte Säule (die individuelle Vorsorge) für den Wunschbedarf hinzu. Diese wird hier nicht behandelt, da sie für die Armutsproblematik irrelevant ist.

Mittlerweile sind diese Zielsetzungen neu interpretiert worden. Die AHV allein kommt ihrem Auftrag der Existenzsicherung nicht nach. Deshalb wird heute die BV als Teil der Existenzsicherung im Alter interpretiert. Für einen Teil der Bevölkerung ist die AHV zur reinen Dekoration geworden, für den andern Teil ist sie nach wie vor Existenzgrundlage im Alter.[8] Heute weisen 27% der Altersrentnerinnen und -rentner ein Gesamteinkommen von unter 2000 Franken im Monat auf, 50% unter 3000 Franken. Für all diese Menschen machen die Leistungen der AHV und → EL 90 bis 95% des Einkommens aus. Die BV spielt in diesen Fällen eine zu vernachlässigende Rolle, da auf Grund des tiefen Lohneinkommens zu Erwerbszeiten nur ein beschränktes Alterskapital angespart werden konnte. Sogar bei einem monatlichen Renteneinkommen von 4000 Franken stammt erst ein Viertel aus der BV. Wirklich bedeutend wird diese erst ab einem Renteneinkommen von 5000 Franken und mehr. Die dritte Säule erlangt erst ab einem Einkommen von 9000 Franken Bedeutung.[9]

Die AHV

Alle in der Schweiz wohnenden und arbeitenden Menschen sind obligatorisch der AHV angeschlossen. Beitragspflichtig sind alle Personen vom 20. Geburtstag bis zum Erreichen des ordentlichen

4 Art. 112 der Bundesverfassung.

5 Art. 112 der Bundesverfassung.

6 Art. 113 der Bundesverfassung.

7 BSV, 2005b, S. 5.

8 Schmid Walter: Die Schweizerische Sozialpolitik von morgen. In: Caritas, 2001, S. 107–118.

9 SGB, 2005, S. 23.

Rentenalters (65 Jahre für Männer, 64 Jahre für Frauen). Erwerbstätige Jugendliche sind bereits ab dem 18. Geburtstag beitragspflichtig. Bei Erwerbstätigen wickelt der Arbeitgeber die Bezahlung der Beiträge automatisch ab. Der Beitragssatz beträgt 8,4 Lohnprozente und wird je hälftig von den Arbeitnehmenden und Arbeitgebenden berappt. Nichterwerbspersonen sind selbst dafür verantwortlich, den Minimalbeitrag von jährlich 425 Franken[10] zu zahlen, um Beitragslücken zu vermeiden.

Die wichtigsten Leistungen der AHV sind die Renten. Sie sind bei der kantonalen Ausgleichskasse zu beantragen. Deren Höhe wird durch zwei Faktoren bestimmt: Beitragsjahre und Durchschnittseinkommen. Anrecht auf eine Vollrente hat, wer ab dem 20. Altersjahr bis zum ordentlichen Rentenalter lückenlos alle Beiträge bezahlt hat. Eine **Beitragslücke**, das heißt eine Zeit, in welcher keine Beiträge entrichtet werden, führt zu einer Rentenkürzung von 2,3% pro Lückenjahr. Die minimale Vollrente pro Person beträgt aktuell 1075 Franken pro Monat, die maximale das doppelte, nämlich 2150 Franken.[11] Die Rente eines Ehepaars ist auf 150% der Maximalrente plafoniert.

Ein Rentenvorbezug von ein bis zwei Jahren ist mit entsprechend starken Kürzungen möglich. Ein Rentenaufschub von bis zu fünf Jahren führt zu einer leichten Erhöhung der Rente.

Neben den Altersrenten werden, wenn die Voraussetzungen erfüllt sind, Kinderrenten, Waisenrenten oder Witwen- respektive Witwerrenten ausbezahlt.

Ein weiteres wichtiges Element der AHV sind die **Hilflosenentschädigungen**. Als hilflos gilt eine Person, welche «für alltägliche Lebensverrichtungen wie Aufstehen, Ankleiden, Toilette, Essen etc. dauernd auf die Hilfe Dritter angewiesen ist, dauernder Pflege oder persönlicher Überwachung» bedarf. Dieser Anspruch ist unabhängig vom Einkommen und Vermögen der versicherten Person und hängt einzig vom Grad der Hilflosigkeit ab. Bei mittlerer Hilflosigkeit beträgt sie 538, bei schwerer 680 Franken.

Die AHV funktioniert nach dem **Umlageverfahren**. Dies bedeutet, dass die laufenden Renten direkt durch die monatlichen Prämieneinnahmen finanziert werden. Dieses Prinzip basiert auf dem Generationenvertrag, das heißt der intergenerationellen → Solidarität zwischen der aktiven Bevölkerung und der Bevölkerung im Ruhestand. Gleichzeitig funktioniert die Solidarität auch zwischen den verschiedenen Lohnklassen (die intragenerationelle Solidarität). Besser Verdienende entrichten mehr an Beiträgen als für die Finanzierung ihrer eigenen Rente nötig, während schlechter Verdienende überproportionale Leistungen beziehen. ■

Mit einem Mischindex aus Konsumentenpreisindex und Lohnindex werden die Renten alle zwei Jahre der Preis- und der Lohnentwicklung angepasst. Dadurch soll die ehemals erwerbstätige Bevölkerung wenigstens teilweise an der Steigerung der Produktivität beteiligt werden.

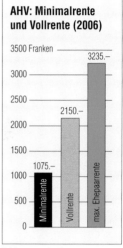

AHV: Minimalrente und Vollrente (2006)

3500 Franken — 3235.–
3000
2500 — 2150.–
2000
1500
1000 — 1075.–
500
0

Minimalrente · Vollrente · max. Ehepaarrente

Zahlen: www.ahv.ch.

CARITAS:

Die intragenerationelle Solidarität wird durch die unterschiedliche Lebenserwartung relativiert. Schlechter Verdienende aus unteren Schichten beziehen zwar im Vergleich zu ihren Beiträgen höhere Leistungen, tun dies aber auf Grund ihrer geringeren Lebenserwartung deutlich weniger lange (→ Kapitel 4, Armut und Gesundheit).

10 Stand 1.1.2006.
11 Stand 1.1.2006.

Die Berufliche Vorsorge (BV)

Die zweite Säule wurde 1985 mit dem Bundesgesetz über die Berufliche Vorsorge (BV) ins System aufgenommen und versichert dieselben Risiken wie die AHV. Sie wird von 8134 verschiedenen, meist privatrechtlichen Stiftungen oder Genossenschaften durchgeführt.[12] Diese können entweder nur den obligatorischen Versicherungsschutz gemäß BVG versichern oder zusätzlichen Schutz anbieten. Knapp 23% der Versicherten genießen eine weiter reichende Deckung, meist in Form eines Leistungsprimats.[13] Nachfolgende Ausführungen beschränken sich auf den obligatorischen Versicherungsschutz.

Das BVG-Obligatorium erstreckt sich auf alle Arbeitnehmenden, die mindestens 19 350 Franken im Jahr verdienen.[14] Für alle andern ist die Versicherung freiwillig. Bis zum Erreichen des 24. Altersjahres gilt die Versicherung nur für die Risiken Tod und Invalidität, erst dann wird zusätzlich Kapital für eine Altersrente angespart. Im Jahr 2000 waren mehr als 80% der 3,9 Millionen AHV-versicherten auch BVG-versichert.[15] Seit der Senkung der Eintrittsschwelle hat sich dieser Anteil weiter erhöht. Folglich nimmt der Anteil armer Menschen mit (wenn auch sehr geringer) BV zu. ■

Zur Berechnung der monatlichen Beiträge ist der **koordinierte Lohn** maßgebend. Dieser wird aus der Differenz zwischen dem Brutto-Jahreslohn und der maximalen einfachen AHV-Rente (22 575 Franken) errechnet. So wird eine Doppelversicherung des durch die AHV versicherten Lohns vermieden. Der minimale koordinierte Lohn beträgt 3225 Franken und alle kleineren Beträge werden entsprechend aufgerundet. Der maximal versicherbare Lohn beträgt vor **Koordinationsabzug** 77 400 Franken (300% der maximalen einfachen

12 Stand 2002 (BFS, 2004k, S. 33).

13 Beim Leistungsprimat werden die Leistungen im Voraus in Prozenten des versicherten Lohnes festgesetzt. Ausgehend davon werden die Beiträge berechnet. Beim Beitragsprimat hingegen werden die Leistungen durch die Höhe der geleisteten Beiträge bestimmt.

14 7/8 der minimalen AHV-Altersrente.

15 82,5% im Jahr 2000 (BSV, 2005b, S. 12).

AHV-Rente). Die monatlichen, mit zunehmendem Alter von 7 auf 18% steigenden Beiträge werden auf dem so koordinierten Lohn erhoben und müssen mindestens zur Hälfte durch den Arbeitgeber bezahlt werden.

Die Altersvorsorge der zweiten Säule basiert auf dem **Kapitaldeckungsverfahren**. Dabei spart jede versicherte Person ihr eigenes Altersguthaben auf einem individuellen Konto an, wo dieses zu wenigstens einem Mindestzins verzinst wird.[16] Bei Erreichen des Rentenalters wird das angesparte Kapital inklusive Zinsen mit einem **Umwandlungssatz** in eine jährliche Altersrente umgewandelt. Diese mathematische Prozedur soll sicherstellen, dass das angesparte Kapital über die ganzen zu erwartenden Pensionsjahre verteilt ausgeschüttet werden kann. Diese Jahre werden auf Grund der durchschnittlichen Lebenserwartung errechnet. Ein zu hoher Umwandlungssatz würde dazu führen, dass die Versicherungsgesellschaft bis zum Tod der Versicherten nicht alles ihr anvertraute Kapital ausschütten würde, ein zu tiefer dazu, dass dieses Kapital zur Deckung der Renten nicht ausreicht. Aktuell (2006) beträgt der Umwandlungssatz für ordentliche Neurenten 7,10% für Männer und 7,20% für Frauen, wird aber bis 2014 schrittweise auf 6,80% abgesenkt. Das heißt, die jährlichen Renten werden kleiner.[17]

Weiter deckt die BV die Risiken Invalidität oder Tod einer unterhaltspflichtigen Person ab, jedoch nur dann, wenn die Leistungen aus der → IV, der → UV und der → EO zusammen weniger als 90% des bisherigen Verdienstes ausmachen. Werden junge Menschen invalid, fallen die Renten (trotz Anrechnen hypothetischer Altersgutschriften) meist sehr gering aus.

Die Invalidenversicherung (IV)

Die **Invalidenversicherung (IV)** trat 1960 in Kraft. Invalidität ist definiert als «voraussichtlich bleibende oder längere Zeit dauernde ganze oder teilweise Erwerbsunfähigkeit».[18] Es handelt sich also um einen Gesundheitsschaden, egal ob als Folge eines Geburtsgebrechens, einer Krankheit oder eines Unfalles, der sich langfristig auf die Arbeitsfähigkeit auswirkt.

Der Geltungsbereich der IV ist derselbe wie jener der AHV. Der Beitrag von 1,4 Lohnprozent wird bei Arbeitnehmenden ebenfalls zur Hälfte durch den Arbeitgeber oder die Arbeitgeberin bezahlt. Ausländische Staatsangehörige sind nur dann versichert, wenn ihr ständiger Wohnsitz in der Schweiz ist und sie mindestens ein Jahr Beiträge bezahlt haben.

Die IV misst dem Motto «Eingliederung vor Rente» eine wichtige Bedeutung zu. Es soll zunächst versucht werden, mit gezielten Eingliederungsmaßnahmen die größtmögliche Unabhängigkeit der betroffenen Personen zu erreichen. Neben medizinischen Maßnahmen sieht das Gesetz Schulungs- und Umschulungsmaßnahmen, die

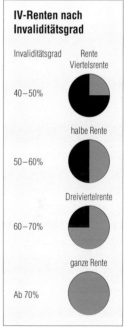

IV-Renten nach Invaliditätsgrad

Invaliditätsgrad	Rente
	Viertelsrente
40–50%	
	halbe Rente
50–60%	
	Dreiviertelrente
60–70%	
	ganze Rente
Ab 70%	

Zahlen: www.ahv.ch.

16 Aktuell 2,5%

17 Der Bundesrat wünscht, dass dieser Satz noch schneller und noch stärker gesenkt wird, und zwar auf 6,4% bis 2011

18 ATSG, Art. 8

Abgabe von Hilfsmitteln oder spezifische Arbeitsvermittlung vor. Wer an Wiedereingliederungsmaßnahmen teilnimmt, hat während dieser Zeit Anrecht auf ein Taggeld von 80% des versicherten Lohns. ■

Reine Geldleistungen werden erst in zweiter Linie gewährt und erst ab einer Erwerbsunfähigkeit von mindestens 40%. Es sind zwei Arten dieser Leistungen zu unterscheiden: Renten und Hilflosenentschädigungen.

Die Höhe der Basis-Rente wird analog zur AHV-Rente berechnet. Noch nicht geleistete Beitragsjahre junger Personen gelten nicht als Beitragslücken und führen folglich nicht zu Rentenkürzungen. Wird eine Person im Alter zwischen 25 und 45 Jahren invalid, wird auf deren versichertem Einkommen ein altersmäßig abgestufter «Karrierezuschlag» zwischen 5 und 100% dazugerechnet. Dieser Zuschlag soll die potenzielle Lohnentwicklung ohne Behinderung berücksichtigen.

Bei teilweiser Erwerbsunfähigkeit wird die so ermittelte Basisrente (100%) anhand des Invaliditätsgrades prozentual gekürzt. Dieser Grad wird auf Grund des Einkommensausfalls berechnet, das heißt, aus der Differenz des jetzt theoretisch möglichen Verdienstes (hypothetisches Einkommen) und des vor der Behinderung erzielten Einkommens. Bei einer 40-prozentigen Invalidität wird eine Viertelrente ausbezahlt, bei 50% eine halbe Rente und ab 70% eine volle. Um den Fehlbetrag bis zum vorherigen Verdienst (100%) abzudecken, müsste eine Teilzeitarbeit gefunden werden, was in der momentanen Situation nicht einfach ist. ■

Nicht in Heimen wohnhafte Personen, die dauernd auf Hilfe für alltägliche Verrichtungen angewiesen sind, erhalten → Hilflosenentschädigung ausbezahlt. Die Höhe dieser Leistung beträgt je nach Ausmaß der Hilflosigkeit 20, 50 oder 80% der AHV-Maximalrente (2150 Franken).

Der Leistungsanspruch an die IV erlischt generell mit dem Wegfall der Behinderung oder spätestens bei Eintreten von Leistungen aus der AHV.

GEPLANTE REVISIONEN

Die hoch verschuldete IV soll bereits zum fünften Mal revidiert werden. Die zentralen Punkte der 5. IV-Revision sind folgende:

► Mit dem Ziel, die Betroffenen im Erwerbsprozess halten zu können, sollen Fachstellen zur Früherfassung und Frühintervention von krankheitsbedingt arbeitsunfähigen Menschen eingerichtet werden.
► Neben Maßnahmen zur beruflichen Integration soll eine separate Kategorie sozialprofessioneller Maßnahmen eingeführt werden.
► Der Karrierezuschlag soll abgeschafft werden.
► Der Invaliditätsbegriff soll strenger definiert werden.
► Die Mindestbeitragsdauer für den Rentenanspruch soll auf drei Jahre erhöht und Renten sollen nicht mehr rückwirkend ausbezahlt werden.

FAZIT CARITAS:

Wenn es gelingt, schon früh Vereinbarungen zwischen den Betroffenen, den Arbeitgebern und der IV zu treffen und damit die Erwerbstätigkeit aufrecht zu erhalten, ist das grundsätzlich zu begrüßen. Dabei muss jedoch verhindert werden, dass Druck auf die Betroffenen ausgeübt wird, und dass sich ein «soziales Spitzeltum» zur Aussonderung weniger Leistungsfähiger breit macht.

Die Ergänzungsleistungen zu AHV/IV (EL)

Am 1.1.1966 wurden die **Ergänzungsleistungen (EL)** eingeführt. Sie werden dann ausbezahlt, wenn die AHV- oder IV-Renten zur Deckung der Lebenskosten nicht ausreichen. Auf diese →bedarfsabhängigen Leistungen besteht ein rechtlicher Anspruch.[19]

Die jährlichen Ergänzungsleistungen, welche monatlich ausbezahlt werden, machen 85% der Ausgaben dieses Versicherungszweigs aus, die restlichen 15% fallen unter die Rubrik «Vergütete Krankheits- oder Behinderungskosten».[20] Die Leistungen müssen schriftlich und unter Offenlegung der finanziellen Situation des Haushalts beantragt werden. Die Höhe der jährlichen Ergänzungsleistung wird aus der Differenz zwischen den vom Gesetz anerkannten Ausgaben und den anrechenbaren Einnahmen errechnet (→ Anspruchsgrenze für EL). Als Einkommen gelten alle Renteneinkommen und Versicherungsleistungen, Einkünfte aus Vermögen, der Eigenmietwert selbst bewohnter Liegenschaften, ein Teil des Erwerbseinkommens sowie des Vermögens, das bei Alleinstehenden 25 000 Franken und bei Paaren 40 000 Franken übersteigt.[21] In den meisten Kantonen werden selbst bewohnte Liegenschaften erst ab einem Wert von 75 000 Franken in die Berechnungen mit einbezogen.[22]

19 BSV, 2005a, S. 1.
20 BSV, 2005a, S. 59.
21 Normalerweise 1/10 bei AHV-Beziehenden, 1/15 bei IV-Beziehenden und 1/5 bei in Heimen wohnenden Personen.
22 Details zur EL-Berechnung online: www.ahv.ch/Home-D/allgemeines/ MEMENTOS/5.01-D.pdf.

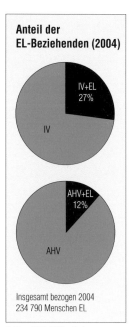

Anteil der EL-Beziehenden (2004)

IV+EL 27%

IV

AHV+EL 12%

AHV

Insgesamt bezogen 2004
234 790 Menschen EL

Zahlen: BSV, 2005a, S. 1.

23 Oft auf Grund fehlender Beitragsjahre oder unter der BV-Grenze liegender Löhne.

24 BSV, 2005a, S. 5.

25 BSV, 2005a, S. 13.

26 AVIG, Art. 1 Abs. 2.

Die ordentliche Minimalrente der AHV/IV ist mit 1075 Franken pro Monat in den seltensten Fällen existenzsichernd. Die erst seit 1985 obligatorische BV konnte ihre Wirkung bisher noch nicht voll entfalten und fehlt vor allem bei jenen Rentnerinnen und Rentnern, welche am meisten auf dieses zusätzliche Einkommen angewiesen wären.[23] Die Zahl der Berechtigten wird sich dank der Absenkung der Eintrittsschwelle auf 19 500 Franken in Zukunft zwar erhöhen, bis das System jedoch voll und ganz greift, werden noch einige Jahre vergehen und ärmere Rentnerinnen und Rentner werden weiterhin EL beantragen müssen.

Die Lage der IV-Rentnerinnen und -Rentnern ist oftmals prekärer als jene der Altersrentnerinnen und -rentner. Trotz zweiter Säule übersteigen die Ausgaben bei vielen Betroffenen deren Einnahmen (→ Kapitel 3, Krankheit, Unfall). Durch die Vergütung von Krankheits- und Behinderungskosten soll diesem Problem Abhilfe geschaffen werden. Diese Leistung kann bei Anfallen von Kosten, die weder durch die → Unfall- noch die → Krankenversicherung gedeckt werden, beantragt werden. In diesem Rahmen werden maximal 25 000 Franken für zu Hause und 6000 Franken für in Heimen oder Spitälern lebende Personen gewährt.

Ende 2004 bezogen 234 790 Personen EL, das sind 4,2% mehr als im Vorjahr und 131% mehr als 1993. Mit einem Zuwachs von zuletzt 7,7% sind die Bezüge in Ergänzung zur IV besonders stark gestiegen. Einerseits ist die Zahl der IV-Beziehenden gewachsen, andererseits beantragen diese auch häufiger EL. 1990 bezog ein Fünftel aller IV-Beziehenden EL, 2003 waren es bereits mehr als ein Viertel. Mit etwas mehr als einem Zehntel blieb der Anteil EL-beziehender Altersrentnerinnen und -rentner über die letzten Jahre relativ konstant.[24]

Die Höhe der EL wird stark durch die Wohnsituation bestimmt. Bei in Heimen lebenden Personen sind die Leistungen mit durchschnittlich 2111 Franken 2,6-mal höher als bei zu Hause lebenden. Daneben fällt auf, dass die Leistungen in Ergänzung zur IV systematisch höher ausfallen als jene zur AHV.[25]

Einmal mehr muss auf das Problem der → Nichtbezugsquote aufmerksam gemacht werden. Nicht alle Anspruchsberechtigten machen von ihrem Recht Gebrauch, und die Bezugsdichte unterscheidet sich von Region zu Region (→ Kapitel 2, Räumliche Unterschiede der Armut in der Schweiz). ■

Die Arbeitslosenversicherung (ALV)

Die am 1.1.1983 in Kraft getretene **Arbeitslosenversicherung** soll «drohende Arbeitslosigkeit verhüten, bestehende Arbeitslosigkeit bekämpfen und die rasche und dauerhafte Eingliederung in den Arbeitsmarkt fördern.»[26] Sie garantiert den Versicherten einen angemessenen Ersatz für Erwerbsausfälle infolge → Arbeitslosigkeit, Kurzarbeit, schlechtem Wetter oder Zahlungsunfähigkeit des Arbeitgebers.

Das ALV-Obligatorium erstreckt sich auf die unselbständig erwerbende, AHV-pflichtige Bevölkerung, auch während eines unfall- oder krankheitsbedingten Arbeitsunterbruchs. → Nichterwerbspersonen und Selbständigerwerbende sind von der Versicherungsdeckung ausgeschlossen. Personen in Aus- und Weiterbildung sind zwar von der Beitragspflicht befreit, aber dennoch versichert.

Um **Arbeitslosenentschädigung (ALE)** zu erlangen, haben die Versicherten weitere Bedingungen zu erfüllen. Zuerst müssen sie sich zwecks Arbeitsvermittlung bei der Regionalen Arbeitsvermittlung (RAV) melden. Danach wird abgeklärt, ob die betroffene Person innerhalb der letzten zwei Jahre **(Rahmenfrist)** während mindestens zwölf Monaten ALV-Beiträge geleistet hat.[27] Vor dem 20. Geburtstag geleistete Arbeitszeit, für Militär- oder Zivildienst aufgewendete Zeit sowie die Zeit eines krankheits- oder unfallbedingten Lohnausfalls gelten als Beitragszeit.

Weiter wird die **Vermittlungsfähigkeit** der Person geprüft. Als vermittlungsfähig gilt, wer eine zumutbare Arbeit annehmen und an Eingliederungsmaßnahmen teilnehmen kann. Schließlich ist die betroffene Person verpflichtet, eine zumutbare Arbeit zu suchen und die diesbezüglichen Bemühungen anlässlich regelmäßiger Besuche beim RAV vorzuweisen (Kontrollvorschriften). Über die **Zumutbarkeit** einer Arbeit wird häufig debattiert. Als unzumutbar gilt eine Arbeit grundsätzlich dann, wenn sie nicht angemessen auf Fähigkeiten, Alter, Gesundheitszustand und Wohnbedingungen der versicherten Person Rücksicht nimmt, die Arbeitsbedingungen → prekär sind oder der Lohn tiefer als die ALE liegt.

Sind all diese Bedingungen erfüllt, werden innerhalb einer Rahmenfrist von zwei Jahren ALE in Form von Taggeldern ausbezahlt. Diese Taggelder sind normalerweise auf 400 Tage begrenzt, sofern während mindestens zwölf Monaten Beiträge bezahlt wurden. Wer älter als 55 Jahre ist und für mindestens 18 Monate Beiträge bezahlt hat, erlangt maximal 520 Taggelder. Für Arbeitnehmende, welche in den letzten vier Jahren vor Erreichen des AHV-Rentenalters arbeitslos werden, hat der Bundesrat die Taggelder um weitere 120 Tage verlängert. Von der Beitragszeit befreite Personen müssen mit höchstens 260 Taggeldern auskommen, dabei gilt für Jugendliche, welche direkt nach der Schule arbeitslos werden, eine Wartefrist von 120 Tagen nach Anmeldung bei der Arbeitslosenkasse.

Die Höhe der Taggelder beläuft sich normalerweise auf 70% des versicherten Verdienstes, wobei dieser bei 8900 Franken plafoniert ist. Hat die betroffene Person Unterhaltspflichten zu erfüllen, ist sie invalid oder hat sie vor der Arbeitslosigkeit höchstens 3797 Franken[28] verdient, so besteht ein Anspruch auf 80% des versicherten Verdienstes. Von der Beitragspflicht befreiten Personen wird 80% einer Pauschale (je nach Ausbildung und Alter zwischen 40 und 153 Franken) ausbezahlt.[29] Bei Personen unter 25 Jahren, sofern sie keine Unterhaltspflichten haben,

27 Kann für Personen mit Betreuungsaufgaben verlängert werden.

28 Stand 2006. RAV, 2005.

29 Stand 2006. RAV, 2005.

wird diese Pauschale nochmals um die Hälfte gekürzt und beträgt im schlechtesten Fall noch 16 Franken. Zur Existenzsicherung reichen die ALE folglich nicht immer aus. 7,6% der Fälle der Sozialhilfe im Kanton Zürich beziehen Sozialhilfe in Ergänzung zu den ALE.[30]

Neben den ALE erbringt die ALV finanzielle Leistungen für «arbeitsmarktliche Maßnahmen zu Gunsten von versicherten Personen und von Personen, die von Arbeitslosigkeit bedroht sind.» Diese Maßnahmen sollen die → Integration der Versicherten fördern, deren Vermittlungsfähigkeit verbessern sowie eine Langzeitarbeitslosigkeit verhindern. Während der Teilnahme an solchen Maßnahmen werden ebenfalls Taggelder ausbezahlt.

Wer nach Ablauf der zweijährigen Rahmenfrist für den Leistungsbezug oder nach Ausschöpfen der Taggelder noch keine Stelle gefunden hat, wird → ausgesteuert. Der Versicherungsschutz und der Leistungsanspruch werden sistiert.

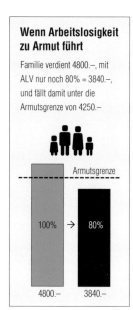

Wenn Arbeitslosigkeit zu Armut führt

Familie verdient 4800.–, mit ALV nur noch 80% = 3840.–, und fällt damit unter die Armutsgrenze von 4250.–

Armutsgrenze

100% → 80%

4800.– 3840.–

Darstellung: Caritas.

ANSTEHENDE REVISIONEN:

SP und Grüne fordern die Erhöhung des Beitragssatzes 2 auf 2,5 Lohnprozente, bürgerliche Kreise fordern eine Reduktion der Leistungen. Seit Januar ist eine vom Bund eingesetzte Expertengruppe mit der Ausarbeitung von Sanierungsvorschlägen beschäftigt.

FAZIT CARITAS:

Die lang andauernde hohe Arbeitslosigkeit führt bei der ALV erneut zu Defiziten in Milliardenhöhe. In der geplanten Sanierung darf es nicht zu weiteren Leistungseinschränkungen kommen. Im Vordergrund muss die Wiedereinführung des Solidaritätsbeitrags von einem Prozent auf höhere Einkommen stehen.

Die obligatorische Unfallversicherung (UV)

Die 1984 in Kraft getretene obligatorische Unfallversicherung ist eine «Personenversicherung, welche sich mit den wirtschaftlichen Folgen von Berufsunfällen, Nichtberufsunfällen und Berufskrankheiten befasst. Mit ihren Leistungen hilft sie, den Schaden wieder gutzumachen, der bezüglich Gesundheit und Erwerbstätigkeit entsteht, wenn die Versicherten verunfallen oder beruflich erkranken.»[31]

Alle Angestellten in der Schweiz sind durch ihren Arbeitgeber obligatorisch gegen **Betriebsunfälle (BU)** und Betriebskrankheiten versichert. In Produktionsbetrieben geschieht dies meist bei der SUVA. Wer mindestens acht Stunden pro Woche in einem Betrieb arbeitet, ist zusätzlich gegen **Nichtbetriebsunfälle (NBU)**, also Unfälle, die sich zu Hause oder in der Freizeit ereignen, versichert. Die Prämien für die BU gehen zu Lasten der Arbeitgebenden, Prämien für NBU zu Lasten der Arbeitnehmenden. Selbständigerwerbende können sich freiwillig versichern oder müssen, wie nicht erwerbstätige Personen, das Unfallrisiko über die Krankenkasse versichern. Auf Grund der

30 BFS, 2005c, S. 104.
31 Zitat stammt von der Homepage des BAG: www.bag.admin.ch.

Selbstbehalte und Franchisen ist diese Lösung wesentlich ungünstiger (→ Unfall, Krankheit).

Die Versicherung deckt in erster Linie die Kosten für die medizinische Diagnose und Behandlung. In zweiter Linie folgen Geldleistungen. Ist eine versicherte Person infolge eines Unfalls voll oder teilweise arbeitsunfähig, so hat sie ab dem dritten Tag nach dem Unfall Anspruch auf ein Taggeld von 80% des versicherten Lohns. Ist die versicherte Person trotz ärztlicher Behandlung und Eingliederungsmaßnahmen der IV längerfristig oder bleibend in ihrer Erwerbstätigkeit beeinträchtigt, wird das Taggeld durch eine Invalidenrente ersetzt. Hat die versicherte Person Anspruch auf eine AHV- oder IV- Rente, gewährt die UV eine Komplementärrente.

Bewirkt ein versichertes Ereignis «eine dauernde erhebliche Schädigung der körperlichen oder geistigen Integrität» (beispielsweise durch den Verlust eines Organs), besteht Anspruch auf eine Integritätsentschädigung. Die Höhe dieser Kapitalleistung hängt vom Ausmaß des Schadens ab. Weiter werden, wie bei der IV, Hilflosenentschädigungen an dauernd auf Hilfe Dritter angewiesene Personen ausbezahlt.

Schließlich haben die Angehörigen bei einem Unfalltod der versicherten Person Anspruch auf Hinterlassenenrenten. Überlebende Ehegatten erhalten eine Rente in der Höhe von 40% des versicherten Verdienstes, hinterlassene Halbwaisen 15% und Vollwaisen 25%, zusammen jedoch maximal 70%. Sofern eine Unterhaltspflicht bestand, erhalten geschiedene Hinterlassene eine Rente von 20%. Beim Zusammenfall mit einer Hinterlassenenrente der IV oder AHV zahlt die Unfallversicherung eine Komplementärrente.

Die Krankenversicherung (KV)

Die **Krankenversicherung (KV)** ist die jüngste unter den Sozialversicherungen. Das allgemeine Obligatorium wurde im Dezember 1994 in einer Volksabstimmung gutgeheißen und trat per 1.1.1996 in Kraft. Seither muss jede in der Schweiz wohnhafte Person innerhalb von drei Monaten eine KV bei einer der 94 vom Bundesamt für Gesundheit (BAG) anerkannten **Krankenkassen** abschließen. Diese Maßnahme garantiert den Zugang aller zu den Leistungen des Gesundheitssystems, mit Ausnahme zahnärztlicher Behandlungen. Dies fehlt zum Beispiel in den USA, wo sich viele kranke Menschen die nötigen Behandlungen nicht leisten können.

Die obligatorische Grundversicherung deckt die Diagnose und Behandlungskosten bei Krankheit. Nicht UVG-versicherte Personen (Kinder, Nichterwerbspersonen und teilweise selbständig Erwerbende) müssen diese Leistungen ebenfalls für den Fall eines Unfalls über diese Versicherung abdecken. Die Grundversicherung gemäß KVG sieht jedoch keine Geldleistungen in Form von Krankentaggeldern oder Renten vor (→ Kapitel 3, Unfall, Krankheit).

Die Prämientarife werden von jeder Krankenkasse separat festgelegt, müssen aber vom Bundesamt für Gesundheit (BAG) genehmigt werden. Da innerhalb der Grundversicherung ein fixer Leistungskatalog besteht, an welchen sich die Krankenversicherer zu halten haben, basiert die Konkurrenz zwischen den Kassen vornehmlich auf den Prämientarifen. Ihnen steht frei, Prämienabstufungen nach Wohnort vorzusehen, sofern diese durch nachweisliche Kostenunterschiede gerechtfertigt sind. Kindern und Jugendlichen bis 18 Jahre muss ein günstigerer Tarif angeboten werden.

Neben der freien Kassenwahl haben die Versicherten weitere Möglichkeiten, die Versicherung den jeweiligen Bedürfnissen anzupassen. Die hohe Prämienbelastung kann reduziert werden, indem eine höhere Franchise (Standard 500 Franken für Erwachsene, 100 Franken für Kinder) vereinbart wird oder eine Einschränkung in der Wahl der Leistungserbringer in Kauf genommen wird (HMO-/Hausarztmodell). Wer einen umfassenderen Schutz wünscht (und die entsprechende Prämienerhöhung verkraften kann), hat die Möglichkeit, Zusatzversicherungen abzuschließen. Im Bereich dieser nicht sozialen Zusätze haben die Versicherer relativ freie Hand und können sogar Antragsteller ablehnen. Zusatzversicherungen bergen die Gefahr einer Zweiklassenmedizin.

GEPLANTE REVISIONEN:

Zehn Jahre nach der Einführung des KVG steht bereits dessen dritte Revision an. Deren Kernpunkte bezüglich der Armutsproblematik sind folgende:

► Der Leistungskatalog in der Grundversicherung soll reduziert werden.
► Die Kostenbeteiligung der Versicherten soll neu geregelt werden.
► Die Prämienverbilligungen sollen neu geregelt werden (→ IPV).

FAZIT CARITAS:

Durch das Einschränken des Leistungskatalogs in der Grundversicherung wird die Tendenz hin zu einer Zweiklassenmedizin weiter verstärkt. Weiter birgt die Kombination einkommensunabhängiger Kopfprämien mit steten Prämienerhöhungen ein beträchtliches Armutsrisiko für die unteren sozialen Schichten. Hinzu kommt die immer stärkere Belastung durch Selbstbehalte und Franchisen.

Die Erwerbsersatzordnung für Dienstleistende und bei Mutterschaft (EO)

Die während dem zweiten Weltkrieg gegründete und im 1953 in Kraft getretene **Erwerbsersatzordnung (EO)** für Dienstleistende kompensiert den Verdienstausfall während der Dienstzeit in Armee und Zivilschutz sowie während Leiterkursen für «Jugend + Sport» und Jungschützen. Auf Grund der relativ kurzen Dauer der versicherten Ereignisse kam der EO bisher keine große Bedeutung zu. Mit der Erweiterung per 1.7.2005 auf die **Mutterschaft** erhält die Versicherung eine neue Dimension.[32]

Die Kosten für diese Versicherung trägt die gesamte Bevölkerung im erwerbsfähigen Alter, unabhängig davon, ob sie zum potenziellen Kreis der Leistungsbeziehenden gehört. Die Beiträge von 0,3 Lohnprozenten werden zusammen mit jenen für AHV und IV bezahlt.

Als Grundleistung wird pro Diensttag ein Sold ausbezahlt. Dieser beträgt 80% des versicherten Lohns, mindestens aber 54 und höchstens 172 Franken.

Frauen haben ab dem Tag der Geburt ihres Kindes während 98 Tagen Anspruch auf eine Mutterschaftsentschädigung, analog zum Sold für Dienstleistende. Voraussetzung für diese Leistung ist jedoch, dass die Mutter in den letzten neun Monaten vor Niederkunft Beiträge bezahlt hat und während mindestens fünf Monaten erwerbstätig war. Bisher war die EO die einzige Sozialversicherung mit stabilen und teilweise sogar sinkenden Ausgaben. Im Jahr 2003 erreichte sie einen Ertragsüberschuss von 229 Millionen Franken und verfügt somit über Reserven von 2,3 Milliarden Franken. Die Situation wird sich infolge der Neuorientierung ändern. ■

Soziale Sicherheit für Landwirte: Familienzulagen und Direktzahlungen

Die Landwirtschaft genießt in der Schweiz verfassungsmäßigen Schutz wie kein anderer Wirtschaftszweig. Damit sie die ihr anvertrauten multifunktionalen Aufgaben der Bevölkerungsversorgung, der Erhaltung der natürlichen Lebensgrundlagen, der Pflege der Kulturlandschaft sowie der dezentralen Besiedlung wahrnehmen kann, muss der Berufsstand der Bauern geschützt werden. Auch vor Armut. Artikel 104 der Bundesverfassung sieht vor, dass der Bund, «ergänzend zur zumutbaren Selbsthilfe der Landwirtschaft und nötigenfalls abweichend vom Grundsatz der Wirtschaftsfreiheit ... die bodenbewirtschaftenden bäuerlichen Betriebe» fördert. Konkret soll er, wie Absatz 3 a. vorschreibt, «das bäuerliche Einkommen durch **Direktzahlungen** zur Erzielung eines angemessenen Entgelts für die erbrachten Leistungen, unter der Voraussetzung eines ökologischen Leistungsnachweises» ergänzen. Die so definierte Unterstützung der Landwirte durch den Bund kann insofern als sozialpolitisches Instrument angesehen werden, als es ganz bewusst eine armutsverhindernde Wirkung hat. Dafür werden jährlich etwa 2,5 Milliarden Franken aufgewendet.[33]

Gestützt auf denselben Artikel wurde 1953 das Gesetz über die **Familienzulagen in der Landwirtschaft (FLG)** erlassen. So werden heute neben den Direktzahlungen auch Familienzulagen vom Bund organisiert und mehrheitlich finanziert. Es handelt sich bisher um die einzigen Familienzulagen, welche eidgenössisch geregelt und somit harmonisiert sind. Die Aufwendungen für diese Zulagen beliefen sich 2003 auf 128,7 Millionen Franken.[34]

CARITAS:

Die Mutterschaftsbeiträge sind als politischer Kompromiss auf 98 Tage beschränkt. Viele betriebliche und kantonale Mutterschaftsversicherungen boten bisher großzügigere Leistungen an. Es ist zu befürchten, dass diese nun nach unten angepasst werden.

32 Vor Eintreten dieser Neuerung kannten knapp die Hälfte der Kantone eine Form von Mutterschaftsgeldern.

33 Bühl, 2004, S. 21.

34 online: www.bfs.admin.ch, 13 Soziale Sicherheit.

Das Gesetz sieht zwei Arten von Zulagen vor: Kinderzulagen und Haushaltszulagen. Anspruch auf Kinderzulagen haben alle arbeitnehmenden Eltern (auch wenn deren Kinder im Ausland leben) sowie selbständige haupt- und nebenberufliche Kleinbauern, Älpler und Berufsfischer (sofern deren Jahreseinkommen 30 000 Franken plus 5000 Franken pro Kind nicht übersteigt). Die Kinderzulagen belaufen sich auf 175 Franken pro Kind und Monat im Talgebiet und 195 Franken im Berggebiet. Ab dem dritten Kind werden sie um fünf Franken angehoben.[35] Die Haushaltzulagen von monatlich 100 Franken werden ausschließlich an Arbeitnehmende ausbezahlt. Ende 2002 profitierten 20 347 hauptberufliche Kleinbauern, knapp die Hälfte davon Bergbauern, und 7102 landwirtschaftliche Arbeitnehmer von entsprechenden Zulagen.

Direktzahlungen in der Landwirtschaft sind also eine Form bedarfsunabhängiger Sozialhilfe auf nationaler Ebene, die Familienzulagen in der Landwirtschaft eine Form bedarfsabhängiger, da sie nur bis zu einem bestimmten Einkommen ausbezahlt werden. Beide haben sie zum Ziel, Armut unter den Bauern zu vermeiden.

35 Stand 1.1.2006. FLG, Verordnung
   vom 9.11.05.

2003 haben die Kantone mit 13,760 Milliarden Franken knapp ein Zehntel der Gesamtausgaben für die soziale Sicherheit bestritten.[36] Davon wurden 6,304 Milliarden für die im kantonalen Ressort stehenden →bedarfsabhängigen Leistungen und 4,648 Milliarden für Familienzulagen verwendet.[37] Diese Leistungen haben eine armutsvermindernde Wirkung. Ohne sie wären viel mehr Menschen auf Sozialhilfe angewiesen. Würde man beispielsweise die Stipendien abschaffen, müsste ein Großteil des aktuellen Empfängerkreises Sozialhilfe beantragen.

Den Kantonen stehen grundsätzlich zwei gegensätzliche strategische Optionen zur Auswahl: Entweder sie gestalten die kantonalen Sozialtransfers möglichst großzügig und reduzieren so die Zahl der Sozialhilfebeziehenden, oder sie streichen diese Transfers und nehmen dafür größere Ausgaben für die Sozialhilfe in Kauf. Natürlich gibt es viele Varianten, die zwischen diesen beiden Radikallösungen liegen.

Der Katalog der angebotenen Leistungen, die Anspruchsvoraussetzungen wie auch die konkrete Höhe und Dauer der Unterstützungsleistungen variieren von Kanton zu Kanton. Das in diesem Kapitel präsentierte Inventar umfasst die wichtigsten Angebote.[38]

Daneben zahlen die Kantone die bedarfsunabhängigen Familienzulagen (mit Ausnahme der dem Bund unterstellten Familienzulagen in der Landwirtschaft) aus. Diese Leistungen werden von den Arbeitgebern finanziert.

Bedarfsabhängige Leistungen der Kantone

Individuelle Prämienverbilligung (IPV)

Das KVG schreibt den Kantonen vor, die Prämien der wirtschaftlich schwächeren Bevölkerung mittels **individueller Prämienverbilligung (IPV)** zu subventionieren. Dabei unterstützt der Bund die Kantone proportional zu deren Finanzkraft und Einwohnerzahl. Die Kantone müssen die ihnen zur Verfügung gestellten Bundesmittel mit einem gleichen Anteil kantonaler Mittel ergänzen. Doch sind sie nicht verpflichtet, die Bundesbeiträge vollumfänglich abzuholen, was 2004 15 Kantone nutzten, um ihre eigenen finanziellen Ressourcen zu schonen.

Der Subventionsbeitrag des Bundes betrug 2004 gut drei Milliarden Franken. Damit wurden die Prämien von einem Drittel der Schweizer Bevölkerung vergünstigt, und zwar um durchschnittlich 5,9% des verfügbaren Haushaltseinkommens (gegenüber 3,5% 1998).[39]

Die Ermittlung der Bezugsberechtigten verläuft in jedem Kanton etwas anders, wobei sich zwei Grundmodelle herauskristallisieren: Beim **Selbstbehaltmodell** dürfen die Prämien einen gewissen Teil des verfügbaren Einkommens nicht über- oder unterschreiten, das

36 Inklusive Beiträge an die vom Bund organisierten Sozialversicherungen. BFS, 2005a, S. 12.

37 Ohne Kosten für Asylwesen und Beiträge an private Hilfsaktionen.

38 BFS, 2002a.

39 Interface, 2005a.

Stufenmodell setzt fixe Einkommensstufen fest, ab welchen ein wiederum fixer Subventionsbetrag fällig wird.

Analysen zeigen, dass die Wirkung der IPV von Kanton zu Kanton und von Bevölkerungsgruppe zu Bevölkerungsgruppe verschieden ist. Alleinerziehende, Großfamilien und der Mittelstand profitieren am meisten, Rentnerinnen und Rentner am wenigsten. 1998 betrug die durchschnittliche Belastung in der Schweiz 5,6% des verfügbaren Haushaltseinkommens.[40] Danach stieg sie bis 2004 auf 7,4% an und liegt in 16 Kantonen sogar über dem 1991 diskutieren Sozialziel von 8%.

Prämienbelastung nimmt zu

Anteil der Krankenkassenprämien am verfügbaren Haushaltseinkommen

5.6% 1998
7.4% 2004

Zahlen: Interface, 2005a.

ABSEHBARE ÄNDERUNGEN:

Die Subventionspraxis wird per 1.1.2008, mit dem In-Kraft-Treten des Neuen Finanzausgleichs (NFA), ändern. Ab diesem Datum unterstützt der Bund 30% der Bevölkerung mit 25% der Bruttokosten der Prämien für die obligatorische Grundversicherung. Die Bundesbeiträge werden nach Einwohnerzahl auf die Kantone verteilt.

FAZIT CARITAS:

Die IPV schützen die sozial schwache Bevölkerung noch ungenügend vor durch hohe Gesundheitskosten verursachter Armut. Deshalb müssen sie weiter ausgebaut und anhand eines verbindlichen Sozialziels laufend auf ihre Wirksamkeit geprüft werden. Der Vorschlag des Bundesrats, die KV-Prämien auf zwischen 2 und 12% (abgestuft nach Einkommen und Vermögen) des Haushaltseinkommens zu beschränken, zielt in die richtige Richtung.[41] Weiter sollten die Familien von Kinderprämien befreit werden.

Stipendien

Basierend auf dem Bundesgesetz für Ausbildungsbeihilfen (StipG) werden in allen Kantonen Beiträge an die Ausbildungs- und Lebenshaltungskosten während der beruflichen Aus- und Weiterbildung gewährt.[42] Sie werden in Form von nicht rückzahlpflichtigen **Stipendien** (meist im Falle von Erstausbildungen) oder in Form von Studiendarlehen (bei Zweitausbildungen) ausbezahlt. Ein Teil der Kantone richtet auch im Falle einer Umschulung oder einer Zweitausbildung Unterstützungsbeiträge aus.

Die Gesamtausgaben von Bund und Kantonen sind in diesem Bereich in den letzten Jahren zurückgegangen. 1996 wurden 287 Millionen Franken Stipendien und Darlehen gewährt, im Jahr 2002 noch 272 Millionen.[43] Der Bund beteiligt sich, je nach Finanzkraft des Kantons, mit zwischen 16 und 48% (durchschnittlich 30%) der kantonalen Ausgaben.

Der finanziellen Situation der Antragstellenden wird in allen Kantonen Rechnung getragen. In den meisten Gesetzen ist verankert, dass sich die Behörden bei der Anspruchsbemessung «auf

40 Interface, 2005a, S. 25.

41 Botschaften des Bundesrates Nr. 04.031 und Nr. 04.033. Siehe auch Wächter, 2004, S. 46–47.

42 Beschränkt auf stipendienrechtlich anerkannte Schulen und Anstalten.

43 online: www.sbf.admin.ch/htm/ bildung/stipendien/stip-kant-d.html.

eine der gebräuchlichen Anspruchsgrenzen» zu berufen haben. Im Kanton Zürich wird dabei explizit auf den → Notbedarf gemäß Betreibungsamt verwiesen und die Grenze somit sehr tief angesetzt. Neben der Eigenleistung der Antrag stellenden Person wird auch jene der unterstützungspflichtigen Personen mit einbezogen. Die elterliche Unterstützungspflicht wird jedoch verschieden aufgefasst: Im Kanton Luzern endet sie beispielsweise mit dem Erreichen des 25. Lebensjahrs der Kinder, im benachbarten Uri hingegen gilt sie unbeschränkt.

ABSEHBARE ÄNDERUNGEN:	**FAZIT CARITAS:**
Per 1.1.2008, mit dem Inkrafttreten des Neuen Finanzausgleichs (NFA) beteiligt sich der Bund noch mit fixen 30% an den kantonalen Stipendienausgaben für die → tertiäre Bildungsstufe. Seine Ausgaben werden voraussichtlich von heute knapp 90 Millionen Franken auf 25 Millionen sinken.[44]	Dieser Systemwechsel birgt die Gefahr, dass das Stipendienvolumen markant absinkt, da die Kantone die Reduktion der Bundesbeiträge nicht kompensieren. Stipendien sind jedoch nötig, um die Chancengleichheit in der höheren Bildung zu gewährleisten.

Unterhaltszuschüsse an Familien mit Kindern

Die Kantone Genf, Wallis, Freiburg und Tessin kennen das Instrument der finanziellen Unterstützung von Familien. Während sie in Freiburg nur an Personen ohne Erwerbsarbeit ausbezahlt werden, richten sie sich in Genf an «bedürftige» Familien. Im Wallis und im Tessin gelten sie explizit für Familien «in bescheidenen Verhältnissen».

Der Kreis der Bezugsberechtigten wird (außer in Freiburg) analog zur Ermittlung der → EL-Berechtigten bestimmt, wobei in Genf die anderthalbfache EL-Grenze maßgebend ist. Die Höhe der geleisteten Unterstützung hängt von der Kinderzahl ab und ist in jedem der vier Kantone verschieden.

Kleinkinder- oder Mutterschaftsbeiträge

Neben der per 1.7.2005 in Kraft getretenen Mutterschaftsversicherung (→ EO) zahlen vierzehn Kantone zusätzliche Bedarfsleistungen an Familien aus.[45] Die von den Kantonen finanzierten Leistungen werden während sechs bis 36 Monaten nach Niederkunft ausbezahlt. Die Bezugsberechtigung hängt von der Höhe des Haushaltseinkommens ab. Die konkreten Leistungen variieren zwischen 276 (Glarus) und 769 (Waadt) für die ersten beiden Kinder. Für das Dritte und alle weiteren Kinder nimmt der Betrag ab oder bleibt gleich. ■

Arbeitslosenhilfe

Acht Kantone zahlen **Arbeitslosenhilfe** an → ausgesteuerte Personen aus. Jeder Kanton kennt andere Voraussetzungen für die Anspruchs-

44 Cortesi, 2003.

45 Zwölf gemäß BSV, nämlich ZH, LU, GL, ZH, FR, SH, SG, GR, AG, TI, VD, NE (BSV, 2005d) plus GE und VS gemäß BFS (BFS, 2002a).

berechtigung, so zum Beispiel die finanzielle Situation, die Teilnahme an Integrationsprojekten oder die aktive Arbeitssuche. Entsprechend verschieden gestaltet sich die Berechnung der Höhe. Einige Kantone zahlen 80 oder 90% des letzten ALV-Taggeldes aus, andere legen ein fixes Taggeld fest und die restlichen Kantone berechnen ein nötiges Minimaleinkommen. Im Kanton Schaffhausen ist die Auszahlung auf maximal 150 Tage limitiert.[46]

Individuelle Wohnkostenzuschüsse

Die beiden Basel, Genf und Waadt richten Wohnkostenzuschüsse an Personen aus bescheiden Verhältnissen aus. In Baselland geschieht dies ausdrücklich, um Fürsorgeabhängigkeit zu vermeiden. Der Anspruch und die Höhe des Beitrages wird meist auf Grund einer tragbaren → Mietzinsbelastung errechnet. Im Kanton Genf liegt diese tragbare Belastung je nach Größe und Belegung des Mietobjekts bei 20 bis 26% des Einkommens.

Beihilfen zur häuslichen Pflege

Der Kanton Tessin unterstützt AHV- und IV-Rentnerinnen und -Rentner in finanziell schwierigen Situationen mit Beihilfen an die häusliche Pflege, sofern diese nötig ist. Daneben werden alters- oder invaliditätsbedingte Umbauten am Haus mitfinanziert. Die Beiträge sind auf 50 000 Franken limitiert.

Alimentenbevorschussung (ALVB)

Die Artikel 290 und 293 des ZGB schreiben vor, dass alle Kantone eine **Alimentenbevorschussung (ALVB)** anzubieten haben, wobei die genaue Ausgestaltung in deren Kompetenz liegt. Eine restriktive Handhabung geht zu Lasten der Sozialhilfe. In den Kantonen Bern und Genf ist die Bezugsberechtigung explizit nicht an Einkommen und Vermögen der obhutsberechtigten Person oder des Kindes geknüpft. Die meisten Kantone bestimmen jedoch, dass «unterhaltsberechtigten Kindern Unterhaltsbeiträge bevorschusst werden, wenn der unterhaltspflichtige Elternteil seiner Unterhaltspflicht nicht, nur teilweise oder nicht rechtzeitig nachkommt, und wenn Einkommen und Vermögen des obhutsberechtigten Elternteils unter einer bestimmten Grenze liegen.»[47] Diese Grenzen sind sehr unterschiedlich angelegt. In einigen Kantonen kommt die → Anspruchsgrenze für EL zur Anwendung.[48]

Viele Kantone kennen weitere Einschränkungen. In 13 wird beispielsweise keine Bevorschussung ausbezahlt, wenn «der Unterhalt des Kindes anderweitig gesichert werden kann». Der Kanton Appenzell Innerrhoden verfügt, dass entweder Kind oder Mutter Schweizer Bürger sein müssen oder dass der Vater über eine Aufenthaltsbewilligung verfügt. Baselland hält fest, dass ausländische Kinder nur anspruchsberechtigt sind, solange der Vater in der Schweiz weilt.

46 TI, GE, JU, VD, NE, SH, UR, ZG (BFS, 2002a).
47 BFS, 2002a.
48 AI, AR, SZ, TG.

Für die Höhe der ausbezahlten Beträge ist in erster Linie das Scheidungsurteil maßgebend. Viele Kantone kennen jedoch eine Obergrenze für die Vorschüsse, wobei diese oftmals der (indexierten) einfachen Waisenrente gemäß AHV/IV entspricht.

Auch die Finanzierung der Vorschüsse ist nicht einheitlich geregelt. Teils gehen die Kosten zu Lasten des Kantons (wie zum Beispiel in Appenzell Innerrhoden), teils zu Lasten der Gemeinden (wie in Luzern oder St. Gallen) und teils werden sie gemeinsam getragen (wie zum Beispiel in Schaffhausen).

Im Kanton Zürich wurden 2003 0,9% der Kantonsbevölkerung mit ALVB unterstützt. In 11% der Fälle konnte ein zusätzlicher Sozialhilfebezug durch diese Unterstützung nicht verhindert werden. Total wurden in diesem einen Kanton knapp 3,2 Millionen Franken für dieses Instrument der Armutsprävention ausgegeben.[49]

Bedarfsunabhängige Leistungen der Kantone

Kinder- oder Familienzulagen (FZ)

Neben der gesamtschweizerischen Lösung der → Familienzulagen in der Landwirtschaft gibt es weitere kantonal geregelte **Familienzulagen (FZ)**, in den meisten Fällen Kinderzulagen. 2002 wurden dadurch 4,5 Milliarden Franken umverteilt. Die Finanzierung erfolgt ausschließlich über Arbeitgeberbeiträge, in der Regel zwischen 1,5% und 2,0% der Lohnsumme, und Zinsen. Organisiert wird der Transfer durch mehr als 800 private und kantonale Familienausgleichskassen.

FZ sind in der Regel nicht → bedarfsabhängig, da die Auszahlung unabhängig von der finanziellen Situation der Eltern erfolgt. Der Anspruch hängt jedoch meist vom Anstellungsverhältnis der Eltern ab. Heute wird noch nicht generell für jedes Kind eine Zulage ausgerichtet. Alle Kantone kennen FZ für Arbeitnehmerinnen und Arbeitnehmer, wenn auch in der Leistungshöhe gewaltige Unterschiede bestehen. Sie variieren zwischen 150 und 344 Franken pro Monat und Kind.[50] **Selbständigerwerbende** haben nur in zehn Kantonen Anspruch auf FZ, wobei dieser Anspruch meist einkommensabhängig ist.[51] Nichterwerbstätige haben nur in fünf Kantonen Anspruch auf diese Leistungen.[52]

Die Leistungen werden in der Regel zusammen mit dem Lohn vom Arbeitgeber ausbezahlt. Dieser erhält die Beträge von der Ausgleichskasse zurückvergütet. Anspruchsberechtigt sind Eltern bis zum 16. Altersjahr des Kindes. Für Kinder in der Ausbildung werden sie im Normalfall bis längstens zum 25. Altersjahr weiter ausgerichtet. In zwölf Kantonen werden sie in Ausbildungszulagen umgewandelt. Deren Ansatz ist mit zwischen 190 und 444 Franken um einiges höher ist als jener der Kinderzulagen.[53] Daneben besteht in zehn Kantonen bei der Geburt eines Kindes Anspruch auf eine Geburtszulage zwischen 600 und 1500 Franken.[54]

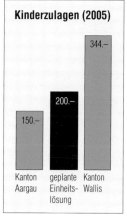

Kinderzulagen (2005)

344.–

200.–

150.–

Kanton Aargau | geplante Einheits-lösung | Kanton Wallis

Zahlen: www.bsv.admin.ch.

49 BFS, 2005c, S. 52–55.

50 150 Franken im Aargau; 344 Franken im Wallis für Familien mit drei und mehr Kindern.

51 LU, UR, SZ, ZG, SH, AR, AI, SG, GR, GE.

52 TI, VS, GE, JU, SH.

53 LU, NW, FR, BS, BL, SH, SG, GR, VD, VS, NE, JU.

54 LU, UR, SZ, FR, SO, VD, VS, NE, GE, JU.

Das Parlament hat im Frühjahr 2006 eine Vorlage verabschiedet, wonach zukünftig alle Eltern, mit Ausnahme Selbständigerwerbender, Anrecht auf eine Kinderzulage von mindestens 200 Franken pro Kind und Monat und 250 pro Jugendlichen in Ausbildung haben. Kommt das gegen dieses Gesetz ergriffene Referendum nicht zu Stande, wird diese Vorlage definitiv. ■

CARITAS:

Diese Vereinheitlichung der Kinderzulagen ist zu begrüßen, obwohl eine substanziellere Erhöhung der Beiträge zu erhoffen war. Weiter ist zu bedauern, dass Kinder selbständig erwerbender Eltern nach wie vor von den Leistungen ausgeschlossen sind.

Kommunale Sozialhilfe

Die **Sozialhilfe** ist als letztes Auffangnetz im System der sozialen Sicherheit konzipiert. Dieses Netz kommt dann zum Tragen, wenn weder die Sozialversicherungen noch die kantonalen Bedarfsleistungen eine individuelle Notlage verhindern respektive deren Konsequenzen mildern konnten. Die Sozialhilfe soll eine → subsidiäre und vorübergehende Hilfe in individuellen Notlagen sein. Sie basiert auf dem → Finalitätsprinzip, bei dem die Überbrückung einer Notlage absoluten Vorrang vor der Klärung derer Ursachen hat.

Der gesellschaftliche Wandel (→ Kapitel 3, Gesellschaftliche Faktoren) der letzten Jahrzehnte hat neue Risiken hervorgebracht, die im traditionellen System der Sozialversicherungen (noch) nicht abgesichert sind. Diese Lücken im System müssen in zunehmendem Ausmaß durch die Sozialhilfe ausgefüllt werden. Neben der ursprünglichen subsidiären und vorübergehenden Hilfe erweitert sich der Leistungskatalog der Sozialhilfe vermehrt auch auf komplementäre und dauerhafte Hilfe.

Gesetzliche Grundlagen der Sozialhilfe

Die primäre gesetzliche Grundlage für die Sozialhilfe ist in der Bundesverfassung zu suchen. Sie kann zunächst von den im Artikel 41 ausgeführten Sozialzielen abgeleitet werden. Konkret steht dort, dass sich Bund und Kantone «in Ergänzung zu persönlicher Verantwortung und privater Initiative» dafür einsetzen, dass «jede Person an der sozialen Sicherheit teilhat». Auf ein Sozialziel besteht jedoch kein Rechtsanspruch. Ein solcher geht aus Artikel 115 hervor, wo steht: «Bedürftige werden von ihrem Wohnkanton unterstützt.» Auch Artikel 12 zur Hilfe in Notlagen wird zur Begründung der Sozialhilfe immer wieder zitiert.[55] Dies ist problematisch, weil sich Artikel 12 lediglich auf das → absolute, nicht aber auf ein → soziales Existenzminimum bezieht.

Die Kantone legen die Ausführung der Sozialhilfe in ihren Sozialhilfegesetzen fest. Der Bund beschränkt sich darauf, die Zuständigkeiten und Ausnahmen zu regeln.[56] Fünf Kantone führen den Vollzug der Gesetze auf kantonaler Ebene durch, vier haben den Vollzug regionalisiert.[57] In allen übrigen Kantonen sind die Gemeinden für den Vollzug des Gesetzes zuständig, wobei das Ausmaß der Gestaltungsfreiheit der Gemeinden wieder von Kanton zu Kanton variiert. Dies führt zu erheblichen Leistungsunterschieden zwischen den Kantonen wie auch zwischen den Kommunen. Die in den → SKOS-Richtlinien gemachten Empfehlungen zur Ausgestaltung der Sozialhilfe sollen die Harmonisierung der Hilfe fördern.

55 Zum Beispiel in den SKOS-Richtlinien.

56 Um Streitigkeiten über die Zuständigkeit für einzelne Bedürftige zu vermeiden, wurde das Zuständigkeitsgesetz (ZUG) erschaffen. Grundsätzlich ist der Wohnkanton unterstützungspflichtig.

57 Wyss, 1999, S. 26

Image der Sozialhilfe

Viele Menschen, die Anrecht auf Unterstützung hätten, versuchen, sich möglichst lange ohne Sozialhilfe durchzuschlagen. Die → Nichtbezugsquote ist hoch. Die Tatsache, dass die Sozialhilfe, welche sich aus der Armenpflege und der Armenfürsorge entwickelte, nach wie vor eine stigmatisierende Wirkung hat, ist mitunter ein Grund hierfür. Hinzu kommen institutionelle Hemmnisse – «archaische Zugangsbarrieren»[58] – wie die → Verwandtenunterstützungsklausel oder die → Rückerstattungspflicht. Vor allem in ländlichen Gegenden, wo jeder jeden kennt, ist der Gang zur Sozialhilfe mit Schmach verbunden. In den anonymeren Großstädten hingegen ist die Hemmschwelle etwas kleiner und sinkt tendenziell.

Organisation der Sozialhilfe

Die Organisation der Sozialhilfe hängt eng mit der Gemeindegröße zusammen. Je kleiner die Gemeinde, desto unprofessioneller und weniger differenziert die Sozialhilfe, was aber nicht zwingend heißt, dass die Qualität schlechter ist und weniger → Integrationserfolge zu verzeichnen sind.

In jeder Gemeinde existiert ein politisches Entscheidungsgremium für alle sozialen Aufgaben der Gemeinde: die **Sozialbehörde**. Diese Behörde wird entweder gewählt, vom Gemeinderat eingesetzt oder der Gemeinderat selbst übernimmt diese Aufgabe (dies ist in der Hälfte aller Gemeinden der Fall). In ganz kleinen Gemeinden übernimmt der Gemeinderat gleichzeitig noch die Aufgabe der Ausführung der Sozialhilfe.

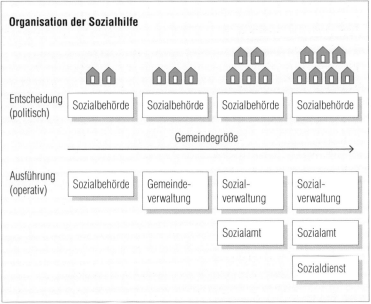

Darstellung: Caritas.

58 Formulierung der OECD.
In: Carigiet, 2003, S. 294.

Die Ausführung der Sozialhilfe ist im Normalfall der **Sozialverwaltung** unterstellt. In kleineren Gemeinden übernimmt die Gemeindeverwaltung diese Funktion. Innerhalb der Sozialverwaltung situiert ist das **Sozialamt**. Dieses Amt ist, wiederum je nach Gemeindegröße, mehr oder weniger professionalisiert und verfügt allenfalls über einen **Sozialdienst**. Dieser ist mit der konkreten Abklärungs-, Beratungs- und Betreuungsarbeit betraut.

In sehr vielen Gemeinden wird die öffentliche Sozialhilfe durch private Institutionen ergänzt, die in verschiedenen Feldern wie etwa in der Altersbetreuung oder der Betreuung Erwerbsloser tätig sind (→ IIZ). In 60% aller Gemeinden leisten private Institutionen auch direkte finanzielle Unterstützung.[59]

Solche privaten Organisationen agieren jedoch nicht in allen Gemeinden und erreichen somit nicht die gesamte Bevölkerung. Tendenziell gilt: Je professionalisierter das Sozialwesen einer Gemeinde, desto größer auch das Angebot privater Sozialinstitutionen. Vor allem in Deutschschweizer Stadtkantonen und in den urbanen Zentren sowie in der Innerschweiz ist das Angebot groß.

Ablauf der Hilfsgewährung

Wer in Not gerät, kann Sozialhilfe je nach Organisation beim Sozialamt, der Gemeindeverwaltung oder der Sozialbehörde beantragen. In größeren Gemeinden mit professionalisiertem Sozialdienst wird das Sozialamt angefragt. Dieses beauftragt den Sozialdienst mit der Abklärung der Bedürftigkeit. Der Antrag muss anschließend von den Sozialbehörden genehmigt werden. Ausbezahlt und vollzogen werden die Leistungen wiederum von der Stelle, bei welcher der Antrag eingegangen ist.

Leistungen der Sozialhilfe

Die individuellen Leistungen der Sozialhilfe bestehen aus wirtschaftlicher und persönlicher Hilfe. Die wirtschaftliche Hilfe kann die Form von Geldleistungen, Sachleistungen oder Kostengutsprachen annehmen. In seltenen Fällen werden auch die Notsituation überbrückende Darlehen gewährt. Die materielle Grundsicherung kann nur unter ganz speziellen Bedingungen verweigert oder gekürzt werden (→ Missbrauch). Die → SKOS-Richtlinien bieten Hilfe zur Bestimmung der Höhe des Bedarfs. Daneben ist die persönliche Beratung und Betreuung der Sozialhilfebeziehenden ein wichtiges Element zur Förderung der beruflichen und sozialen Eigenständigkeit und (Re-) → Integration.

Finanzierung der Sozialhilfe

Finanziert wird die Sozialhilfe durch Steuereinnahmen. In gewissen Kantonen geschieht dies ausschließlich durch die Gemeindesteuern[60], in andern teilen sich Kanton und Gemeinden die Kosten in einem

59 Fluder, Stremlow, 1999, S. 205.
60 AG, BL, NW, SZ (Wolffers, 1993, S. 61).

Lastenausgleich auf.[61] Im Jahr 2003 betrugen die Gesamtausgaben für die Sozialhilfe in der Schweiz 2,504 Milliarden Franken, wovon 2,452 Milliarden für konkrete Hilfeleistung eingesetzt wurden.[62] Anfang der 90er Jahre lagen die Ausgaben noch bei knapp einer Milliarde Franken.

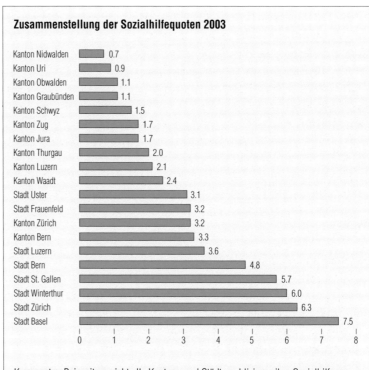

Zusammenstellung der Sozialhilfequoten 2003

Kanton Nidwalden	0.7
Kanton Uri	0.9
Kanton Obwalden	1.1
Kanton Graubünden	1.1
Kanton Schwyz	1.5
Kanton Zug	1.7
Kanton Jura	1.7
Kanton Thurgau	2.0
Kanton Luzern	2.1
Kanton Waadt	2.4
Stadt Uster	3.1
Stadt Frauenfeld	3.2
Kanton Zürich	3.2
Kanton Bern	3.3
Stadt Luzern	3.6
Stadt Bern	4.8
Stadt St. Gallen	5.7
Stadt Winterthur	6.0
Stadt Zürich	6.3
Stadt Basel	7.5

Kommentar: Bei weitem nicht alle Kantone und Städte publizieren ihre Sozialhilfequoten.[63] Diese Grafik gibt einen Überblick über alle erhältlichen Zahlen. Die Unterschiede sind gewaltig. Es ist aber wichtig darauf hinzuweisen, dass Sozialhilfe nicht gesondert von den andern → Bedarfsleistungen betrachtet werden soll. Dort, wo wenig Bedarfsleistungen ausbezahlt werden, zum Beispiel in der Stadt Basel, sind die Sozialhilfequoten entsprechend höher als in Kantonen oder Gemeinden mit großzügigen Bedarfsleistungen. Es kann von einem *trade off* zwischen Sozialhilfe und den übrigen Bedarfsleistungen gesprochen werden.

Zahlen: BFS, Abeilung Sozialhilfestatistik. Städteinitiative, 2005.

61 BE, JU, NE, FR (Wolffers, 1993, S. 61).
62 Gemäß BFS, Gesamtrechnung der Sozialen Sicherheit.
63 Die Mitte Mai 2006 erschienene → Sozialhilfestatistik bestätigt diese Tendenz.

Die Rolle der SKOS

Die **Schweizerische Konferenz für Sozialhilfe (SKOS)** ist eine nationale, professionell geführte Milizorganisation, welche sich mit allen Fragen rund um die öffentliche und private Sozialhilfe befasst. Sie setzt sich zum Ziel, in diesem Bereich die Zusammenarbeit zwischen öffentlichen und privaten Organisationen sowie zwischen den drei staatlichen Ebenen (Gemeinden, Kantone und Bundesstaat) zu fördern und zu koordinieren. Daneben bietet die SKOS ihren Mitgliedern einen Rahmen für Informationsaustausch, Bildung und Beratungen.

Die Struktur der Mitglieder der SKOS ist sehr heterogen. Neben Gemeinden, Städten und Kantonen gehören dazu auch Bundesämter sowie Hilfswerke und private Sozialhilfeorganisationen. Was sie verbindet, ist das gemeinsame (berufliche) Interesse für die Sozialhilfe. Dank dieser vielfältigen Zusammensetzung fachlich kompetenter Mitglieder und deren Engagement erlangte die SKOS politisches Gewicht und Glaubwürdigkeit und entwickelte sich in der Fachwelt zu einem Kompetenzzentrum für soziale Existenzsicherung und → Integration.

Die Richtlinien

Das Hauptwerk der SKOS sind die → SKOS-Richtlinien, welches dieses Gremium seit den 60er Jahren publiziert. Es handelt sich um Empfehlungen zur Bemessung der Sozialhilfe. Sie sollen «zu einer einheitlichen Praxis in der Anwendung der Sozialhilfe in der ganzen Schweiz» beitragen und «die Rechtsgleichheit und die Rechtssicherheit» erhöhen.[64]

Engagement, Studien und Diskussionsplattformen

Die SKOS engagiert sich für die Vereinheitlichung der Sozialhilfe in der ganzen Schweiz. In ihrem Auftrag durchgeführte Studien begründen diese Forderung (→ Existenzsicherung im Föderalismus). Weiter bietet die SKOS eine Diskussionsplattform für sozialpolitische Themen sowie Weiterbildungsangebote für im Sozialwesen tätige Personen.

[64] www.skos.ch

Nicht staatliche Hilfeleistungen und Akteure

Neben den öffentlich-rechtlichen Institutionen gibt es auch eine ganze Reihe privater Organisationen, welche Menschen in der Schweiz Hilfe in Not bieten. Die meisten richten sich an spezifische Bevölkerungsgruppen wie Familien, Kinder, Migrantinnen und Migranten und sehr häufig an behinderte oder kranke Menschen. Lokal oder kantonal werden mittlerweile Versuche unternommen, diese enorme Vielfalt in Form von sozialen Führern oder Inventaren zusammenzustellen.[65] Einige Beispiele sollen das breite Angebot illustrieren.

Hilfswerke

Hilfswerke sind gewichtige Akteure in der privaten Sozialhilfe der Schweiz. Auch hier ist die Vielfalt groß. Erwähnt seien hier jene Hilfswerke von nationaler Bedeutung, welche Einzelfallhilfe für Bedürftige in der Schweiz anbieten. Dies sind das Schweizerische Arbeiterhilfswerk (SAH), die Schweizer Berghilfe, die Winterhilfe Schweiz, die Glückskette, die drei Pro-Werke Pro Juventute, Pro Senectute und Pro Infirmis, das Schweizerische Rote Kreuz (SRK) und die Caritas.[66]

Neben der finanziellen Hilfe im Einzelfall bieten diese Hilfswerke weitere Hilfeleistungen für armutsbetroffene und armutsgefährdete Menschen an. Nachfolgend der Versuch einer schematischen Zusammenfassung des breiten Angebots:

Zielgruppen	Art der Hilfe
Menschen in finanziellen Notlagen	Überbrücken finanzieller Engpässe, meist für spezifische Anschaffungen/Ausgaben
Erwerbslose	Bildungs- und Integrationsprogramme zur Erhöhung der Chancen auf dem Arbeitsmarkt
Erwerbslose Jugendliche	Integration, Motivation, Bildung
Migrantinnen und Migranten, Asyl Suchende	Integrationsangebote
Hilfe suchende Menschen (Angebote meist für spezifische Gruppen)	Beratung und Begleitung
Familien, Witwen, Witwer, Rentner und Rentnerinnen, Behinderte, Bergbauern	Entlastung durch tatkräftige Hilfe im Haushalt, oftmals durch Einsätze Freiwilliger
Familien	Ausbildungsbeihilfen
Finanziell Schwache	Second Hand, Brockenhäuser, Märkte für günstige Kleider, Lebensmittel oder Baumaterialien
Obdachlose	Notschlafstellen
Katastrophengeschädigte	Koordination und Vermittlung von Hilfeleistungen, Geldleistungen, Naturalleistungen, Beratungen, tatkräftige Hilfe durch Asyl Suchende oder Freiwillige

Darstellung: Caritas.

65 InteressenGemeinschaft Arbeit, 2000; Informationsstelle des Züricher Sozialwesens, 2005, Caritas Zürich, 2006.

66 www.sah.ch
www.berghilfe.ch
www.winterhilfe.ch
www.glueckskette.ch
www.projuventute.ch
www.prosenectute.ch
www.proinfirmis.ch
www.srk.ch
www.caritas.ch
(Das HEKS ist ein nationales Hilfswerk der reformierten Kirche, welches jedoch keine Einzelfallhilfe anbietet).

Hilfsorganisationen

Neben den großen Hilfswerken gibt es im Bereich der Armenhilfe noch eine ganze Reihe kleinerer **Hilfsorganisationen** von lokaler, kantonaler oder nationaler Bedeutung. Hier werden einige illustrative Beispiele für diese Vielfalt präsentiert.

Den Hilfsorganisationen stehen verschiedene Rechtsformen zur Auswahl. Organisationen, denen ein zu verwaltendes Vermögen zu Grunde liegt, wählen die Form der Stiftung. Andere gemeinnützige Organisationen entscheiden sich oft für die Rechtsformen des Vereins oder der einfachen Gesellschaft. Ihre Ressourcen stammen aus Spenden oder Mitgliederbeiträgen. Der Freiwilligenarbeit kommt, wie in den Stiftungen teilweise auch, ein hoher Stellenwert zu.

Folgende Beispiele sollen diese Vielfalt illustrieren:

▶ Die «Hülfsgesellschaft Zürich» gewährt finanzielle Hilfe für Zürcherinnen und Zürcher in Not.

▶ Der Verein «Tischlein Deck Dich» in Dietikon sammelt Lebensmittel ein, welche kurz vor dem Verfall stehen, deren Packung beschädigt ist oder die in zu großer Auflage produziert worden sind, und vergibt sie gegen einen symbolischen Franken an Hilfsbedürftige.[67]

▶ Die «Peter und Johanna Ronus-Schaufelbühl Stiftung» unterstützt in Basel Stadt wohnhafte Alleinerziehende in Not.

▶ Die «Twannberg Stiftung» ermöglicht armen oder behinderten Menschen günstige Ferien.[68]

▶ Die «Altersstiftung Eglisau» hilft finanziell schwachen Rentnerinnen und Rentnern bei wichtigen Anschaffungen.

▶ Die «Paul Josef Jenni-Stiftung» in Basel leistet Ausbildungsbeiträge an Arbeiter und Handwerker für qualifizierte Weiterbildung.

▶ Die Stiftung «Alphons Rosenburger» in Riehen unterstützt bedürftige Epileptikerinnen und Epileptiker.

▶ Die «Gemeinnützige Gesellschaft Schwyz» gewährt Überbrückungshilfe für Einzelpersonen und Familien in finanzieller Not. Sie gewährt auch Stipendien, falls keine staatlichen ausbezahlt werden.

▶ Die «Hatt-Bucher-Stiftung» aus Zürich engagiert sich mit Einzelfallhilfe sowie durch Finanzierung von Projekten für alte Menschen in Problemsituationen.

Kirchen

Ein weiterer wichtiger Akteur in der privaten Sozialhilfe sind die **Kirchen**. Dazu zählen insbesondere die öffentlich-rechtlich anerkannten Kirchen, das heißt vor allem die römisch-katholische und die evangelisch reformierte Kirche. Der diakonische Auftrag der christlichen Kirchen leitet sich sowohl aus den Schriften des alten als auch des neuen Testaments der Bibel ab. So heißt es etwa beim Propheten Jesaja: «Lernt Gutes zu tun, sorgt für Gerechtigkeit, haltet die Gewalttätigen in

67 www.tischlein.ch.

68 www.twannberg.ch.

Schranken, helft den Waisen und Witwen zu ihrem Recht!» Der Begriff **Diakonie** stammt vom altgriechischen Wort *diakonia* ab, was soviel wie Dienst heißt.[69] Er bezeichnet die Gesamtheit des sozialen Handelns nach Grundsätzen des christlichen Glaubens und der Nächstenliebe.

Früher übernahmen die Kirchen einen Großteil der sozialen Tätigkeiten, von den Schulen über die Spitäler bis hin zur Armenhilfe. Auf katholischer Seite ist hier insbesondere auch das Engagement zahlreicher Orden wie der Baldegger, der Ingenbohler oder der Menzinger Schwestern zu nennen. Schrittweise wurden diese Organisationen vom Staat oder anderen, weltanschaulich neutralen Organisationen abgelöst. Aber noch heute leisten die Kirchen neben der spirituellen Betreuung der Gläubigen weiterhin soziale Dienste, und zwar dort, wo das staatliche Netz Lücken aufweist. Das aktuelle diakonische Engagement beruht oftmals auf freiwilligem Engagement der Mitglieder einer Pfarrei.

Das Ausmaß des heutigen diakonischen Engagements der Kirchen in der Schweiz ist noch nie in seiner Gesamtheit aufgezeigt worden. In einem Teilgebiet, dem Bistum Basel, ist eine Studie über die Pfarreisozialdienste verfasst worden.[70] Aus der Studie geht hervor, dass die Einzelhilfe vor sozialer Gruppenarbeit den größten Teil derer Arbeit ausmacht. Die Dienste werden vor allem von älteren Menschen und Personen mit finanziellen Problemen in Anspruch genommen. Die spezifischen Aktivitäten und Hilfeleistungen sind sehr vielfältig und variieren nicht nur von Gemeinde zu Gemeinde, sondern auch von Pfarreiteam zu Pfarreiteam. Nur in einem Teil der Pfarreien wird der Inhalt der sozialen Arbeit in einem Pflichtenheft oder Leitbild vorgeschrieben.

Auf Initiative des schweizerischen evangelischen Kirchenbunds wurde der Diakonieverband Schweiz gegründet. Diakonie kann in der Schule für Diakonie in Greifensee erlernt werden. Noch heute existieren die reformierten Orden der Diakonissinnen. Hauptaufgabe dieser Schwestern ist die soziale Arbeit.

Neben diesem Engagement kooperieren die Kirchen mit christlichen Hilfswerken. Caritas und Fastenopfer sind die wichtigsten Partnerwerke der katholischen Kirche, HEKS und Brot für Alle die Pendants der reformierten Kirche.

---

69 Wörterbuch der Sozialpolitik: www.socialinfo.ch/cgi-bin/dico-possode/show.cfm?id=134.

70 Pastoralamt des Bistums Basel, 2000.

Interinstitutionelle Zusammenarbeit (IIZ)

Ausgangslage

Das System der sozialen Sicherheit in der Schweiz ist nicht Resultat eines gezielten strategischen Plans. Es ist vielmehr über die Jahre langsam gewachsen. Eine Vielzahl verschiedener Akteure mit verschiedensten Rechtsformen und Finanzquellen, unterschiedlichen Zielen und Betriebsabläufen arbeiten in diesem System. Das führt zu Doppelspurigkeiten, aber auch zu Lücken und schürt Konkurrenzgefühle und «Gärtchendenken». Jede Institution fokussiert primär ihre eigenen internen Probleme, was die Zusammenarbeit im System nahezu verunmöglicht. Kooperation und Koordination setzen voraus, dass alle Akteure ihren Blickwinkel erweitern und sich für ein gemeinsames übergeordnetes Ziel einsetzen.

Aus der Sicht der betroffenen Menschen ist eine verstärkte Kooperation unumgänglich. Die individuellen Lebenslagen werden heute immer komplexer, viele Menschen sind gleichzeitig von verschiedenen Problemen betroffen. Oft ist es unmöglich, einen eindeutigen Kausalzusammenhang zwischen den einzelnen Problemen aufzuzeigen. Entsprechend sind die Betroffenen auf (gleichzeitige oder gestaffelte) Hilfe verschiedener sozialer Einrichtungen angewiesen. Diese Hilfestellungen werden heute nicht gezielt und nur wenig koordiniert geleistet. Menschen werden zwischen den Institutionen herumgeschoben, Fachleute sprechen vom «Drehtüreffekt».

Unklare Zuständigkeiten und Doppelspurigkeiten führen weiter zu einem suboptimalen Ressourcenmanagement und somit zu höheren Kosten für die Gemeinschaft. Mit einer besseren Koordination zwischen den sozialen Institutionen könnte dem Einhalt geboten werden.

Erste Etappe der IIZ

Spätestens unter dem finanziellen Druck Mitte der 90er Jahre wurde diese suboptimale Ressourcennutzung zum Thema. Als erster formeller Schritt für eine besser Zusammenarbeit der Institutionen wurde 2002 die **Interinstitutionelle Zusammenarbeit (IIZ)** gegründet.[71]

Im Zentrum der IIZ stehen die → ALV, die → IV und die → Sozialhilfe, also drei Organisationen, die sich (unter anderem) mit Menschen befassen, welche (vorübergehend) aus dem Erwerbsprozess ausscheiden. Bei allen dreien steht die beruflich (Re-)→ Integration im Vordergrund. Die vorgeschlagenen Maßnahmen, aber auch die finanziellen Unterstützungsleistungen der drei Institutionen sind sehr verschieden. Die IIZ soll ein erster Schritt in Richtung Harmonisierung dieser Leistungen sein und gleichzeitig den Verwaltungsaufwand der drei Institutionen reduzieren und die Kundenzufriedenheit erhöhen.

71 SODK, VDK, 2002
online: www.iiz.ch.

Die größten Steine im Wege dieser Zusammenarbeit sind

▸ die enorme Fragmentierung in der Sozialhilfe,
▸ die langen und aufwändigen Abklärungen und Betriebsabläufe in der IV
▸ und die Priorität der ALV auf eine rasche und weniger auf eine nachhaltige berufliche Reintegration.

Das Augenmerk der ursprünglichen IIZ ist also primär auf die Maßnahmenkoordination gerichtet. All diese Maßnahmen setzen meist erst dann ein, wenn eine Person bereits aus dem Arbeitsprozess ausgeschieden ist. Die Bemühungen müssen aber früher einsetzen, um dieses Ausscheiden zu verhindern. Sonst droht die IIZ trotz umfangreichem praktischem «Handbuch»[72] zu einem Papiertiger zu werden.

Zweite Etappe IIZ plus

Die wachsende Zahl der IV-Beziehenden und der damit verbundene finanzielle Druck bei der IV gaben bald darauf den Anstoß zur Erweiterung der IIZ auf die Bereiche der Gesundheit und der Rentensprechung, zur **IIZ Plus**.[73] In diesem Rahmen soll die Zusammenarbeit zwischen der IV und der ihr vorgelagerten Sozialversicherungen → UV, den → Krankentaggeldversicherern (KTG) und den Pensionskassen (→ BV) verbessert werden. Diese Erweiterung im Gesundheitsbereich tangiert die Sozialhilfe und die ALV nur indirekt und konzentriert sich auf die Zusammenarbeit mit der IV.

Um die fortschreitende «Invalidisierung» in unserer Gesellschaft zu stoppen, müssen gesundheitliche Probleme frühzeitig erkannt und behandelt werden. Dies erhöht die Chancen einer baldigen beruflichen Reintegration der Betroffenen und reduziert die Kosten der IV.

Ein wichtiges Glied fehlt in dieser Erweiterung: die → Krankenkassen als Trägerinnen der obligatorischen Krankenversicherung (KV). Im Krankheitsbereich fehlt somit die Koordination zwischen Heilbehandlung und Maßnahmen zur Rehabilitation und Eingliederung.

Aktuelle Entwicklungen in der IIZ

Aber auch dieser Erweiterungsschritt genügt noch nicht, der IIZ wirkliche praktische Bedeutung zukommen zu lassen. Um das zu erreichen, müssen zunächst (und werden teilweise auch) folgende fünf Verbesserungen angestrebt werden:

▸ längerfristiges Sparen erfordert Investitionen,
▸ Fokus auf Prävention und Früherkennung,
▸ Prozessmanagement neben Maßnahmenkoordination und *case management*,
▸ Einhalt der Medizinalisierung,
▸ Ausweitung der Kooperation.

72 seco, 2004.
73 www.iiz-plus.ch.

Längerfristiges Sparen erfordert Investitionen

Die IIZ war in ihren Ursprüngen zu stark aufs Sparen ausgelegt. Damit aber längerfristig gespart werden kann, muss zunächst investiert werden. Vorab sind Ressourcen für die Schaffung der für die Zusammenarbeit nötigen Strukturen freizusetzen. Aber auch die (Re-)Integration in den Arbeitsmarkt ist nicht gratis zu haben. Um jene Menschen, welche aktuell aus dem Erwerbsleben ausgeschieden sind, wieder einzugliedern, müssen neue Eingliederungsprojekte geschaffen werden. Schließlich soll das Ausscheiden weiterer Menschen aus dem Arbeitsmarkt möglichst vermieden werden, weshalb in die Prävention investiert werden muss.

Fokus auf Prävention und Früherkennung

Prävention hat zum Ziel, die Zahl der Menschen, welche in eine Problemsituation geraten, zu verringern. Dank einem System der Früherkennung und Früherfassung, wie es in der aktuellen 5. IV-Revision diskutiert wird, soll ein Ausscheiden aus dem Erwerbsprozess möglichst verhindert werden. Die *employability*, die Arbeitsmarktfähigkeit der Betroffenen, kann so erhalten bleiben. Das führt längerfristig zu einer Reduktion der Nachfrage nach Maßnahmen zur Rehabilitation und zur Wiedereingliederung, setzt aber das aktive Mitwirken der Betroffenen voraus.

Prozessmanagement neben Maßnahmenkoordination und case management

Die IIZ sollte ursprünglich dazu dienen, die von der IV, von der Sozialhilfe und der ALV angebotenen Maßnahmen und Projekte miteinander zu koordinieren. Im Rahmen der IIZ Plus gewann dann die gemeinsame Bearbeitung von komplizierten Einzelfällen unter dem Stichwort *case management* an Bedeutung. Diese punktuelle und partielle Sicht genügt nicht. Vielmehr muss der Weg von gesundheitlichen Problemen über berufliche Desintegration und darauf folgende Wiedereingliederung als dauernder Prozess verstanden[74] und als solcher definiert werden. Dies erlaubt, über die Einzelfälle hinaus angebrachte Lösungen zu finden und zu formulieren und so die Wirksamkeit der Zusammenarbeit deutlich zu verbreitern. Heute soll nicht mehr nur der «Drehtüreffekt» vermieden werden, sondern die Betroffenen sollen möglichst effizient durch das System begleitet werden.

Einhalt der Medizinalisierung

Ein anderes Problem der Zusammenarbeit ist der einseitige Fokus auf medizinische Probleme und Lösungen. Ein wichtiger neuer Vorschlag, der diesem Trend entgegenwirkt, ist das Einführen von MAMAC, «Medizinisch-arbeitmarktlichen Assessments im Rahmen des Case-Managements». Institutionsunabhängige Stellen sollen bei Personen, die gleichzeitig von verschiedenen Problemen betroffen

74 Gärtner Ludwig: Chancen,
Herausforderungen und Reform-
perspektiven bei der Koordination
von Integrationsleistungen.
In: Caritas, 2005, S. 114–150

sind, eine «systematische Beurteilung der Arbeitsfähigkeit und entsprechenden Arbeitsmarktfähigkeit aus medizinischer, arbeitsmarktlicher und sozialer Sicht»[75] durchführen. Die Stelle legt anschließend «zweckmäßige Maßnahmen zur Verhinderung der Desintegration bzw. zur Förderung der Reintegration»[76] fest und beauftragt eine der drei Kernstellen der IIZ, die Sozialhilfe, die IV oder die ALV, mit der Umsetzung dieser Maßnahmen und mit der Fallführung, sprich dem *case management*. Die Abklärungen sind also ausdrücklich nicht nur auf die medizinische Situation beschränkt und streben den Erhalt der Arbeitsmarktfähigkeit der Betroffenen an.

Ausweitung der Kooperation

Es leuchtet ein, dass diese Verbesserungsvorschläge die Ausweitung des Kooperationsrahmens verlangen. Ein Beispiel, das diese Notwendigkeit anschaulich aufzeigt, ist der in der IV gelegte Akzent auf Früherkennung und Frühbehandlung von gesundheitlichen Problemen. Um dieses Ziel zu erreichen, muss die IV mit Hausärzten, Arbeitgebenden oder auch mit den Familien der Betroffenen zusammenarbeiten. Sämtliche der IV vorgelagerten Versicherungsträger, Stellen der privaten und öffentlichen Sozialhilfe, aber auch Arbeitgebende müssen ins Prozessmanagement mit einbezogen werden.

Zukunftsmusik: Guichet Unique

Das im Auftrag des Bundesrats geprüfte Modell des *Guichet Unique*, der sozialen Anlaufstelle, vereint all diese Verbesserungsvorschläge.[77] Einwohnerinnen und Einwohner können sich mit jedem Anliegen im Bezug zum System der sozialen Sicherheit an einem einzigen Schalter melden und werden von dort aus begleitet und der richtigen Stelle zugeordnet. Dies ist umso wichtiger, als immer mehr Menschen von verschiedenen Problemlagen betroffen sind und Hilfe aus verschiedenen Institutionen des Gesamtsystems beanspruchen können.

Was sollten die Ziele der IIZ sein?

Aktuell stehen also die berufliche Integration und die Früherkennung gesundheitlicher Probleme im Zentrum, das Ziel des Gesamtsystems (→ Sozialpolitik) – die Vermeidung von Armut und das Erhalten gesellschaftlicher Partizipation aller – dagegen scheinbar nicht. Eine wirklich funktionierend IIZ wäre jedoch daran zu messen, inwieweit diese beiden Hauptziele im Netzwerk der sozialen Akteure besser erreicht werden. Dies setzt eine globale Sicht des Systems als ganzes voraus. Jede Institution müsste einen Schritt zurücktreten, um sich selbst als Knoten im → Netz der sozialen Sicherheit wahrzunehmen.

Gesetzliche Verankerung der IIZ

Schließlich muss die IIZ, um diese Ziele zu verwirklichen, vermehrt Verbindlichkeit erlangen. Dazu sind gesetzliche Verankerungen

75 Projektauftrag des nationalen IIZ-MAMAC-Projekts (kurz MAMAC), Dezember 2005.

76 Dummermuth, 2005.

77 Interface, 2005b.

nötig. Die Grundlagen dazu sind zumindest bei der ALV gelegt.[78] Das Gesetz schreibt da ausdrücklich vor, die interinstitutionellen Zusammenarbeit mit den Berufsberatungsstellen, den Sozialdiensten, den Durchführungsorganen der Invaliden- Unfall- und Krankenversicherungen, dem Asylbereich, den Berufbildungsbehörden sowie weiteren privaten und öffentlichen für die Eingliederung wichtigen Institutionen zu fördern. Im Rahmen der 5. IV-Revision werden ähnliche Artikel für die IV vorgeschlagen.

Das allein genügt jedoch noch nicht. Es müssen allgemeine gesetzliche und institutionelle Rahmenbedingungen für diese Zusammenarbeit geschaffen werden. Finanzierungs- und Koordinationsfragen sind dabei besonders zu beachten.

Darstellung: Caritas.

78 Art. 85f, AIVG.

Der «Missbrauch» im Sozialbereich ist in aller Munde. Vor allem Bezügerinnen und Bezüger von Sozialhilfe werden immer wieder dieses Vergehens verdächtigt. «Keine Sozialhilfe für Schmarotzer» lautet zum Beispiel eine Schlagzeile im Sonntagsblick[79], oder eine Motion im Luzerner Kantonsrat fordert «Bußen für Sozialhilfemissbrauch».[80] ■

CARITAS:

Trotz sehr wenig fundiertem Wissen über dieses Thema werden in unhaltbarerer Weise permanent Sozialhilfebeziehende des Missbrauchs verdächtigt.

Definitionen

Sozialhilfe kann auf zwei Arten missbraucht werden. Sozialhilfegelder können einerseits **unrechtmäßig verwendet**, also zweckentfremdet, werden. Es kann zum Beispiel vorkommen, dass ein Vater das Sozialhilfegeld nicht für den Kauf von Festnahrung für die ganze Familie verwendet, sondern sich selbst mit Flüssignahrung eindeckt.

Sozialhilfe kann andererseits **unrechtmäßig bezogen**, also durch Vortäuschung der Bezugsvoraussetzungen erschwindelt werden. Konkret können auf der Einnahmenseite Einkünfte, zum Beispiel aus Arbeit, Vermögen oder Alimenten, verschwiegen werden. Das Verschweigen relevanter Informationen wie zum Beispiel neuer Familien- und Wohnverhältnisse gehört auch in diese Gruppe. Weiter kommt es vor, dass Ausgaben manipuliert werden, dass also zum Beispiel die Miete falsch deklariert wird. ■

CARITAS:

Missbrauch ist kein Phänomen der Armen! Es ist auch dem Steueramt bestens bekannt, nur spricht man da nicht von Steuermissbrauch, sondern von Steuerhinterziehung, einem Kavaliersdelikt.

Mit Sozialleistungen kann auch **Rechtsmissbrauch** betrieben werden. Der Bezug ist in diesem Fall rechtmäßig, denn die Voraussetzungen werden erfüllt und das Geld wird zweckmäßig verwendet. Die Notsituation (Bezugsvoraussetzung) ist in diesem Falle jedoch arglistig oder absichtlich herbeigeführt worden.[81] Von Rechtsmissbrauch kann somit nur dann gesprochen werden, wenn sich die betroffene Person tatsächlich in einer Notsituation befindet, diese aber selbst verschuldet. Unter diesen Titel fällt die Verletzung der → Schadenminderungspflicht.

Schutzbereich im Falle von Sanktionen

Wem Missbrauch oder Rechtsmissbrauch nachgewiesen werden kann, der muss mit Sanktionen rechnen. Diese können aber nicht so einfach verhängt werden, denn sie müssen bestimmte formelle und materielle Bedingungen erfüllen.

Die Bedingungen auf formeller Ebene sind relativ einfach zu erfüllen. Die Verfahrensrechte sind einzuhalten, die betroffene Person ist vor Verhängen der Sanktionen zu ermahnen und über ihre Rekursmöglichkeiten zu informieren.

Die Bedingungen auf materieller Ebene sind komplexer. Es muss:

► eine rechtliche Grundlage für die Einschränkung existieren,
► ein überwiegendes öffentliches Interesse den Eingriff rechtfertigen,
► das Prinzip der Verhältnismäßigkeit beachtet werden und

79 Artikel im SonntagsBlick vom 15.5.2005.

80 Motion von Rolf Hermetschweiler im Kantonsrat Luzern, November 2004.

81 Schleicher, Rechtsgrundlagen für die Soziale Arbeit, www.schleicher.ch.

▸ schließlich darf der Kerngehalt des Grundrechts nicht tangiert werden.

Jeder einzelne Fall muss auf diese Voraussetzungen geprüft werden, bevor der Missbrauch sanktioniert werden kann.

Im Falle eines Rechtsmissbrauchs erweist sich der letzte Punkt als kritisch. Die betroffene Person befindet sich dann in einer tatsächlichen Notsituation und Sanktionen riskieren, das ungeschriebene Verfassungsrecht auf Existenzsicherung (→ absolute Armut) zu tangieren. Dieses basiert auf dem Recht auf → Menschenwürde und ist vom Bundesgericht als «unantastbarer Kerngehalt» umschrieben worden.[82] Es ist somit absolut und kann nicht eingeschränkt werden. Folglich «hat sich Missbrauchsbekämpfung auf Maßnahmen zu beschränken, die sich nicht auf die Höhe der Leistungen auswirken, sondern nur auf die Art und Weise, in der sie erbracht werden.»[83]

Sanktionen

Sind alle Schutzbestimmungen erfüllt, so bietet sich auf verwaltungsrechtlicher Ebene die Möglichkeit einer Leistungskürzung. Die → SKOS-Richtlinien sehen als Sanktionsmöglichkeiten die Streichung der → situationsbedingten Leistungen, der → Integrationszulagen und eine maximale Kürzung des → Grundbedarfs um 15% während höchstens zwölf Monaten vor. «Weitergehende Kürzungen bedeuten einen Eingriff in das verfassungsmäßig geschützte Recht auf Existenzsicherung» und sind deshalb nicht zulässig.[84]

Darüber hinaus besteht die Möglichkeit exekutorischer Sanktionen, das heißt dem sofortigen Durchsetzen eines Leistungsstopps, einer Rückforderung oder gar einer Betreibung für unrechtmäßig bezogene Leistungen. Gemäß SKOS-Richtlinien sind diese Maßnahmen erst zu dann zu ergreifen, wenn andere Sanktionen erfolglos waren. Konkret wäre das möglich, wenn eine Klientin oder ein Klient sich wiederholt und ausdrücklich weigert, eine zumutbare, konkret vorhandene Arbeit anzunehmen oder einen klar bezifferbaren und durchsetzbaren Rechtsanspruch auf ein Ersatzeinkommen geltend zu machen.[85]

Schließlich gibt es die Möglichkeit einer strafrechtlichen Sanktion gemäß Verwaltungsstrafrecht. Der Berufskodex der Sozialarbeitenden besagt jedoch, dass Klientinnen und Klienten bei Verstoß gegen die Vorschriften nur in Ausnahmefällen angezeigt werden.[86] ■

Andere Maßnahmen gegen den Missbrauch und deren Erfolg

▸ Sozialinspektoren

Die Gemeinde Emmen hat als erste Schweizer Gemeinde Sozialinspektoren angestellt.[87] Dieser soll Fälle von Missbrauch aufdecken und so das Vertrauen ins bestehende System stärken. Schwerpunkt seiner Arbeit ist die Überprüfung der von den Antragstellenden

CARITAS:

Die Kürzung des Grundbedarfs gemäß SKOS kommt einem Antasten des Rechts auf Existenzsicherung schon sehr nahe. Weiter besteht die Gefahr, dass Bundesgerichtsentscheide die Schadensminderungspflicht immer weiter fassen. Der Schritt zu *workfare* ist dann nicht mehr groß: Nur wer sich um Arbeit bemüht, bekäme noch eine materielle Unterstützung.

82 Schleicher, 1998, S. 51. Dem pflichtet bei: Frösch, 2004, S. 9.

83 Schleicher, 1998, S. 50.

84 SKOS, 2005, A. 8.

85 SKOS, 2005, A. 8. Siehe auch: Bundesgerichtsentscheid 130 I 71 Erw. 4. I, S. 75.

86 Berufskodex Art. 11 gemäß Schleicher, Missbrauch von Sozialleistungen, www.schleicher.ch.

87 www.emmen.ch.

gemachten Angaben. Dies kann auch im Rahmen eines Hausbesuchs geschehen, wobei dieser nicht unangemeldet stattfinden darf.

▶ Einzelfallkommission Zürich

Je nach Strukturierung der →Sozialhilfe geht ein Fall durch mehrere Hände. In der Stadt Zürich gilt beispielsweise das Sechs-Augen-Prinzip: Zuerst kontrolliert die Sozialarbeiterin oder der Sozialarbeiter den Antrag, dann der Stellenleiter oder die Stellenleiterin und schließlich die →Sozialbehörde, das politische Gremium. Durch dieses Netz wurden 2004 404 Fälle aufgefangen, das sind 3,5% gemessen am Total aller Fälle. In den meisten Fällen handelt es sich um Zweckentfremdungen.

▶ SoWatch

Mittlerweile gibt es bereits private Unternehmen, welche ihre Kontrolldienste anbieten. SoWatch zum Beispiel vermietet sich an Gemeinden, um dort die Fälle der Sozialhilfe zu überprüfen.[88] Das Unternehmen betont den präventiven Nutzen dieser Arbeit.

Missbrauch empirisch

Für die Schweiz existiert (noch) keine konkrete Studie zum Missbrauch oder Rechtsmissbrauch von Sozialleistungen. Eine deutsche Studie, welche gut 4000 sozialhilfebeziehende Haushalte prüfte, kam auf eine Missbrauchsquote von 3,1%. Die Höhe der Missbräuche machen etwa 1,3% aller Sozialhilfeleistungen aus. In der Hälfte aller Fälle ist ein Arbeitseinkommen verschwiegen worden. Daneben ist das Verschweigen von sonstigen Einkünften wie jene aus Vermögen der häufigste Missbrauch.[89] Die Emmer Sozialinspektoren haben für ihre Gemeinde die Missbrauchsquote ermittelt. Sie beträgt 1%.[90] SoWatch geht von einer Missbrauchsquote von 1 bis 3% aus, und in der Stadt Zürich beträgt sie 3,5%. ∎

88 www.sowatch.ch.

89 Zusammenfassung des Artikels von Löffler Berthold, «Pauschalisierung als Strategie gegen Sozialhilfemissbrauch», online: www.socialia.ch.

90 NZZ-Artikel vom 30.6.05 zusammengefasst auf www.socialia.ch.

6.

Wege aus der Armut?

6. Wege aus der Armut?

Einmal arm, immer arm? Dank positiven Veränderungen in einem oder mehreren →Lebensbereichen finden viele Menschen früher oder später einen Ausweg aus der Armut und können sich von der Sozialhilfe ablösen. Dies trifft jedoch nicht auf alle Armen gleichermaßen zu. Folgt man dem Bild der →70–20–10-Gesellschaft, so besteht diese Chance für die 20% der vorübergehend Armen, nicht aber für die 10% der ständig Armen. Doch auch den ehemals Armen geht es nicht automatisch gut. Viele leben weiterhin in prekären Lebenslagen und bleiben entsprechend stark →armutsgefährdet. Am häufigsten wird der Armut durch das Einsetzen einer Sozialversicherungsleistung ein Ende gesetzt.

Wie lange dauert Armut? Und, was führt zur Beendigung der Armut? Eine Armutsstatistik könnte auf diese beiden Fragen Antworten geben. Bis eine solche publiziert wird, müssen die vorhandenen Sozialhilfestatistiken zur Interpretation beigezogen werden, mit dem Nachteil, dass so die →verdeckte Armut ausgeklammert wird.

Armut ist in den meisten Fällen mit sozialer oder beruflicher Desintegration verbunden. Folglich führt der Weg aus der Armut über die →Integration. Neben Existenzsicherung ist Integration das zweite Hauptziel der Sozialhilfe. Mit Programmen zur →beruflichen Wiedereingliederung und Anreizen zur Erwerbstätigkeit wird die Ablösung von der Soziahilfe angestrebt. Allerdings sind diesen Bemühungen enge Grenzen gesetzt, denn der Arbeitsmarkt bietet Menschen mit wenig Qualifikation und gesundheitlichen Einschränkungen nur noch geringe Chancen zur Erwerbstätigkeit. Umso wichtiger werden auf Dauer angelegte Angebote zur →sozialen Integration. Hier müssen die öffentliche- und die private Sozialhilfe verstärkt zusammenarbeiten (→IIZ).

Dauer der Armut

Armut hat einen Anfang (→ Kapitel 3) und ein Ende. Aber wie weit liegen diese beiden Momente auseinander? Wie lange ist jemand im Durchschnitt arm? Ohne → Armutsstatistik bieten sich zwei Wege, um Antworten auf diese Frage zu finden. Erstens anhand einer Panelanalyse zur finanziellen Situation, das heißt einer Langzeitstudie, welche über einige Jahre immer wieder dieselben Haushalte zu ihrer finanziellen Situation befragt, und zweitens mit Hilfe der verfügbaren → Sozialhilfestatistiken.

Ergebnisse einer Langzeitstudie

Die einzige Panelanalyse, welche Auskunft über die Dauer der Armut geben könnte, ist → Swisspanel. Da die Erhebung noch sehr jung ist, sind wirkliche Langzeitaussagen noch nicht möglich. In einer Publikation analysiert das Team die Dauer der Armut und weist so auf das Potenzial ihrer Erhebungen hin.[1]

In einem ersten Schritt erheben die Autoren das Ausmaß der finanziellen Armut und kommen zum Schluss, dass die → Armutsquote (gemäß → internationaler Armutsgrenze angesetzt bei 60% des Medianeinkommens) im Jahr 2000 in der Schweiz bei 15% lag. Das ist genau gleich hoch wie in der EU-15. Um einen qualitativen Aspekt in die Betrachtung mit einzubeziehen, wird in einem zweiten Schritt analysiert, wie viele dieser Menschen durch ihre finanzielle Not im Alltag eingeschränkt sind.[2] 1999 traf dies auf 6,1% der Bevölkerung zu, 2000 auf 6,6%. In einem letzten Schritt untersuchen die Autoren, wie viele Prozente der Bevölkerung sich zwischen 1999 und 2000 einmal in dieser Situation befanden, wie viele dauernd und wie viele nie. Sie kommen zum Schluss, dass gute 85% der Bevölkerung nie arm sind, ein bedeutender Anteil der Bevölkerung, nämlich 11%, punktuell mit Armut konfrontiert wird, und dass eine solche Situation bei einem kleinen Teil der Betroffenen über längere Zeit[3] andauert, nämlich bei 3,5%. Das Bild der → 70–20–10-Gesellschaft wird somit bestätigt, wenn auch die Prozentzahlen nicht sehr genau übereinstimmen.

Diese Beobachtung muss jedoch sogleich relativiert werden. Diejenigen Haushalte, die im Folgejahr nicht mehr zu den armen zählen, sind der Armutsgefahr in den wenigsten Fällen ganz entronnen. Ihr Einkommen liegt dann oftmals knapp über der Armutsgrenze. Wer im Jahr X zu den 10% Schlechtverdienendsten gehört, gehört mit einer Wahrscheinlichkeit von beinahe zwei Drittel im nächsten Jahr wieder zu dieser Gruppe. Die untersten 20% gehören in gut vier Fünftel der Fälle wieder zu den untersten 20%.[4] Die soziale Mobilität ist also nicht sehr bedeutend.

1 Tillmann, Budowski, 2004, S. 29–53.

2 Dies geschieht mittels eines aus 13 Elementen bestehenden «Entbehrungsindexes», der die Lebenskonditionen bewertet.

3 Auf Grund des kleinen Sampels konnten hier nur zwei Jahre beobachtet werden.

4 BFS; Working Poor, 2002, S. 105.

Dauer des Sozialhilfebezugs

Die Sozialhilfe gewährt Unterstützung in Notlagen. Sie ist als Überbrückungshilfe konzipiert, wie auch die verschiedenen Maßnahmen zur Verbesserung der finanziellen Lage zeigen. Oberste Ziele der Sozialhilfe sind «die Wiedererlangung der wirtschaftlichen Selbständigkeit und die gesellschaftliche Integration».[5] Wie lange dauert ein Sozialhilfebezug in der Praxis?

Die ausführlichen Statistiken des Kantons Zürich für das Jahr 2003 unterscheiden zwischen laufenden und abgeschlossenen Fällen. Der Anteil der Fälle, welche weniger als ein Jahr dauern, ist bei den pendenten Fällen klar größer als bei den abgeschlossenen, denn die reinen Überbrückungsfälle werden vorwiegend in der Statistik der abgeschlossenen Fälle erfasst. Dafür nimmt der Anteil der länger andauernden Fälle unter den pendenten zu. Gelingt es nicht, die Eigenständigkeit innerhalb des ersten Jahres wieder herzustellen, sinken die Chancen auf baldige Besserung der Situation klar.

Die kürzeren Sozialberichte der Kantone Luzern, Jura, Thurgau und St. Gallen unterscheiden nicht zwischen abgeschlossenen und pendenten Fällen.[6] Deren Statistiken erfassen Fälle, welche im Jahr 2003 pendent waren oder nach sechs Monaten ohne Leistung abschlossen wurden. Die Unterschiede zwischen den Kantonen sind markant. Grob könnte man sagen: Die Hälfte der Fälle werden innerhalb eines Jahres abgeschlossen, etwa 30% innerhalb ein bis drei Jahren und etwa 20% dauern länger.[7]

In den Städten ist der Anteil der Langzeitbeziehenden jeweils etwas höher als der Durchschnitt. Dies wird auch durch den Kennzahlenvergleich der Städte bestätigt. In den erfassten neun Städten dauern 61% der Fälle über ein Jahr an, gut ein Viertel der Fälle sogar länger als drei Jahre.[8]

Dauer des Sozialhilfebezugs von Working Poor

Haushalte, die insgesamt ein Erwerbspensum von mindestens 100% aufweisen, sind länger auf Unterstützung angewiesen als alle Sozialhilfebeziehenden im Durchschnitt. Nur knapp ein Viertel (23%) der untersuchten Haushalte konnte sich zwischen 1999 und 2000 nach weniger als einem Jahr Bezugsdauer von der Sozialhilfe ablösen. Knapp 40% bezogen während ein bis drei Jahren Hilfe und 37% während mehr als drei Jahren. Diese Verteilung kontrastiert stark mit der allgemeinen mittleren Bezugsdauer.[9]

Familien und Dauer des Sozialhilfebezugs

Eine entscheidende Frage für die Dauer des Sozialhilfebezugs ist das Vorhandensein von Kindern. →Familien beziehen beinahe doppelt so lange Sozialhilfe wie Haushalte ohne Kinder. Konkret beziehen Paarhaushalte ohne Kinder durchschnittlich 19 Monate Hilfe, Paarhaushalte mit Kindern 36 Monate. Alleinlebende werden im

---

Bezugsdauer im Kanton Zürich 2003

Nicht abgeschlossene Dossiers

Jahre

Abgeschlossene Dossiers

Jahre

Zahlen: BFS, 2005c.

---

5   BFS; Sozialbericht Zürich, 2005, S. 62/63.

6   Analoge Zahlen für den Kanton Zürich vom BFS, Sektion Soziale Sicherheit.

7   Kanton Luzern, 2005, S. 8. BFS, 2005e. BFS, 2005f.

8   Städteinitiative, 2005, S. 13/14.

9   Kutzner, Mäder, Knöpfel, 2004, S. 87–88.

Mittel während 28 Monaten unterstützt, Alleinerziehende während 60 Monaten.[10]

Die Ausstiegschancen sind also nicht für alle Sozialhilfebeziehenden gleich groß. Für Alleinerziehende oder Working Poor sind die Chancen deutlich geringer. Gegen diese strukturellen Risiken existiert (noch) keine Versicherung.

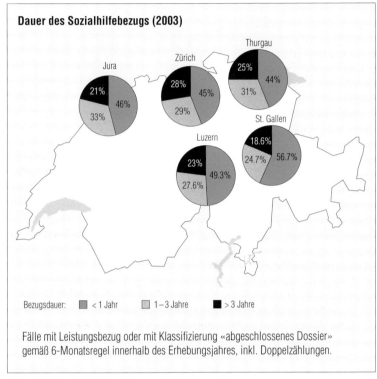

Dauer des Sozialhilfebezugs (2003)

Thurgau

Zürich

Jura 21% 46% 33%

Zürich 28% 45% 29%

Thurgau 25% 44% 31%

St. Gallen

Luzern

Luzern 23% 49.3% 27.6%

St. Gallen 18.6% 56.7% 24.7%

Bezugsdauer: ■ < 1 Jahr □ 1–3 Jahre ■ > 3 Jahre

Fälle mit Leistungsbezug oder mit Klassifizierung «abgeschlossenes Dossier» gemäß 6-Monatsregel innerhalb des Erhebungsjahres, inkl. Doppelzählungen.

Zahlen: BFS, 2005c, 2005d, 2005e, 2005f. Auskunft Statistisches Amt Luzern.

10 Kutzner, Mäder, Knöpfel, 2004,
S. 88

Die Gründe für die Beendigung des Sozialhilfebezugs sagen einiges über die eigentlichen Ursachen der Armut aus. Ferner kann eine Analyse dieser Gründe wichtige Hinweise für die Strategien der Sozialpolitik und der Politik der Sozialhilfe liefern.

Die häufigsten Ablösgründe

Ein Fall gilt als abgeschlossen, wenn er während sechs Monaten keine Zahlung erhalten hat. Bei Fallabschluss vermerkt das Sozialamt, sofern bekannt, den Grund für die Bezugsbeendigung. Im Kanton Zürich war in der Hälfte der 2003 beendeten Fälle ein Beendigungsgrund vermerkt.[11] Die insgesamt 25 verschiedenen Gründe können folgenden Kategorien zugeteilt werden:

▶ Existenzsicherung durch andere Sozialleistungen: Anspruchsabklärungen bei den Sozialversicherungen und andern Institutionen dauern oft sehr lange. Bis zu einem positiven Entscheid dient die Sozialhilfe immer wieder als (finanzielle) Brücke zur Sicherung des Lebensunterhalts. Rund 40% der Fälle werden dank Einsetzen der Leistungen einer → Sozialversicherung (30%) oder durch eine andere → Bedarfsleistung (12%) von der Sozialhilfe abgelöst.

▶ Verbesserung der wirtschaftlichen Situation: In rund 30% der Fälle konnte der Bezug dank Aufnahme einer Erwerbstätigkeit (22,5%) oder der Erhöhung des Pensums oder des Einkommens beendet werden. «Insgesamt zeigt sich, dass die Integration ins Erwerbsleben und der Zugang zum Arbeitsmarkt nach wie vor einer der Hauptgründe für die Ablösung von der Sozialhilfe und damit der wichtigste Weg aus der Armut ist.»[12]

▶ Beendigung der Zuständigkeit: Knapp 30% der Fälle werden durch Wohnortwechsel (19%), Tod oder Kontaktabbruch beendigt, also ohne Rückführung zur selbständigen Sicherung des Lebensunterhalts. ∎

Werden die Beendigungsgründe mit der Dauer der Sozialhilfe verglichen, so fällt auf, dass die beiden Gründe «Vermittlung an die IV» und «Tod der beziehenden Person» mit zunehmender Bezugsdauer immer häufiger auftreten. Auf der andern Seite werden Ablösungen dank einer Verbesserung der wirtschaftlichen Situation mit zunehmender Hilfsdauer immer seltener.[13]

Diese Feststellungen für den Kanton Zürich werden durch die Erfahrungen in andern Kantonen (zum Beispiel JU, TG, SG, LU) sowie durch den Kennzahlenvergleich bestätigt, wenngleich die prozentualen Verteilungen etwas anders ausfallen.

Ablösgründe von der Sozialhilfe

(Katon Zürich, 2003)

Tod oder Kontaktabbruch — Sozialversicherung
Wohnortwechsel
11%
30%
19%
7,5%
12%
22,5%
Erhöhung des Pensums oder Einkommens — Erwerbsaufnahme — andere Bedarfsleistung

---

CARITAS:

Die vom Sozialamt angestrebte wirtschaftliche Selbständigkeit wird bei weniger als einem Drittel der Betroffenen erreicht. Die Chancen auf dem Arbeitsmarkt sind für Sozialhilfebeziehende höchst begrenzter Natur. Die meisten werden an eine Sozialversicherung «vermittelt».

---

11 BFS, 2005c, S. 62/63.
12 BFS, 2005c, S. 62.
13 Salzgeber, Suter, 1997. Zitiert in: BFS, 2005c, S. 63.

188

Die häufigsten Ablösgründe bei Working Poor

Neben dem markant längeren Sozialhilfebezug unterscheiden sich die → Working Poor auch hinsichtlich der Beendigungsgründe vom Durchschnitt der Sozialhilfebeziehenden. Nur gerade 23% der Sozialhilfe beziehenden Working Poor werden durch das Einsetzen einer Sozialversicherungsleistung von der Sozialhilfe abgelöst. Knapp die Hälfte können ihren Bezug durch Änderungen der Erwerbssituation beenden, wobei in 28% der Fälle durch eine Erweiterung des Arbeitspensums des Haushaltes und in 21% durch eine Einkommenserhöhung. Bei Paarhaushalten mit und ohne Kinder ist die Ausdehnung des Erwerbspensums mit Abstand der häufigste Grund, bei Alleinstehenden und Alleinerziehenden dominiert die qualitative Verbesserung der Erwerbssituation. Daneben sind der Erhalt von → IPV oder → Stipendien, ein Wohnortwechsel oder der Fortfall von Unterstützungspflichten wichtige Ablösgründe.[14] ■

CARITAS:

Ablösung von der Sozialhilfe heißt nicht automatisch, dass die Gefahr der Armut für die Betroffenen gebannt ist. Das neue Einkommen liegt in vielen Fällen nur knapp über der Armutsgrenze und entsprechend groß ist die Gefahr, wieder darunter zu fallen. Die Verbesserungen sind vielfach nicht substanziell genug.

14 Kutzner, Mäder, Knöpfel, 2004, S. 91/92

Gezielte →Sozialpolitik hat zum Ziel, Armut zu vermeiden oder zu mildern. Der soziale Wohnungsbau soll zum Beispiel günstige Wohnungen erstellen, um dafür zu sorgen, dass armutsgefährdete Menschen dank güstigen Mietkonditionen von Armut verschont bleiben. Aller Sozialpolitik zum Trotz sind in der Schweiz etwa 13% (→Kapitel 2, Armutssituation in der Schweiz) der Bevölkerung von Armut betroffen.

Die Sozialhilfe ist als temporäre Hilfe in Notlagen konzipiert worden und entsprechend wird eine möglichst rasche Ablösung angestrebt. Die SKOS beschreibt dieses doppelte Ziel wie folgt: «Sozialhilfe sichert die Existenz bedürftiger Personen, fördert ihre wirtschaftliche und persönliche Selbständigkeit und gewährleistet die soziale und berufliche Integration.»[15]

Wer arm ist und Sozialhilfe bezieht, muss also wieder integriert werden. Was wird in der Sozialhilfe unter Integration verstanden? Und welche Maßnahmen werden getroffen?

Das Integrationsverständnis der Sozialhilfe

Der staatlichen Sozialhilfe liegt ein Integrationskonzept zugrunde, das die **Integration** auf zwei verschiedenen Achsen misst: Die berufliche und die soziale. Auf beiden Achsen kann man mehr oder weniger integriert sein, wobei zwischen den beiden Achsen ein Wirkungszusammenhang besteht. Dies führt dazu, dass jemand meist auf beiden Achsen etwa gleich stark integriert oder eben nicht integriert ist. Im Modell können dabei vier verschiedene Zonen oder Stufen der Integration unterschieden werden: Die Zone der (vollen) Integration, dann die Zone der

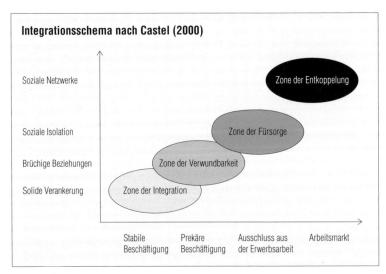

Darstellung: Caritas.

Verwundbarkeit gefolgt von der Zone der Fürsorge und schließlich die Zone der (totalen) Entkoppelung.[16] Die Sozialhilfe hat zum Ziel, die Menschen wieder zurück in die Zone der Integration zu bringen. Dazu sollte sie ihre Klientinnen und Klienten dabei unterstützten, sich auf beiden Ebenen wieder zu integrieren.

In Wirklichkeit dominieren heute in der Sozialhilfe die Bemühungen zur beruflichen Integration. Es wird implizit davon ausgegangen, dass die berufliche Integration Vorstufe der sozialen Integration ist und diese dann automatisch herbeiführt.

Die SKOS-Richtlinien präzisieren den Integrationsauftrag der Sozialhilfe wie folgt: «Das soziale (im Gegensatz zum absoluten) Existenzminimum umfasst nicht nur die Existenz und das Überleben der Bedürftigen, sondern auch ihre Teilhabe am Sozial- und Arbeitsleben. Es fördert die Eigenverantwortung und die Hilfe zur Selbsthilfe.»[17]

Der Begriff der Integration oder ein sinngemäßes Synonym wie Reintegration, Selbständigkeit, Autonomie, Eingliederung oder Wiedereingliederung kommt nur in 13 von 26 Sozialhilfegesetzen vor.[18] Dies zeigt, dass der Begriff der Integration nicht einheitlich oder sogar überhaupt nicht definiert wird. Die Bedeutung des Wortes wird teilweise indirekt durch die ausführlich beschriebenen Integrationsmaßnahmen erhellt. Aber nur zwölf kantonale Sozialhilfegesetze erwähnen solche Maßnahmen zur Wiedereingliederung explizit. In den übrigen Kantonen werden sie entweder in Beschlüssen oder Verordnungen geregelt, oder sie gehört nicht zum Auftrag der Sozialhilfe. Nur gerade fünf Kantone sind gesetzlich verpflichtet, solche Maßnahmen anzubieten.

Integration wird grundsätzlich als einseitige Förderung der Sozialhilfebeziehenden ausgelegt. Gesellschaftliche Veränderungen zur Förderung der Integration werden nicht in Betracht gezogen.

Berufliche und soziale Integration

Über die Definition der **beruflichen Integration** scheint Konsens zu herrschen. Es geht darum, die Betroffenen wieder in den **ersten Arbeitsmarkt** zu integrieren. Der erste Arbeitsmarkt ist der normale, freie Arbeitsmarkt, der nach dem Prinzip von Angebot und Nachfrage funktioniert.

Die soziale Integration hingegen wird nicht immer einheitlich definiert. Im Mittelpunkt der **sozialen Integration** steht die Förderung der sozialen Kontakte zu den Mitmenschen und die Bekämpfung der → sozialen Isolation. Ziel ist die Integration in den **zweiten Arbeitsmarkt**. Dieser, auch ergänzender Arbeitsmarkt oder komplementärer Arbeitsmarkt genannt, bietet längerfristige Arbeiten in geschütztem Rahmen und meist in Nischenbereichen an. Nicht alle Sozialhilfebeziehenden finden sich auf Anhieb im Umfeld des zweiten Arbeitsmarktes zurecht. Sie müssen in niederschwelligeren Beschäftigungsprogrammen auf diesen Schritt vorbereitet werden. In diesen Programmen steht die (Re-)Sozialisierung im Vordergrund und nicht die Arbeitsleistung.

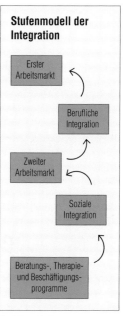

Darstellung: Caritas.

16 Modell von Robert Castel erklärt in: Strohmeier, Knöpfel, 2004, S. 14 17.

17 SKOS-Richtlinien, 2005, A.1 – 1.

18 Stand 2004. Stohmeier, Knöpfel, 2004, S. 36. AG, BE, BL, BS, FR, GE, JU, NE, TG, TI, UR, VD, VS.

Umsetzung des Integrationsauftrags

Wie diese Integration konkret erreicht werden soll, muss jeder Kanton und teilweise auch jede Gemeinde selbst erarbeiten. Im Kanton Bern sind beispielsweise die Fürsorgebehörden aller Gemeinden verpflichtet, eine eigenständige Strategie für die örtliche Sozialhilfe auszuarbeiten und aus dieser konkrete Integrationsprojekte und -maßnahmen abzuleiten und umzusetzen.[19]

Die daraus resultierenden konkreten Maßnahmen sind von Kanton zu Kanton und von Gemeinde zu Gemeinde verschieden, da sie sich nach den spezifischen lokalen Bedürfnissen richten. Sie decken jedoch immer mindestens eines der folgenden drei Grundbedürfnisse der zu integrierenden Menschen ab:

▶ Beratung
▶ Therapie
▶ Beschäftigungsmöglichkeit

Individuelle Situationsanalyse und Beratung

Wichtigste Voraussetzung für eine erfolgreiche Integration ist die kompetente Beratung seitens der Sozialhilfe – und die Kooperation der betroffenen Person. In einem individuellen Gespräch müssen die Notsituation analysiert und gemeinsam Lösungsvorschläge ausgearbeitet werden. Die beratende Person hat «dafür zu sorgen, dass den Hilfesuchenden geeignete Maßnahmen zur Verfügung stehen oder solche vermittelt werden.»[20] Nicht alle Projekte sind für alle Betroffenen geeignet. Sie müssen entsprechend sorgfältig ausgesucht werden. Verschiedene Kantone, so zum Beispiel Bern, gewähren wirtschaftliche Sozialhilfe nur auf Grund einer unterzeichneten Zielvereinbarung, in welcher Leistungen und Gegenleistungen festgehalten werden.

Honorieren von Integrationsbemühungen

Unter dem Titel **Anreizmodelle** verbreiten die neuen SKOS-Richtlinien eine Praxis, die jene Sozialhilfebeziehenden besser stellt, die sich um ihre Integration bemühen und an den angebotenen Projekten teilnehmen. Wer aus objektiven Gründen wie zum Beispiel auf Grund von Betreuungsaufgaben nicht teilnehmen kann, erhält eine → minimale Integrationszulage (MIZ) von 100 Franken – ist aber so dennoch schlechter gestellt als diejenigen, die eine volle Integrationszulage (IZU) von bis zu 300 Franken erhalten. ■

Beispiele von Projekten zur Förderung der beruflichen Integration

Wie könnten solche Maßnahmen konkret aussehen? Bei nachfolgender Auswahl konkreter Projekte steht die berufliche Integration im Vordergrund. Das längerfristige Ziel dieser Maßnahmen ist also die Integration in den ersten Arbeitsmarkt.

19 Wegleitung für Gemeinden und Sozialbehörden, www.gef.be.ch.
20 Sozialamt Luzern, 2005, D. 2

192

- «Büroservice» (ZG): Das Projekt der Gemeinnützigen Gesellschaft Zug bietet Büroarbeiten aller Art für Firmen, Private und Vereine an. Die in diesem Projekt gesammelten Erfahrungen sollten bei der Wiedereingliederung in den ersten Arbeitsmarkt helfen.[21]

- «Le Site de Cernier» (NE): Auf dem Gelände der ehemaligen Landwirtschaftsschule wurden verschiedene Projekte und Institutionen mit den gemeinsamen Nennern «Erde» und «Natur» gegründet. Seit dem Jahr 2000 werden auch 30 Plätze zur (vorwiegend beruflichen) Reintegration von Arbeitslosen und Sozialhilfeempfängern angeboten.[22]

- «Schöns Züri» (ZH): An öffentlichen Gebäuden werden Fassaden gereinigt, mit Anti-Graffiti-Schutzmitteln behandelt und Plakate entfernt. Dieses Angebot für Sozialhilfeempfangende der Stadt Zürich strebt die berufliche und soziale Integration an.[23]

Beispiele von Projekten zur Förderung der sozialen Integration

Bei diesen Projekten steht die Beschäftigung und die Tagesstruktur im Vordergrund. Die Integration in den ersten Arbeitsmarkt ist längerfristiges Ziel.

- «Werkatelier für Frauen» (ZH): In diesem Projekt werden 15 Frauen regelmäßig und zwölf temporär beschäftigt. Sie stellen Leinwände für Kunsthändler her. Ziel des Projektes ist der Aufbau persönlicher Kompetenzen wie Selbstvertrauen, Selbständigkeit, Teamfähigkeit.[24]

- «La Joliette» (NE): In diesem Projekt werden verschiedene externe Arbeiten wie Lieferdienste oder Bauarbeiten, aber auch Arbeiten am und im projekteigenen Gebäude ausgeführt. Primäres Ziel ist das Verhindern sozialer Isolation und das Knüpfen von Kontakten.[25]

- «Naturwerk Sihlwald» (ZH): Im Sihlwald werden Beschäftigungsmöglichkeiten in der Natur geboten, wie zum Beispiel der Unterhalt von Waldwegen oder Arbeiten im Naturschutz oder im Tierpark. Das Projekt strebt ausdrücklich die soziale Integration Sozialhilfebeziehender an.[26]

Niederschwellige Beschäftigungsprogramme

Die (Re-)Sozialisierung und das Fördern persönlicher Kompetenzen steht im Vordergrund. Ziel dieser Maßnahmen ist die längerfristige Integration in den zweiten Arbeitsmarkt. In diesem Bereich sind die Angebote (noch) sehr dünn gesät.

- «Bazart Theater» (FR): Dieses Theaterprojekt für arbeitslose Sozialhilfebeziehende bringt das Theater unter die Leute.[27]

- «Sprungbrett / Spielzeugwerkstatt Palettino» (ZH): die beiden zusammengeschlossenen Projekte richten sich vorwiegend an Sozialhilfebeziehende mit Suchtproblemen. Ziel der verschiedenen Beschäfti-

21 www.ggz.ch/arbeitsprojekte/
    bueroservice.

22 www.ggz.ch/arbeitsprojekte/
    bueroservice.

23 www3.stzh.ch/internet/sd/home/
    arbeit/arbeitsintegration/
    berufliche_integration/schoens_
    zueri.html.

24 Strohmeier, Knöpfel, 2005, S. 55.

25 Strohmeier, Knöpfel, 2005, S. 75.

26 www3.stzh.ch/internet/sd/home/
    arbeit/arbeitsintegration/soziale_
    integration/natur.html.

27 Strohmeier, Knöpfel, 2005, S. 66.

gungen und Arbeiten ist das Verhindern von weiter fortschreitender Verwahrlosung der Betroffenen.[28]

► «LARC – Lieu d'accueil et de rencontre» (JU): Dieses Caritas-Projekt bekämpft die soziale Isolation. Das hauseigene Kaffee fördert nicht nur die sozialen Kontakte unter sozial Benachteiligten, sondern ermöglicht auch Kontakte zur Stadtbevölkerung.[29]

Obschon sich diese Systematik der Integrationsmaßnahmen in der Sozialhilfepraxis bewährt, ist sie noch in keines der 26 Sozialhilfegesetze aufgenommen worden. Projekte zur sozialen Integration, vor allem in Form von langfristigen niederschwelligen Angeboten, sind selten und noch wenig entwickelt. ■

CARITAS

Die Förderung und der Erhalt der sozialen Integration werden in der Sozialhilfe immer wichtiger. Die Sozialpolitik muss dies als eigenständiges Ziel der gesellschaftlichen Teilhabe anerkennen.

28 Strohmeier, Knöpfel, 2005, S. 54.
29 www.caritas-jura.ch/pages/presta/larc.html.

7.

Aktuelle und zukünftige Armutspolitik

7. Aktuelle und zukünftige Armutspolitik

«Die Armut, nicht die Armen bekämpfen.» So müsste das Motto für jeden politischen Vorstoß lauten, der zur Existenzsicherung und Integration von Menschen in prekären Lebenslagen beitragen will. Die vorgeschlagenen Instrumente müssen von den Betroffenen her, von ihrer Lebenssituation aus gedacht werden. Damit fällt die wohl einfachste Maßnahme zur Reduktion der Armut in der Schweiz außer Betracht: das Absenken der → Armutsgrenze. Mit dieser reaktionären politischen Intervention hätte das Land von einem Moment auf den anderen rein rechnerisch zwar weniger Arme, doch die Situation der Betroffenen würde sich natürlich kein Bisschen ändern.

Armutspolitik hat zum Ziel, Armut wenn möglich zu vermeiden, denen, die doch arm sind, zu helfen ihre soziale Existenz zu sichern und ihnen Wege aus der Armut zu weisen. Erfüllt nicht eine moderne → Sozialhilfe alle diese Anforderungen? Warum braucht es neue Instrumente, andere Maßnahmen? Warum konzentriert sich die Armutspolitik nicht einfach darauf, das letzte Auffangnetz im System der sozialen Sicherheit festzuzurren, wie dies zum Beispiel der Schweizerische Arbeitgeberverband fordert?[1] Im abschließenden Kapitel werden diese Fragen beantwortet und die Elemente einer wirksamen Armutspolitik entworfen.

Modernisierung der Sozialhilfe

Aus der Sicht der Betroffenen ist der Weg zum Sozialamt noch immer mit der Angst vor Stigmatisierung und mit Gefühlen von Scham und Bittgang verbunden. Sozialhilfe zu beanspruchen ist für viele Arme nicht Ausdruck eines sozialen Anrechtes, sondern Folge eines persönlichen Scheiterns. Doch das alleine kann kein Argument gegen die Sozialhilfe sein. Vielmehr leitet sich daraus der Anspruch ab, die Sozialhilfe so zu gestalten, dass sie dieses Image los wird. Dazu gehört auch die Abschaffung der «archaischen Eintrittsbarrieren», wie dies die OECD in einem Gutachten forderte.[2]

Die Sozialhilfe ist ursprünglich als Überbrückungshilfe für individuelle Notlagen konzipiert worden. Sie soll so lange helfen, bis eine Sozialversicherung in Anspruch genommen werden kann oder eine andere (Ab-)Lösung gefunden wird. Inzwischen hat sich aber die Sozialhilfe zu einem komplementären Teil des Systems der sozialen Sicherheit entwickelt. Sie muss heute neue soziale Risiken wie Scheidung, Erwerbsarmut (Working Poor), Langzeitarbeitslosigkeit und immer öfter auch das Risiko psychischer Erkrankung auf lange Dauer hin abdecken, weil für diese Armutsrisiken keine Sozialversicherung zuständig ist. Doch mit dieser Aufgabe sind die Kantone und Gemeinden an die Grenzen ihrer Leistungsfähigkeit geraten und benötigen dringend eine finanzielle und personelle

1 Schweizer Arbeitgeberverband, 2002, S. 14–23.

2 OOECD, 1999.

Entlastung. Die Gefahr einer Abwärtsspirale, in der eine Gemeinde die andere in ihrer härteren Gangart gegenüber den Bedürftigen zu überbieten sucht, ist nicht von der Hand zu weisen. Zumindest ist darum ein Bundesrahmengesetz zur Existenzsicherung und Integration zu fordern. Die →SKOS selbst setzt sich seit ihren Anfängen für eine nationale Regelung der Sozialhilfe ein. Es geht dabei nicht um eine Nationalisierung der Armutspolitik, sondern «nur» darum, dass auf Bundesebene geregelt wird, wie die kantonale und kommunale Sozialhilfe gestaltet werden muss. So könnte der Bund zum Beispiel die Kompetenz erhalten, die SKOS-Richtlinien als allgemein verbindlich zu erklären.

Armutspolitik über die Sozialhilfe hinaus

Die kantonal oder kommunal organisierte und finanzierte Sozialhilfe kann die sozialen Kosten des gesellschaftlichen Wandels nicht allein tragen. Die Vermeidung und Bewältigung der neuen sozialen Risiken sind eine Herausforderung für das ganze System der sozialen Sicherheit. Es ist deshalb unumgänglich, dass eine wirkungsvolle Armutspolitik über die Modernisierung der Sozialhilfe hinausgeht. Wo dies möglich und sinnvoll ist, muss der Bund einen Teil der anfallenden sozialen Kosten übernehmen.

In der Schweiz gibt es keine eigentliche Armutspolitik. Armutsrelevante politische Reformen sind darum, wenig erstaunlich, von großem Pragmatismus geprägt.

Folgt man einem breiten Verständnis von Armut (→ Kapitel 1, Armut definieren), stellt man fest, dass Armutspolitik mit einer Vielzahl politischer Bereiche interagiert. Dazu gehören die Arbeitsmarktpolitik, die Gesundheitspolitik, die Raumplanungspolitik, die Ausländerpolitik, die Kulturpolitik, die Umweltpolitik und viele weitere Politikfelder mehr. Die Akteure in diesen Politikbereichen sind sich häufig nicht bewusst, wie sehr ihr Handeln soziale Ungleichheit und Armut beeinflussen kann.

Wie kann ein Überblick über die Armutspolitik gewonnen werden? Hier wird vorgeschlagen, dies anhand eines dreiphasigen Schemas zu erreichen:

► Der erste Schwerpunkt jeder sinnvollen Armutspolitik muss die Prävention sein. Was kann getan werden, damit weniger Menschen in Armut geraten? Diese wichtige Facette der Armutspolitik wird heute zu sehr vernachlässigt. Präventiv wirkende Maßnahmen zielen im Kern darauf ab, die → *employability* von erwerbsfähigen Personen aufzubauen, zu erhalten und zu verbessern. *Employability* meint nicht nur die beruflichen Fähigkeiten der Erwerbstätigen, sondern berücksichtigt auch ihre sozialen und gesundheitlichen Möglichkeiten. Dazu gehören auch die familiäre Situation und die Förderung der Vereinbarkeit von Familie und Beruf für Frau und Mann. Nur eine hohe Beschäftigungs- oder besser Arbeitsmarktfähigkeit kann in Zeiten wachsender Unsicherheit im Arbeitsmarkt das Risiko der Verarmung klein halten.

► In einem zweiten Schritt muss Armutspolitik dafür sorgen, dass den Bedürftigen ein menschenwürdiges Dasein gewährt und ihnen die gesellschaftliche Partizipation ermöglicht wird. Die politische Agenda fokussiert heute hauptsächlich diesen Teil des vorgeschlagenen Schemas. So werden zahlreiche Vorschläge präsentiert, die nicht primär an der Erwerbstätigkeit, sondern am Haushaltseinkommen ansetzen. Es handelt sich dabei um Maßnahmen, die entweder die Einnahmen armutsbetroffener Haushalte verbessern oder deren Zwangsausgaben senken. Ziel solcher Maßnahmen ist die Erhöhung des → verfügbaren Einkommens. So sollen neue Spielräume für die gesellschaftliche Teilhabe von armutsbetroffenen Haushalten geöffnet werden. Diese (in Analogie zur Umweltschutzpolitik) *end-of-pipe*-Ansätze sind unbedingt zu unterstützen, müssen aber mit Maßnahmen der Prävention und der Integration kombiniert und ergänzt werden.

► Dies führt zum dritten Element einer sinnvollen Armutspolitik. Eine solche muss in den Bereich der sozialen und beruflichen → Integration investieren, damit mehr Menschen, die durch Ausschluss vom Arbeitsmarkt und den sozialen Beziehungsnetzen bedroht sind, wieder aus der Armut herausfinden.

Wenn die Sozial- und Gesundheitskommission des Nationalrates mit ihrer Forderung nach einem nationalen Aktionsplan zur Armutsbekämpfung im Parlament Unterstützung findet, wird sie sich an diesem Dreischritt zu orientieren haben.[3] Mit dieser Strukturierung rücken nämlich Fragen der Armutsvermeidung und der Überwindung von Armut in den Vordergrund.

Doch bevor diesem Schema folgend die Armutspolitik analysiert und kommentiert wird, muss der Klassiker der Armutspolitik diskutiert werden: die *negative income tax*, die negative Einkommenssteuer also und ihre Varianten. Denn dieses Instrument der Armutspolitik wird immer wieder als Radikallösung für die Armutsproblematik vorgeschlagen, übrigens von links und rechts.

Der Klassiker: negative income tax

Die negative Einkommenssteuer gehört zu den immer wieder zitierten Instrumenten der Armutsbekämpfung. Wer zu wenig verdient, um seine Existenz sichern zu können, bezahlt keine Steuern, sondern erhält Unterstützungsbeiträge aus dem Steuertopf. Zugleich ist die negative Einkommenssteuer so ausgestaltet, dass von Beginn an ein Anreiz besteht, erwerbstätig zu werden oder den Beschäftigungsgrad auszudehnen. Jeder zusätzliche Lohnfranken wird bis zu jenem Punkt, an dem die Steuerpflicht einsetzt, mit einem zusätzlichen Sozialtransfer belohnt.

3 SGKN, Motion Nr. 06.3001, Gesamtschweizerische Strategie zur Bekämpfung der Armut.

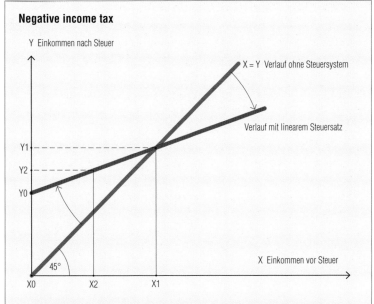

Negative income tax

Die **negative income tax** garantiert allen, denen es nicht möglich ist, durch Erwerbsarbeit ein Lohneinkommen zu erzielen, ein minimales existenzsicherndes Einkommen Y0. Zugleich setzt sie bis zu einem zu definierenden Erwerbseinkommen X1 einen Anreiz, irgendeinen Job anzunehmen, indem jeder zusätzlich verdiente Franken mit einem Zuschuss (negative Steuer) belohnt wird. So erhält, wer X2 verdient, ein verfügbares Einkommen von Y2, wobei Y2 höher ist als das existenzsicherende Einkommen Y0. Erwerbsarbeit lohnt sich also in diesem Modell von Anfang an. Erst ab einem Lohneinkommen X1 (und einem entsprechenden verfügbaren Einkommen von Y1) müssen dann Steuern entrichtet werden.

Darstellung: Caritas.

Dieser Vorschlag stammt von Milton Friedman, einem der Urväter der neoliberalen Strömung in den Wirtschaftswissenschaften.[4] Und das muss aufhorchen lassen. Zum einen müsste dieses existenzsichernde Einkommen sehr tief angesetzt werden, damit das System überhaupt finanzierbar wäre, zum andern würde dieses System gemäß Friedman alle anderen sozialstaatlichen Instrumente und Leistungen ersetzen. Jede weitere soziale Absicherung wollte er dem privatwirtschaftlichen Versicherungsmarkt überlassen. Doch dieses vollständige Ersetzen des heutigen Sozialstaates durch die *negative income tax* fordert heute kaum noch jemand.

Aber selbst dann, wenn man nicht so weit geht und diese Idee nur im Rahmen der Armutspolitik als Instrument der minimalen Existenzsicherung einführen möchte, sind einige problematische Punkte zu beachten. Ein erster solcher Punkt betrifft das Grundeinkommen. Wie hoch soll dieses sein? Soll der Bezug dieses Grundeinkommens an Bedingungen geknüpft sein oder prinzipiell allen gewährt werden, die kein Erwerbseinkommen erzielen können (oder eben wollen)?

4 Friedmann, 1962.

Ein zweiter kritischer Punkt markiert jenes Einkommen, ab dem das System in die Steuerpflicht umkippt. Das dann verfügbare Einkommen sollte so hoch sein, dass tatsächlich eine wirtschaftliche Selbständigkeit des Haushaltes durch Erwerbsarbeit möglich ist. Legt man diese Grenze zu eng aus, so sinkt das minimale Grundeinkommen und es bleibt ein hohes Maß an Armut, ist man zu großzügig, müssen zu viele Haushalte unterstützt werden. In diesem Grenzbereich ist zudem bei Einführung eines solchen Modells mit Verhaltensänderungen zu rechnen. Wer knapp mehr als das steuerpflichtige Einkommen verdient (und Steuern und andere Abgaben bezahlen muss), wird sich überlegen, ob die Erwerbsarbeit nicht reduziert werden kann, um von der *negative income tax* profitieren zu können.

Schließlich stellt sich als dritter problematischer Aspekt die Frage nach der Höhe der Anreize. Je stärker diese ausgestaltet werden, desto wirksamer sind sie, aber desto höher ist auch das Einkommen, ab dem die Steuerpflicht beginnt. Umgekehrt heißt dies, dass immer mehr Haushalte dann von der negativen Einkommenssteuer erfasst werden. Das System wird sehr teuer. Der zweite und der dritte Punkt unterscheiden sich in der Argumentationsweise, beeinflussen sich aber in der konkreten Ausgestaltung gegenseitig stark.

In dieser reinen Form, wie sie hier beschrieben wird, wurde die *negative income tax* nirgendwo auf der Welt auf Dauer eingeführt. Hingegen finden sich abgewandelte Formen, die unter dem Stichwort Steuergutschrift diskutiert werden, in einigen Ländern wie zum Beispiel den USA oder Großbritannien. Inzwischen hat sogar der Bundesrat eine Expertenkommission eingesetzt, die zu prüfen hat, in welcher Form eine solche Steuergutschrift in der Schweiz Anwendung finden könnte.[5]

Mit der Revision der Richtlinien hat auch die SKOS einen Schritt in diese Richtung getan. Zum einen wurde der Grundbedarf, also das soziale Existenzminimum, reduziert, zum anderen wurden → Integrationszulagen (IZU) und vor allem → Einkommensfreibeträge (EFB) eingeführt, die Anreize zur Erwerbsarbeit darstellen. Was fehlt, ist ein → *phase out*. In den Richtlinien wird auf die Notwendigkeit hingewiesen, die Austrittsphase gleitend zu gestalten und einen abrupten Übergang von der Sozialhilfe in die Selbständigkeit nach dem Motto «Eintrittsschwelle gleich Austrittsschwelle» zu vermeiden. Allerdings fehlen Hinweise, wie dies geschehen soll. Es wird sich noch weisen, wie die Kantone diesem Anspruch gerecht werden.

Einen anderen Weg verfolgen jene Kreise, die sich für ein garantiertes Grundeinkommen in Form eines **Bürgergelds**, einer Sozialdividende oder neu einer Grundeinkommensversicherung einsetzen.[6] Sie sprechen sich damit für eine Entkoppelung der Existenzsicherung von der Erwerbsarbeit aus und fordern ein bedingungsloses minimales Einkommen für alle. Sie reagieren damit auf Entwicklungen im Arbeitsmarkt, der in wachsendem Ausmaß nicht mehr allen die

5   Seco, 2002.
6   Opielka, 2004.

Möglichkeit zur Existenzsicherung durch Erwerbstätigkeit bietet und bieten kann. Einmal abgesehen von der Frage, in welcher Höhe ein solches Bürgergeld ausfallen soll, ist auf die große Gefahr des sozialen Ausschlusses hinzuweisen, die mit einer solchen Forderung einhergeht. Denn wer ein Bürgergeld erhält, so die gängige Vorstellung, darf keine anderen Erwartungen an den Sozialstaat mehr hegen. Die Gesellschaft hätte mit einem Bürgergeld ihre Verpflichtung gegenüber dem Einzelnen abgegolten, weitere Bemühungen zur beruflichen und sozialen Integration müssten privat organisiert werden.[7]

Die Debatte über die negative Einkommenssteuer, über Steuergutschriften und über ein bedingungsloses Bürgergeld wird seit langem geführt. Doch die politischen Realisierungschancen sind, gerade in der Schweiz, als sehr gering einzustufen. Dies hat mindestens drei Gründe:

► Zum ersten ist auf eine Pfadabhängigkeit bei sozialstaatlichen Reformen hinzuweisen. Radikale Brüche mit dem entwickelten sozialpolitischen Instrumentarium sind wenig wahrscheinlich, denn sie müssen die hohe Hürde der Volksabstimmung überwinden. Ein unbedingtes Grundeinkommen ist darum nicht anschlussfähig an die aktuelle Sozial- und Steuerpolitik. Zu weit reichende Reformen wären notwendig.

► Zum zweiten verhindert die Kompetenzverteilung im Föderalismus die Einführung solcher Instrumente. Dazu müsste eine nationale Verantwortung für die Armutspolitik etabliert werden. Doch auch davon ist die Schweiz weit entfernt.

► Und drittens widerspricht ein bedingungsloses Bürgergeld dem Selbstverständnis einer Arbeitsgesellschaft, in der sich der Mensch über seine Arbeit identifiziert (→ Kapitel 5, Arbeit und Erwerbseinkommen), in fundamentaler Weise. Solange die soziokulturelle Norm, nach der alle Bürgerinnen und Bürger zunächst → eigenverantwortlich durch Erwerbsarbeit ihre Existenz sichern sollen und müssen und sozialstaatliche Hilfe immer → subsidiär dazu ist, so stark in unseren Köpfen verankert ist, solange werden die hier diskutieren Instrumente nicht mehrheitsfähig werden.

In absehbarer Zeit wird sich die schweizerische Armutspolitik also in den bekannten Pfaden bewegen. Es wird schon ein Erfolg sein, wenn es gelingt, Aspekte der Prävention und Integration in die Armutsdebatte einzubringen.

7 Stutz, Bauer, 2003.

Drei Stufen der Armutspolitik

Wenden wir uns nun dem vorgeschlagenen dreistufigen Schema der Armutspolitik zu.

Erste Stufe: Maßnahmen zur Armutsvermeidung

Könnte Armut bereits in ihrer Entstehung unterbunden werden, wäre dies eine *win-win*-Situation für alle Beteiligten. Armutsprävention betrifft verschiedene Politikbereiche, insbesondere die Bildungs-, die Familien- und die Ausländerpolitik.

▶ Bildungspolitik

Bildung und Berufsbildung sind und bleiben die Schlüssel zu einer beruflichen Entwicklung, die eine eigenverantwortliche Existenzsicherung erst ermöglicht (→ Kapitel 4, Armut und Bildung). Mangelnde Bildung ist noch immer das «Armutsrisiko Nummer eins.»[8] Umso wichtiger ist ein Bildungs- und Berufsbildungssystem, das Ungleichheiten sozialer Herkunft zu kompensieren vermag. Allerdings zeigen die neuen PISA-Studien wieder, dass dies in der Schweiz noch immer nicht in erfolgversprechendem Ausmaß der Fall ist. Die Bildungspolitik ist darum gefordert, sich nicht nur um die Elitenförderung, sondern vor allem auch um die Unterstützung von Leistungsschwächeren zu kümmern. Ziel von bildungspolitischen Reformmaßnahmen muss es darum sein, möglichst alle Kinder frühzeitig zu fördern und den Lernerfolg unabhängig von der elterlichen Förderung zu ermöglichen. Im Vordergrund der bildungspolitischen Diskussion für mehr Chancengleichheit steht darum ein obligatorischer Kindergarten ab drei Jahren sowie die Schaffung von Tagesschulen und einem Betreuungsangebot, welches neben der Schule Raum und Hilfe zur Verarbeitung des Lernstoffes anbietet. Die Förderung von Tagesschulen und eines außerschulischen Betreuungsangebots ist bereits Gegenstand der parlamentarischen Debatte.[9]

In der Berufsbildung sind die verschiedenen Initiativen für mehr Lehrstellen so lange weiterzuführen, bis alle Jugendlichen eines Jahrganges eine Ausbildung machen können, die ihren Fähigkeiten und Wünschen entspricht. Dieses Angebot ist durch Mentoring-Programme, welche die Jugendlichen bei der Suche nach einer Lehrstelle sowie während der ersten Ausbildungsphase begleiten und betreuen, zu ergänzen. In diesem Bereich sind verschiedene Akteure mit neuen Vorstößen aktiv.[10]

Noch größere Probleme stellen sich für junge Erwachsene beim Übergang von der Berufsausbildung zu einem ersten Arbeitsplatz. Die RAV bieten spezifische Förder- und Integrationsprogramme für arbeitslose junge Erwachsene an.[11] Seit die Zahl der unterstützten jungen Erwachsenen markant ansteigt, wird auch die → Sozialhilfe in diesem Bereich zunehmend aktiver. Doch um wirkliche Fortschritte

8 Volken, Knöpfel, 2004.

9 Zum Beispiel die parlamentarische Initiative von Christine Egerszegi «Familien- und schulergänzende Kinderbetreuung».

10 Zum Beispiel Initiative des Bundes: www.chance06.ch oder Aktion «von unten aktiv» der Gewerkschaftsjugend: www.gewerkschaftsjugend.ch.

11 Weber, 2005.

zu erzielen, müssen die → ALV, die Sozialhilfe und die Ämter für Berufsbildung ihre Zusammenarbeit intensivieren (→ IIZ).

Um Armut zu vermeiden, muss weiter die *employability* der Arbeitnehmenden aufrecht erhalten werden. Weiterbildung oder das, was als lebenslanges Lernen bezeichnet wird, sind dabei zentrale Elemente und müssen in der Arbeitsmarktpolitik mehr Gewicht erhalten. Der rasche technische Fortschritt entwertet die erworbenen Fähigkeiten und Fertigkeiten in kurzer Zeit. Nur durch eine stetige Erneuerung des Wissens und Könnens kann dieser Prozess kompensiert werden. Allerdings zeigt sich auch hier wieder, dass wenig qualifizierte Erwerbstätige deutlich seltener in der betrieblichen Weiterbildung gefördert werden als jene, die bereits ein hohes Bildungsniveau mitbringen (→ Kapitel 4, Armut und Bildung). Kommt bei wenig Qualifizierten noch ein latenter Widerstand gegen das bestehende Weiterbildungsangebot, zusammen mit knappen finanziellen Eigenmitteln, hinzu, kann nicht erstaunen, dass im Verlaufe des Lebens die Bildungsunterschiede nicht kleiner, sondern größer werden. Hier müssen neue Wege der Fortbildung und Umschulung gefunden werden, um das Risiko der Arbeitslosigkeit und Verarmung zu verkleinern. Zu prüfen ist eine gezielte Bildungsoffensive, die nicht alleine von der Privatwirtschaft erwartet werden kann, sondern durch den Staat orchestriert und (mit-)finanziert werden muss. Unter dem Blickwinkel der Prävention müsste diese Offensive der Arbeitslosenversicherung in die Verantwortung übergeben werden.

► Familienpolitik

Eine zentrale Forderung in der Familienpolitik ist die bessere Vereinbarkeit von Familie und Berufstätigkeit. Die Rahmenbedingungen für die Erwerbstätigkeit beider Eltern müssen verbessert und die Aufgaben zwischen Mann und Frau besser verteilt werden. So könnte der Beschäftigungsgrad der Haushalte, insbesondere der Mütter, weiter ausgedehnt werden. Die Anstoßfinanzierung für neue familienergänzende Betreuungsangebote für Kinder ist ein Schritt in die richtige Richtung.[12] Mit den ersten rund 100 Millionen Franken wurden 2003 etwa 13 000 Betreuungsplätze (Krippenplätze, Mittagstische oder Tagesmütter) geschaffen. Davon profitieren rund 23 000 Kinder vor allem in Ballungszentren. Mit Blick auf die Tatsache, dass 2001 gerade mal zwei Krippenplätze pro 1000 Kinder zur Verfügung standen, sind aber noch weitere Investitionen nötig.[13] Zudem ist die finanzielle Belastung für armutsbetroffene Familien durch die Ausgaben für diese familienergänzende Kinderbetreuung in vielen Fällen noch immer so hoch, dass der Anreiz zur Ausdehnung der Erwerbstätigkeit dieser Mütter nur begrenzt ist. Hier ist die Forderung nach einer weiter reichenden Vergünstigung der Angebote in allen Kantonen und Gemeinden für armutsbetroffene Familien aufrecht zu erhalten. Weiter muss darauf hin gearbeitet werden, dass auch in ländlichen Gegenden

12 SR 861, Bundesgesetz über Finanzhilfen für familienergänzende Kinderbetreuung.

13 EDI, 2004, S. 58–59.

günstige Angebote entstehen. Schließlich müssen die Kosten für familienergänzende Kinderbetreuung überall von den Steuern abgezogen werden können.

Ein anderes diskutiertes Instrument der Familienpolitik sind Kinderbetreuungsgutscheine. Der Bund ließ auf Anstoß der OECD prüfen, ob in der Schweiz nicht solche Kinderbetreuungsgutscheine an Stelle der direkten Subvention an die entsprechenden Einrichtungen ausgegeben werden sollten.[14] Damit soll die Nachfrage gefördert, das Angebot ausgeweitet und differenziert und so mehr Wirkung und Effizienz in der familienergänzenden Kinderbetreuung erzielt werden. Die Studie verweist auf das entscheidende Moment der Qualitätssicherung. Bevor solche Gutscheine vergeben werden, muss sicher gestellt werden, dass alle Einrichtungen minimale Standards erfüllen. Die Chancen zur Umsetzung dieser Forderung sind aber gering.

Die aktuellen Kinder- und → Familienzulagen decken nicht einmal im Ansatz die anfallenden Kosten. Wie wichtig solche Zulagen sind, zeigt eine Studie aus dem Jahr 1999 eindrücklich auf. Sie belegt, dass der bestehende Familienlastenausgleich (das sind vor allem die Familienzulagen plus die Kinderabzüge bei den Steuern) die Armutsquote von Familien zu halbieren vermag.[15] Der Ausbau dieses Systems ist also wichtig und sinnvoll. Noch sind 290 000 Kinder nicht erwerbstätiger oder selbständig erwerbender Eltern von diesen Leistungen ausgeschlossen.[16] Das Parlament hat im März 2006 ein Gesetz zur Schaffung national einheitlicher Kinderzulagen verabschiedet. Wird das gegen diese Vorlage angekündigte Referendum abgelehnt, wird in Zukunft jeder Familie ein Mindestbeitrag von monatlich 200 Franken für jedes Kind und 250 Franken für Jugendliche in Ausbildung garantiert. 70 000 Kinder selbständig erwerbender Eltern sind aber weiterhin von diesem Gesetz ausgenommen. Der politisch breit abgestützte Vorstoß stellt einen Gegenvorschlag zur mittlerweile zurückgezogenen Initiative der Gewerkschaft travail.suisse dar, welche eine Zulage von 450 Franken pro Kind verlangte.[17]

▶ Ausländerpolitik

Ein weiteres – kritisch zu beurteilendes – Element ist im Wandel der Ausländerpolitik zu erkennen. Mit den bilateralen Verträgen zwischen der Schweiz und der Europäischen Union geht eine Umschichtung unter der ausländischen Bevölkerung einher. Die Zahl der wenig qualifizierten ausländischen Bevölkerung aus den Nicht-EU-Ländern sinkt, während jene der gut und sehr gut ausgebildeten Migrantinnen und Migranten (vorwiegend) aus den nördlichen EU-Ländern deutlich ansteigt. Diese Entwicklung mag für die Schweiz von Vorteil sein, schließt aber die geregelte Migration von Staaten außerhalb der Europäischen Union faktisch aus. Die Gefahr ist nicht von der Hand zu weisen, dass damit die Zahl der schwarz arbeitenden *Sans-Papiers* ansteigt.[18] Wie immer man diese Verschiebung in der auslän-

14 Balthasar, Binder, Götsch, 2005.
15 EKFF, 2000, S. 53.
16 EKFF, 2005, S. 5.
17 www.kinderzulagen.ch.
18 Zeugin, 2003.

dischen Wohnbevölkerung auch beurteilt, entscheidend aus Sicht der Armutspolitik bleibt die Frage der erfolgreichen sozialen und beruflichen Integration dieser Menschen.

Zweite Stufe: Existenzsicherung und gesellschaftliche Partizipation

Eine der Aufgaben des → Sozialstaats ist es, von Armut Betroffenen ein menschenwürdiges Dasein zu ermöglichen. Neben Unterstützung durch die → Sozialhilfe, weiteren kantonalen Bedarfsleistungen und Auszahlung von → Ergänzungsleistungen sind folgende weiteren Handlungsfelder denkbar:

▶ Steuerpolitik

In der Steuerpolitik finden sich drei konkrete Projekte, die das verfügbare Einkommen armutsbetroffener Haushalte verbessern können:

Erstens ist dies die Steuerbefreiung des → Existenzminimums. Wer nicht mehr verdient als das Existenzminimum, soll keine Steuern bezahlen müssen. Dazu kennt die Steuerpolitik den Steuerfreibetrag. Die Bundessteuer ist hier sehr großzügig. Erst ab einem Haushaltseinkommen von 12 800 Franken für Einzelpersonen und 24 900 Franken für Familien sind Steuerzahlungen an den Bund fällig. Anders sieht es in den Kantonen aus. Hier fällt der Steuerfreibetrag sehr unterschiedlich aus.[19] Zudem ist dieser schlecht auf die kantonalen und kommunalen Bedarfsleistungen, insbesondere die Sozialhilfe abgestimmt.

Der Bund kann den Kantonen keine Vorschriften zu den Steuertarifen, Steuersätzen und den Steuerfreibeträgen machen. Das Steuerharmonisierungsgesetz (StHG) erlaubt nur formale Regelungen. Schon in seiner Antwort auf eine Motion von Nationalrat Paul Rechsteiner[20] deutet der Bundesrat diese Möglichkeit an: «Denkbar wäre allenfalls eine allgemein gehaltene Vorschrift im StHG, welche die Kantone verpflichtet, sich bei der Steuerberechnung an ein von ihnen zu definierendes Existenzminimum zu halten.» Diese Auflage für die Kantone im Rahmen der formalen Steuerharmonisierung war im sogenannten Steuerpaket enthalten. Dieses wurde jedoch am 16. Mai 2004 an der Urne deutlich abgelehnt. So bleibt es vorläufig dabei, dass Lohneinkommen an der Armutsgrenze steuerpflichtig sind, während die entsprechenden Sozialhilfegelder in der Regel steuerbefreit sind. Diese Ungleichbehandlung wird nun in den Kantonen diskutiert. Verschiedene politische Vorstöße verlangen auf kantonaler Ebene eine entsprechende Anpassung des Steuergesetzes.[21]

In der Steuerpolitik können Familienbudgets zweitens durch höhere Abzüge für Kinder und drittens durch großzügigere Regelungen für die familienergänzende Kinderbetreuung entlastet werden. Allerdings kann auch hier der Bund nur sehr begrenzt wirksam handeln. Tiefe Einkommen werden nicht oder kaum durch die direkte Bundessteuer belastet. Auch hier müssen die kantonalen Steuergesetze reformiert und familienfreundlicher ausgestaltet werden. Dabei ist eine wich-

---

19 Es ist schwierig, sich dazu einen Überblick zu verschaffen, da der Steuerfreibetrag heute meist nicht als Abzug ausgewiesen, sondern im Steuertarif berücksichtigt wird.

20 Motion Nr. 97.3288, «Existenzminimum. Steuerbefreiung».

21 Zum Beispiel Vorstoß der SP BL: www.sp-bl.ch/vernehm/docs/steuergesetz.pdf.

tige Nuance zu beachten: Werden die Abzüge nur auf das steuerbare Einkommen bezogen, so profitieren Haushalte mit hohen Einkommen deutlich stärker als Haushalte mit niedrigem Einkommen. Der Grund ist der progressive Verlauf der Besteuerung. Mehr Wirkung zu Gunsten von armutsbetroffenen Haushalten kann erreicht werden, wenn diese Abzüge direkt vom Steuerbetrag gemacht werden könnten. Man könnte sogar noch weiter gehen, und dies als *negative income tax* ausgestalten: Wenn ein Haushalt mit diesem Abzug unter Null fallen würde, würde er die Differenz ausbezahlt erhalten.[22]

▶ Gesundheitspolitik

In der Gesundheitspolitik steht die Belastung der Haushalte durch die → Krankenkassenprämien im Vordergrund. Die Kantone haben mit verschiedenen Modellen die Prämien für Haushalte mit niedrigem Einkommen verbilligt (→ Kapitel 5, IPV). Die Verbilligungen fallen je nach Kanton und Familientyp sehr unterschiedlich aus. Insgesamt bleibt aber die Belastung gerade für den unteren Mittelstand sehr hoch. Darum stehen weitere Revisionen an. Die Debatte dreht sich um die Frage, ob ein bestimmtes Sozialziel festgelegt werden soll, das definiert, wie viele Prozent eines Haushaltseinkommens für die → Krankenversicherung im Maximum ausgegeben werden müssen. Dabei sollen insbesondere Familien weiter entlastet werden, indem diese zum Beispiel von den Kinderprämien vollständig befreit werden.[23]

▶ Arbeitsmarktpolitik

In der Arbeitsmarktpolitik wird mit Blick auf die Armut die → Tieflohnproblematik thematisiert. Die Gewerkschaften fordern Minimallöhne deutlich über dem Existenzminimum. Tieflöhne finden sich vor allem in gewerkschaftlich schwach organisierten Branchen; betroffen sind vor allem Frauen und die ausländische Arbeitnehmerschaft (→ Kapitel 3, Arbeit und Erwerbseinkommen). Mit ihrer Ende der 90er Jahre lancierten Kampagne «Kein Lohn unter 3000 Franken» waren die Gewerkschaften sehr erfolgreich. In zahlreichen Gesamtarbeitsverträgen konnten die untersten Lohnkategorien seither angehoben werden. Soweit eine solche Lohnpolitik sich im Rahmen der Sozialpartnerschaft abspielt, ist sie weitgehend akzeptiert. Allerdings gab es gerade in jenen Branchen, in denen die tiefsten Löhne bezahlt werden, wenig Fortschritte. Darum ist die Forderung nach einer gesetzlichen Regelung der minimalen Löhne nicht vom Tisch. Solche staatlich festgelegten Mindestlöhne, die für alle Branchen und Kategorien von Erwerbsarbeit gelten sollen, sind aber sehr umstritten. Befürchtet werden negative Auswirkungen auf die Beschäftigung. Der Fokus muss darum auf die Förderung der Sozialpartnerschaft auch in den typischen «Frauen- und Ausländerbranchen» wie Reinigung, Gastgewerbe und Detailhandel gelegt werden.

22 Bereits 1990 wurde der Bundesrat in einem Postulat (Jaeger Franz, Postulat 90.788, Negative Einkommenssteuer) aufgefordert, dieser Idee nachzugehen. Seither wurde die Idee verschiedentlich wieder aufgegriffen (Fehr Jacqueline, Anfrage 05.1134).

23 Wächter, 2004.

▶ Sozialpolitik

In vielen Haushalten steht die Armut in direkten Zusammenhang mit den Ausgaben für die Kinder. Darum werden neue Vorstöße in der Sozialpolitik debattiert. Ein Projekt, das in der sozialpolitischen Auseinandersetzung schon weit fortgeschritten ist, ist die Ausweitung der kantonalen → Ergänzungsleistungen auf armutsbetroffene Familien. Der Kanton Tessin hat diesen Schritt schon vor Jahren gemacht, und die Resultate sind positiv.[24] Sollen andere Kantone diesem Tessiner Modell folgen?[25] Oder können gar schweizweit EL für bedürftige Familien eingeführt werden? Dazu sind zwei parlamentarische Initiativen im Nationalrat hängig, welche ein Zusammenspiel von Kinder-EL und Kleinkinderzulagen vorschlagen.[26] Verschiedene Modellvarianten wurden bereits simuliert und berechnet. Sie zeigen, dass mit diesem Instrument eine deutliche Reduktion der Familienarmut erreicht werden kann.[27] Bei der Ausgestaltung dieses Instruments muss jedoch darauf geachtet werden, dass die konkrete Ausgestaltung nicht zu ungleichem Nutzen für die unterschiedlichen Familientypen führt. Ein entsprechender Gesetzesentwurf ist bereits erarbeitet worden. Auf diese Leistungen bestünde ein Rechtsanspruch, weshalb sie den verschiedenen kantonalen Bedarfsleistungen zu Gunsten von Familien vorzuziehen sind.[28]

Dritte Stufe: soziale und berufliche Integration

Der dritte Schritt einer kohärenten Armutspolitik ist die soziale und berufliche (Re-)→ Integration. Armutsbetroffenen Menschen soll geholfen werden, ihr Leben wieder eigenständig zu organisieren und zu finanzieren. Handlungsfelder dazu sind vorwiegend die Arbeitsmarktpolitik und die Sozialpolitik.

▶ Arbeitsmarktpolitik: Maßnahmen zur beruflichen Integration

Integration ist zum zentralen Begriff für die aktuelle Sozialpolitik in der Schweiz geworden. Die → ALV, die → UV, die → IV, die → Sozialhilfe, alle wollen ihre Klientinnen und Klienten wieder beruflich integrieren. Gemeint ist damit, die → *employability* soweit wieder herzustellen und zu fördern, dass die Betroffenen eine reelle Chance auf einen Arbeitsplatz erhalten. Die verschiedenen Sozialversicherungen und die Sozialhilfe gehen dabei aber sehr unterschiedliche Wege. Die → Interinstitutionelle Zusammenarbeit (IIZ) soll diese Integrationsangebote aufeinander abstimmen und gegenseitig öffnen.

▶ Sozialpolitik: Maßnahmen zur sozialen Integration

Für wenig qualifizierte Arbeitskräfte wird es immer schwieriger eine Anstellung zu finden. Die Vermutung drangt sich auf, dass diese geringen Beschäftigungsaussichten nicht nur auf die konjunkturelle Situation zurückzuführen, sondern auch etwas mit dem Lohngefüge zu tun haben könnten. Die Frage stellt sich, ob eine Verbilligung der

24 assegni familiari: www.ti.ch/DSS/ temi/politica_familiare/valutazione_ legge_assegni_fam.htm.

25 zum Beispiel Zürich: www.chancen-fuer-kinder.ch.

26 Meier-Schatz Lucretia, Parlamentarische Initiative 0.437. Fehr Jacqueline, Parlamentarische Initiative Nr. 0.136. Für beide wurde die Beratungsfrist bis zur Sommersession 2007 verlängert.

27 Bauer, Strub, Stutz, 2004.

28 Caritas, 1995.

wenig qualifizierten Arbeitskräfte durch den Staat mehr Chancen auf dem Arbeitsmarkt eröffnen würden. Die Rede ist von befristeten und unbefristeten Lohnzuschüssen.

Befristete Lohnzuschüsse können auch als Einarbeitungszuschüsse bezeichnet werden. In der ersten Phase einer Anstellung müssen die Firmen nicht den vollen Lohn bezahlen, die Differenz übernimmt der Staat. In dieser Zeit sollen die Erwerbstätigen *on the job* so produktiv werden, dass sie später jene Leistung erbringen können, die dem vollen Lohn entspricht. Eine Evaluation der verschiedenen Instrumente der arbeitsmarktlichen Maßnahmen der ALV haben gezeigt, dass hier die größte Wirkung bei der Verminderung der Arbeitslosigkeit erzielt werden kann.[29] Inzwischen wird dieses Instrument auch in der Sozialhilfe und Invalidenversicherung geprüft. Ein anderes Thema sind **unbefristete Lohnzuschüsse**. Sie kommen heute hauptsächlich bei den viel diskutieren Kombilöhnen zur Anwendung. Eine dauerhafte «künstliche» Verbilligung der Arbeitskraft kommt einer Subventionierung von Unternehmen gleich. Es würde ein staatlich geschaffener Niedriglohnbereich entstehen, eine eigentliche «Dienstboten- und Hausmagd-Gesellschaft». Die Chancen für Geringqualifizierte auf dem Arbeitsmarkt würden damit deutlich erhöht. Trotzdem ist diese Maßnahme stark umstritten. Befürchtet werden wettbewerbliche Verzerrungen, falsche Anreize zur Lohndrückerei und ein Erlahmen der Innovationsbereitschaft von Firmen.

Eine weitere Variante sind die sogenannten **1000-Franken-Jobs**, wie sie zum Beispiel in der Stadt Zürich eingeführt werden. Sozialhilfebeziehende, die an diesem Programm teilnehmen, erhalten für ihre Erwerbstätigkeit eine monatliche Entschädigung von 1600 bis 3200 Franken, je nach individueller Leistungsfähigkeit. Die Sozialhilfe wird, bis auf einen Freibetrag von rund 600 Franken, um die Höhe des jeweiligen Erwerbseinkommens reduziert. Sozialfirmen bilden die Basis des Projektes. Diese sollen marktwirtschaftlich funktionieren und Tätigkeiten verrichten, die sich sonst nicht mehr rentieren oder bedroht sind, wegrationalisiert oder ins Ausland verlagert zu werden. Dabei sollen sie Gewerbe und Handwerk möglichst nicht konkurrenzieren. Bereits sind innerhalb der städtischen Verwaltung drei Teillohnprojekte umgesetzt. Zur Förderung des Aufbaus weiterer solcher Projekte wird von der Stadt zusammen mit Wirtschaftskreisen eine gemeinsame Trägerorganisation gegründet. Ob durch eine Tätigkeit in einer Sozialfirma der Sprung in ein normales Arbeitsverhältnis besser gelingt, ist umstritten. Erste Erfahrungen wecken Hoffnung.[30]

Allerdings haben auch diese Bemühungen ihre Grenzen. Die Zahl jener, die auf lange Sicht nicht mehr von der Sozialhilfe oder der IV wegkommen werden, steigt. Darum gewinnt die Debatte über neue Formen der → sozialen Integration als eigenständige Maßnahme an Bedeutung. In der IV kennt man dieses Instrument schon länger, in der Sozialhilfe sind erste Versuche unter dem Titel des → zweiten

29 Gerfin, 2004.
30 http://www.stiftungfuerarbeit.ch.

Arbeitsmarktes angelaufen. Allerdings sind all diese Angebote zum einen quantitativ noch immer von bescheidener Natur, zum anderen – vor allem in der Sozialhilfe – werden sie letztlich doch nicht als eigenständiges Ziel, sondern als Vorbereitung für eine berufliche Integration in den ersten Arbeitsmarkt angesehen. Doch die Zahl armer Menschen ohne Perspektive auf eine existenzsichernde Erwerbstätigkeit nimmt zu. Und damit die Dringlichkeit, neu über eine gesellschaftliche Teilhabe jenseits der Erwerbsarbeit nachzudenken. Nicht die Politik, sondern die wirtschaftliche Entwicklung führt für eine wachsende Zahl von Menschen zu einer wenn nicht formalen, so doch faktischen Entkoppelung von Erwerbsarbeit und Existenzsicherung.

Für diese Menschen braucht es gesellschaftlich und individuell sinnvolle Möglichkeiten zur beruflichen Betätigung, die mit einem «Soziallohn» honoriert werden. Wer diesen Menschen nur noch finanzielle Unterstützung gewährt, schließt sie endgültig aus, womit wir zurück beim unbedingten Bürgergeld und all seinen Wenn und Aber sind.

DIE ARMUTSPOLITIK DER CARITAS SCHWEIZ

Caritas Schweiz beschäftigt sich seit vielen Jahren mit der Armut in der Schweiz. Aus dieser intensiven Auseinandersetzung mit der Thematik haben sich vier Schwerpunkte in ihrer Armutspolitik herauskristallisiert:

► Das Bildungssystem soll so reformiert werden, dass allen Kindern eine Vorschulerziehung angeboten wird und dass möglichst viele Kinder und Jugendliche eine berufliche Ausbildung absolvieren können, die es ihnen ermöglicht, ein Erwerbseinkommen jenseits prekärer Lebenslagen zu erzielen.

► Die Familienpolitik ist entlang der folgenden drei Säulen weiter zu entwickeln:
  – nationale Kinderzulage von mindestens 200 Franken respektive 250 Franken für Jugendliche in Ausbildung,
  – Ergänzungsleistungen für einkommensschwache Familien
  – und Förderung der Vereinbarkeit von Erwerbstätigkeit und Familie für Frau und Mann durch genügend und bezahlbare Plätze zur Kinderbetreuung und steuerliche Abzüge dieser Kosten.

► Die kantonale und kommunale Sozialhilfe muss in ein Bundesrahmengesetz zur Existenzsicherung und Integration eingebettet werden. Die Unterstützungsleistungen dürfen nicht (mehr) gekürzt werden.

► In Zusammenarbeit zwischen ALV, IV und der öffentlichen und privaten Sozialhilfe muss die berufliche und soziale Integration weiter ausgebaut werden. Vor allem braucht es mehr Angebote zur sozialen Integration.

Wichtige Internetseiten zum Thema

Arbeitsmarktstatistik: ams.jobarea.ch

Armuts-Site des Schweizerischen Arbeiterhilfswerks: www.armut.ch

Bundesamt für Gesundheit (BAG): www.bag.admin.ch

Bundesamt für Sozialversicherung (BSV): www.bsv.admin.ch
Die meisten Publikationen des BSV sind online einsehbar.

Bundesamt für Statistik (BFS): www.bfs.admin.ch
Die meisten Publikationen des BFS sind online einsehbar.

Büro Bass: www.buerobass.ch
Die meisten Publikationen des Büros sind online einsehbar.

ecoplan: www.ecoplan.ch

Eurostat: epp.eurostat.cec.eu.int

GfS Forschungsinstitut: www.gfs.ch

Informationsstelle für Konsumkredite:
iko-info.ch/willkommen/fs_willkommen_d.htm

Interface Institut für Politikstudien: www.interface-politikstudien.ch

Online-Nachschlagewerk: de.wikipedia.org/wiki/Hauptseite

Pisa-Studie: www.portal-stat.admin.ch/pisa/pisa.htm

Regionale Arbeitsvermittlung (RAV): www.treffpunktarbeit.ch

Schweizerische Konferenz für Sozialhilfe (SKOS): www.skos.ch

Seite für Alleinerziehende: http://www.1eltern.ch

Sozial aktuell, die Fachzeitschrift der sozialen Arbeit:
www.sbs-aspas.ch/de/p42001850.html

Soziale Sicherheit CHSS: www.bsv.admin.ch/publikat/chss/d/index.htm

Sozialversicherungen: www.ahv.ch

Staatssekretariat für Wirtschaft (seco): www.seco.admin.ch

Statistiken der OECD: www.oecd.org/statsportal

Verein zur Führung einer Zentralstelle für Kreditinformationen: www.zek.info

Wörterbuch der Sozialpolitik: www.socialinfo.ch/cgi-bin/dicopossode

Zeso, Zeitschrift für soziale Sicherheit:
www.skos.ch/deutsch/publikationen/frameset_zeso.html

Zürcher Betreibungsämter, Richtlinien für die Bemessung des Notbedarfs:
www.schkg.ch/fachliches/betreibungsrecht/richtl&verf/tx_em01_ksvk.htm

Literaturverzeichnis

Aeppli Daniel C., Hoffmann Brigitte, Theiss Roland: Ausgesteuerte in der Schweiz. Haupt, Bern, 1998.

Aeppli Daniel C.: Die Ausgesteuerten. Haupt, Bern, 2000.

Aeppli Daniel C., Kälin Roli, Ott Walter, Peters Mattias: Wirkungen von Beschäftigungsprogrammen für ausgesteuerte Arbeitslose. Rüegger, Zürich, 2004.

Amt für Jugend und Berufsberatung des Kantons Zürich: Empfehlungen zur Bemessung von Unterhaltsbeiträgen für Kinder. Zürich, Januar 2000.

Arbeiterwohlfahrt: Gute Kindheit – Schlechte Kindheit. AWO, Bonn, 2002. URL: www.awo.de

Balthasar Andreas, Binder Hans-Martin, Götsch Neukom Regula: Kinderbetreuungsgutschriften. Diskussionspapier zuhanden der Zentralstelle für Familienfragen. Luzern, 2005.

Bamert Thomas, Oggenfuss Petra: Ausgabeverhalten von Jugendlichen. Universität Zürich, 2005. URL: www.isu.unizh.ch/marketing/research/jugendliche/ausgabeverhalten.pdf.

Basel Stadt: Kennzahlen zur Integration. Basel Stadt, 2004. URL: www.statistik-bs.ch/kennzahlen/integration

Bauer Tobias, Strub Silvia, Stutz Heidi: Familien, Geld und Politik. Rüegger, Zürich, 2004.

Bauer Tobias, Stutz Heidi, Schmugge Susanne: Erben in der Schweiz – eine sozioökonomische Analyse unter besonderer Berücksichtigung der Generationenbeziehungen. Zwischenergebnisse Januar 2005. Büro Bass, Bern, 2005.

Baur Philipp, Riphahn Regina: Heterogeneity in the International Transmission of Educational Attainment: Evidence from Switzerland on Natives and Second Generation Immigrants. Uni Basel, 2004.

Baur Rita, Duvinage Frédéric et al.: Zweiter Arbeitsmarkt in der Schweiz. Haupt, Bern, 1998.

Beck Ulrich: Risikogesllschaft. Auf dem Weg in eine andere Moderne. Suhrkamp, Frankfurt, 1986.

Beck Ulrich: Politik in der Risikogesellschaft. Suhrkamp Verlag, Frankfurt, 1991.

Beck Ulrich, Beck-Gernsheim Elisabeth: Riskante Freiheiten. Individualisierung in modernen Gesellschaften. Suhrkamp, Frankfurt, 1994.

Bieback Karl-Jürgen, Milz Helga (Hg.): Neue Armut. Campus, Frankfurt, 1995.

Bildungsmonitoring Schweiz: Pisa 2003: Kompetenzen für die Zukunft. BFS, EDK, Neuenburg, 2005. URL: www.portal-stat.admin.ch/pisa/pisa.htm

Bollier Gertrud E.: Soziale Sicherheit in der Schweiz. Schriftenreihe Nr. 19. Verlag Personalvorsorge und Sozialversicherung AG, Luzern, 1999.

Bublitz Hannelore: Titel, Stelle, Karriere – Macht: eine Frage des guten Geschmacks? Universität Paderborn, 1998.

Bühl Herbert: Die Abwärtsspirale der Armut. In: ZeSo, November 2004, SKOS, Bern, 2004, S. 21.

Bundesamt für Gesundheit (BAG): Monitoring 2004. Die sozialpolitische Wirksamkeit der Prämienverbilligung in den Kantonen. BAG, Bern, 2005a.

Bundesamt für Gesundheit (BAG): Prämienübersicht 2006. URL: www.bag.admin.ch/kv/statistik/f/doc/dfi_praemienCHv2_2006.pdf.

Bundesamt für Migration (BFM): Asylstatistik 2005. BFM, Bern, 2006.

Bundesamt für Sozialversicherung (BSV): Soziale Sicherheit CHSS, 4/2003. BSV, Bern, 2003.

Bundesamt für Sozialversicherung (BSV): Schweizerische Sozialversicherungsstatistik 2004. BSV, Bern, 2004a.

Bundesamt für Sozialversicherung (BSV): IV-Statistik 2004. BSV, Bern, 2004b.

Bundesamt für Sozialversicherung (BSV): Statistik der Ergänzungsleistungen zur AHV und IV 2004. BSV, Bern, 2005a.

Bundesamt für Sozialversicherung (BSV): Vergleich zwischen der AHV und der beruflichen Vorsorge (BV) aus wirtschaftlicher Sicht. BSV, Bern, 2005b.

Bundesamt für Sozialversicherung (BSV): Schweizerische Sozialversicherungsstatistik 2005. BSV, Bern, 2005c.

Bundesamt für Sozialversicherung (BSV): Bedarfsleistungen an Eltern in den Kantonen. Stand 1. Januar 2005. BSV, Bern, 2005d.

Bundesamt für Statistik (BFS): Armut verstehen – Armut bekämpfen. BFS, Neuenburg, 1999a.

Bundesamt für Statistik (BFS): Info:Social 1999, Nr. 1. BFS, Neuenburg, 1999b.

Bundesamt für Statistik (BFS): Info Social, Fakten zur Sozialen Sicherheit. Nr. 3, Juni 2000. BFS, Neuenburg, 2000.

Bundesamt für Statistik (BFS): Working Poor in der Schweiz. Konzepte, Ausmaß und Problemlagen aufgrund der Daten der Schweizerischen Arbeitskräfteerhebung. BFS, Neuenburg, 2002b.

Bundesamt für Statistik (BFS): Wohlstand und Wohlbefinden. BFS, Neuenburg, 2002c.

Bundesamt für Statistik (BFS): Statistisches Jahrbuch der Schweiz 2003. Verlag Neue Zürcher Zeitung, Zürich, 2003.

Bundesamt für Statistik (BFS): Die Schweizerische Arbeitskräfteerhebung (SAKE) 2004. BFS Neuenburg, 2004a.

Bundesamt für Statistik (BFS): Einkommens- und Verbrauchserhebung 2002. BFS Neuenburg, 2004b.

Bundesamt für Statistik (BFS): Inventar der bedarfsabhängigen Sozialleistungen. Stand 1.1.2002. CD-Rom. BFS, Neuenburg, 2004c.

Bundesamt für Statistik (BFS): Beschäftigungsbarometer im 3. Quartal 2004, Medienmitteilung Nr. 0350-0411-20. BFS, Neuenburg, 2004d.

Bundesamt für Statistik (BFS): Schweizerische Gesundheitsbefragung 2002. CD-Rom. BFS, Neuenburg, 2004e.

Bundesamt für Statistik (BFS): Schweizerische Sozialhilfestatistik 2004. BFS, Neuenburg, 2004f.

Bundesamt für Statistik (BFS): Sozialbericht Kanton Zürich 2002. BFS, Neuenburg, 2004g.

Bundesamt für Statistik (BFS): Wohnversorgung und Wohnverhältnisse. Entwicklungen 1990–2000. BFS, Neuenburg, 2004h.

Bundesamt für Statistik (BFS): Working Poor in der Schweiz. BFS, Neuenburg, 2004i.

Bundesamt für Statistik (BFS): Pensionskassenstatistik 2002. BFS, Neuenburg, 2004k.

Bundesamt für Statistik (BFS): Statistisches Jahrbuch der Schweiz 2004. Verlag Neue Zürcher Zeitung, Zürich, 2004l.

Bundesamt für Statistik (BFS): Lebensqualität und Armut – Kennzahlen. Mehrfachbenachteiligungen. www.bfs.admin.ch. Bern, 2004m.

Bundesamt für Statistik (BFS): Gesamtrechnung der Sozialen Sicherheit. Resultate für 2002 – Schätzungen für 2003. BFS, Neuenburg, 2005a.

Bundesamt für Statistik (BFS): Informationen zur schweizerischen Sozialhilfestatistik, Nr. 15. BFS, Neuenburg, Mai 2005b.

Bundesamt für Statistik (BFS): Sozialbericht Kanton Zürich 2004. BFS, Neuenburg, 2005c.

Bundesamt für Statistik (BFS): Sozialhilfestatistik. Auswahl von Standardtabellen zur Sozialhilfestatistik 2003 Kanton Thurgau. BFS, Neuenburg, 2005d.

Bundesamt für Statistik (BFS): Sozialhilfestatistik im Kanton Jura. Medienmitteilung Nr. 0350-0505-10. BFS, Neuenburg, 2005e.

Bundesamt für Statistik (BFS): Sozialhilfestatistik im Kanton St. Gallen. Medienmitteilung Nr. 0350-0504-70. BFS, Neuenburg, 2005f.

Bundesamt für Statistik (BFS): Statistisches Jahrbuch 2005. Verlag Neue Zürcher Zeitung, Zürich, 2005g.

Bundesamt für Statistik (BFS): Die Einbürgerung ist nicht immer Garantie für eine bessere Integration. Medienmitteilung Nr. 0350-0503-60. BFS, Neuenburg, April 2005h.

Bundesamt für Statistik (BFS): Freiwilligenarbeit in der Schweiz. BFS, Neuenburg, 2005i.

Bundesamt für Statistik (BFS): Working Poor: Armut trotz Erwerbstätigkeit. Anteil der Working Poor 2004 leicht verringert. Medienmitteilung Nr. 0350-0511-00. BFS, Neuenburg, 2005k.

Bundesamt für Statistik (BFS): Die Schweizerische Arbeitskräfteerhebung (SAKE) 2005. BFS, Neuenburg, 2005l.

Bundesamt für Statistik (BFS): Die Schweizerische Sozialhilfestatistik 2004, BFS Aktuell. BFS, Neuenburg, 2006a.

Bundesamt für Statistik (BFS): 3 Prozent der Bevölkerung beziehen Sozialhilfeleistungen. Medienmitteilung Nr. 0350-0605-20. BFS, Neuenburg, 2006b.

Bundesamt für Wohnungswesen: Wohnen 2002. Detailauswertung der Gebäude- und Wohnungserhebung. BWO, Grenchen, 2005.

Burla Laila, Bucher Sabine, Abel Thomas: Was ist ein gesunder Lebensstil? In: Managed Care 5. Rosenfluh Publikationen, Neuhausen, 2004, S. 5–7.

Büro Bass: Wie ist die Arbeit zwischen den Geschlechtern verteilt? Büro Bass, Bern, 2000.

Büro Bass: Wer zahlt für die Soziale Sicherheit und wer profitiert davon? Rüegger, Bern, 2004.

Büro Bass: Erben in der Schweiz. Laufendes Projekt im Rahmen des NFP 52.

Carigiet Erwin, Mäder Ueli, Bovin Jean-Michel (Hrsg.): Wörterbuch der Sozialpolitik. Rotpunkt, Zürich, 2003.

Caritas Schweiz: Arme Frauen in der Schweiz. Ursachen, Zusammenhänge, Perspektiven. Caritas-Verlag, Luzern, 1989.

Caritas Schweiz: Trotz Einkommen kein Auskommen – working poor in der Schweiz. Caritas-Verlag, Luzern, 1998.

Caritas Schweiz: Armut und garantiertes Grundeinkommen. Entwicklungen und Modelle. Caritas-Verlag, Luzern, 1995.

Caritas Schweiz: Sozialalmanach 1999. Caritas-Verlag, Luzern, 1999.

Caritas Schweiz: Prekäre Arbeitsverhältnisse in der Schweiz. Caritas-Verlag, Luzern, 2001a.

Caritas Schweiz: Sozialalmanach 2001. Caritas-Verlag, Luzern, 2001b.

Caritas Schweiz: Sozialalmanach 2002. Caritas-Verlag, Luzern, 2002.

Caritas Schweiz: Sozialalmanach 2003. Caritas-Verlag, Luzern, 2003a.

Caritas Schweiz: Sozialalmanach 2004. Caritas-Verlag, Luzern, 2003b.

Caritas Schweiz: Sozialalmanach 2005. Caritas-Verlag, Luzern, 2004.

Caritas Schweiz: Sozialalmanach 2006. Caritas-Verlag, Luzern, 2005.

Caritas Zürich: Finanzielle Probleme! Wohin wende ich mich? Zürich, 2006.

Commission Européenne: Un nouveau partenariat pour la cohésion. Convergence, compétitivité, coopération. Troisième rapport sur la cohésion économique et sociale. Commission Européenne, Bruxelles, 2004.

Coradi Vellacott Maja, Wolter Stefan C.: Soziale Herkunft und Chancengleichheit. In: Für das Leben gerüstet? BFS, Bern, 2002, S. 90–132.

Cortesi Antonio: Bei Stipendien droht ein Kahlschlag. In: Tages-Anzeiger vom 14.7.2003.

Dahrendorf Ralf: Neue Weltordnung. In: Du, Heft Nr. 5, Mai 1997. TA-Media AG, Zürich, 1997, S. 17–20.

Drilling Matthias: Young urban poor. Abstiegsprozesse in den Zentren der Sozialstaaten. VS Verlag für Sozialwissenschaften, Wiesbaden, 2004.

Deutsche Gesellschaft für Technische Zusammenarbeit (GTZ): Pilotprojekt Armutsbekämpfung: Armut: Definitionen, Konzepte und Indikatoren. GTZ, Eschborn (DE), 1998.

Dummermuth Andreas: Von der IIZ zur IIZ-plus. Stans, 2005.

Ecoplan: Prekäre Arbeitsverhältnisse in der Schweiz. Seco, Bern, 2003.

Ecoplan: Verteilung des Wohlstands in der Schweiz. Eidgenössische Steuerverwaltung, Bern, 2004.

Eidgenössisches Departement des Innern (EDI): Familienbericht 2004: Strukturelle Anforderungen an eine bedürfnisgerechte Familienpolitik. EDI, Bern, 2004.

Eidgenössische Kommission für Familienfragen (EKFF): Modelle des Ausgleichs von Familienlasten. Eine datengestützte Analyse für die Schweiz. EKFF, Bern, 2000.

Eidgenössische Kommission für Familienfragen (EKFF): Die Leistungen der Familien anerkennen und fördern. Strategische Leitlinien. EKFF, Bern, 2005.

Eidgenössische Steuerverwaltung (ESTV): Vermögensstatistik der natürlichen Personen 1997. ESTV, Bern, 1999.

Eidgenössisches Volkswirtschaftsdepartement (EVD): Presseunterlagen zur Studie «Armut unter Erwerbstätigen in der Schweiz: Eine Beurteilung alternativer wirtschaftspolitischer Lösungsansätze». Bern, 2002.

Europäische Kommission: Eine neue Partnerschaft für die Kohäsion. Konvergenz Wettbewerbsfähigkeit Kooperation. Dritter Bericht über den wirtschaftlichen und sozialen Zusammenhalt. Europäische Gemeinschaften, Luxemburg, 2004.

European Commission: The social situation in the European Union 2004. EU, Luxembourg, 2004.

Eurostat: GDP per capita in 2004. Pressemitteilung STAT/05/75 vom 03.06.2005. URL: europa.eu.int

Fachhochschule Solothurn Nordwestschweiz: Auswirkungen von Armut auf die kindliche Entwicklung: Stand der Forschung. Reihe A: Discussion Paper 2001-S09. FHSO, Solothurn, 2001.

Flisch Regula: Arm als Kind, Arm für immer? FHA, Rohrschach, 2004.

Fluder Robert: Öffentliche Sozialhilfe in der Schweiz: Die Rolle der Gemeinden. In: Sozialpolitik in der Bewährung. S. 93–126. Haupt, Bern, 1998.

Fluder Robert, Stremlow Jürgen: Armut und Bedürftigkeit. Herausforderungen für das kommunale Sozialwesen. Haupt, Bern, 1999.

Forum Sozialwirtschaft: Arbeit im Wandel. Don Bosco, München, 2001.

Frey René L.: Städtewachstum – Städtewandel: Eine ökonomische Analyse der schweizerischen Agglomerationen. Basel, 1990.

Friedman Milton: Capitalism and freedom. University of Chicago Press, Chicago, 1962.

Fritschi Tobias, Stutz Heidi: Simulation Familien-Ergänzungsleistungen. Büro Bass, Bern, 2004.

Frösch Therese: Wirksame Sozialhilfe im Spannungsfeld zwischen Existenzsicherung, Integration und knappen öffentlichen Finanzen. Referat am Weiterbildungsseminar der SKOS, Interlaken, 2004.

Gerfin Michael: Ökonometrische Evaluation der arbeitsmarktlichten Maßnahmen in der Schweiz. In: Die Volkswirtschaft. 4/2000. St.Gallen, 2000. S. 16–18.

Gerheuser Fromuth W.: Mietbelastung und Wohnverhältnisse. Bundesamt für Wohnungswesen (BWO), Grenchen, 2001.

Glotz Peter: Die Arbeit der Zuspitzung: Über die Organisation einer regierungsfähigen Linken. Berlin, 1984.

Grawehr Andrea, Knöpfel Carlo: Ergänzender Arbeitsmarkt. Ein erfolgreiches Konzept zur sozialen und beruflichen Integration? Caritas-Verlag, Luzern, 2001.

Gubéran Etienne, Usel Maßimo: Mortalité prématurée et invalidité selon la profession et la classe sociale à Genève. Office cantonale de l'inspection et des relations du travail, Genève, 2000.

Guio Anne-Catherine: Einkommensarmut und soziale Ausgrenzung in EU-25. Statistik kurz gefasst, 13/2005. Europäische Gemeinschaften, Luxemburg, 2005.

Hofmann Claudia, Nadai Eva, Sommerfeld Peter: Verstecktes Leiden unter Armut. Wie betroffene Kinder und ihre Eltern die Situation wahrnehmen und bewältigen. Fachhochschule Solothurn, 2001.

Holz Gerda, Skoluda Susanne: Armut im frühen Grundschulalter. AWO, Bonn, 2003. URL: www.awo.org

Höpflinger François, Stuckelberger Astrid: Alter, Anziani, Vieillesse. NFP 32, Bern, 1999.

Höpflinger François: Wandel des Alterns – und gesellschaftliche Folgen. 11.2004. URL: www.mypage.bluewin.ch/hoepf/fhtop/fhalter1.html

Hotz Gerda: Armut und Armutsprävention bei Kindern – Welche Zukunft wird geschaffen? Arbeiterwohlfahrt, Essen, 2005.

Huber Martin: Mehr Sozialmissbrauch in Zürich. In: Tages-Anzeiger vom 25.3.2006.

Hüttner Eveline, Bauer Tobias: Maßnahmen zur gezielten Unterstützung von einkommensschwachen Familien. Büro Bass, Bern, 2003.

Informationsstelle des Züricher Sozialwesens: Verzeichnis «Soziale Hilfe von A–Z». Zürich, 2005.

Interessengemeinschaft Arbeit: Soziale Netze im Kanton Luzern, 1999/2000. Verlag für Soziales und Kulturelles, Luzern, 2000.

Interface: Monitoring 2004. Die sozialpolitische Wirksamkeit der Prämienverbilligungen in den Kantonen. BAG, Bern, 2005a.

Interface: Soziale Anlaufstelle. BSV, Bern, 2005b.

Interinstitutionelle Zusammenarbeit (IIZ): Handbuch zur Interinstitutionellen Zusammenarbeit. Seco, Bern, 2004.

Kanton Luzern: lustat Aktuell. 2005/Nr. 06. Amt für Statistik des Kantons Luzern, 2005.

Karasek Robert A., Torres Theorell: Healthy Work. Basis Books, New York, 1990.

Kaufmann Franz-Xaver: Die schrumpfende Gesellschaft. Suhrkamp, Frankfurt, 2005.

Knöpfel Carlo: Braucht die Schweiz einen neuen Gesellschaftsvertrag? In: Farago Peter, Fasel Hugo, Kaufmann Claudia, Knöpfel Carlo: Nationaler Konsens am Ende? Auf der Suche nach einem neuen Gesellschaftsvertrag für die Schweiz. Caritas-Verlag, Luzern, 1996, S. 7–29.

Knöpfel Carlo: Von der großen Solidarität zu den kleinen Solidaritäten. Kommunitarische Versuchungen im Standortwettbewerb. Vortragsreihe «Solidarität», Fribourg, Lehrstuhl für Sozialarbeit. Caritas-Verlag, Luzern, 1997.

Knöpfel Carlo: Interinstitutionelle Zusammenarbeit in der Sozialpolitik. In: Soziale Sicherheit, Nr. 4. BSV, Bern, 2002.

Knöpfel Carlo: Arme sterben früher! Gesundheit – eine soziale Frage. In: soziale medizin 1.05. Basel, 2005, S. 57–61.

Konferenz der Betreibungs- und Konkursbeamten der Schweiz: Richtlinien für die Berechnung des betreibungsrechtlichen Existenzminimums (Notbedarf) nach Art. 93 SchKG. 2000. URL: www.berechnungsblaetter.ch/rilexmi.htm

Konferenz der kantonalen Sozialdirektoren und Sozialdirektorinnen (SODK), Konferenz kantonaler Volkswirtschaftsdirektoren und -direktorinnen (VDK): Empfehlungen der VDK und SODK zur Förderung der interinstitutionellen Zusammenarbeit (IIZ). VDK Bern, SODK Solothurn, 2002.

Kronauer Martin: Einsamkeit – ein Problem der sozialen Schichtung? Vortrag auf dem Nationalen Forum der Caritas Schweiz «Sind wir eine Gesellschaft von Einsamen?». Bern, 14. Januar 2005.

Küenzi Kilian, Schärrer Markus: Wer zahlt für die Soziale Sicherheit und wer profitiert davon? Büro Bass, Bern, 2004.

Kutzner Stefan, Mäder Ueli, Knöpfel Carlo: Working Poor in der Schweiz – Weg aus der Sozialhilfe. Rüegger, Zürich, 2004.

Lamnek Siegfried: Soziologie-Lexikon. R. Oldenbourg Verlag, München, 4. Auflage, 2000.

Lamprecht Markus, Stamm Hanspeter: Soziale Ungleichheit im Bildungswesen. Bern, 1996.

Leibfried Stephan, Leisering Lutz et. al: Zeit der Armut. Suhrkamp, Frankfurt am Main, 1995.

Leu Robert E., Burri Stefan, Priester Tom: Lebensqualität und Armut in der Schweiz. Haupt, Bern, 1997.

Levy René et al.: Alle gleich? Soziale Schichtung, Verhalten und Wahrnehmung. Seismo, Zürich, 1998, S. 44.

Locher Anna, Knöpfel Carlo: Sozialhilfe – eine konzertierte Aktion? Die institutionelle Zusammenarbeit im Spannungsfeld von Sozialbereich und Arbeitsmarkt. Caritas-Verlag, Luzern, 2000.

Maag Verena: Kaufsucht: diskret, legal und stark am Zunehmen. In SozialAktuell, Nr. 11, Juni 2004.

Mäder Ueli, Streuli Elisa: Reichtum in der Schweiz. Portraits, Fakten, Hintergründe. Rotpunkt, Zürich, 2002.

Meier Isaak et al.: Lohnpfändung – optimales Existenzminimum und Neuanfang? Schulthess, Zürich, 1999.

Möckli Silvano: Der schweizerische Sozialstaat. Haupt, Bern, 1988.

Monnerat Roger: Die Peitsche Arbeitslosigkeit. Richtige Zahlen – falsches Bild. In: wir kaufleute, Nr. 1. KVZ, Zürich, 2004, S. 4–7.

Müller Kucera Karin, Bauer Tobias: Kindertagesstätten zahlen sich aus. Edition Sozialpolitik Nr. 5a. Sozialdepartement der Stadt Zürich, Zürich, 2001.

Nadai Eva: Viel Monat übrig am Ende des Geldes – Arme in der Schweiz. In: Frauenfragen 1.2004. Eidgenössische Kommission für Frauenfragen, Bern, 2004, S. 9–11.

Nollert Michael, Huser Christian: Freiwilligenarbeit in der Schweiz. Referat am SGS-Kongress vom 6.10.2005, www.sgs-kongress.ch.

NZZ am Sonntag: Wenn Hänschen nichts lernt, bleibt auch Hans der Nachholbildung fern. NZZ am Sonntag vom 7.11.2004.

OECD: Bekämpfung sozialer Ausgrenzung. Band 3. Sozialhilfe in Kanada und in der Schweiz. OECD, Paris, 1999.

OECD: Income distribution and poverty in OECD countries in the second half of the 1990s. OECD, Paris, 2005a.

OECD: Panorama de la société. OECD, Paris, 2005b.

Opielka Michael: Grundeinkommensversicherung. Schweizer Erfahrungen, deutsche Perspektiven? In: Sozialer Fortschritt, Nr. 5. Berlin, 2004.

Pastoralamt des Bistums Basel: Pfarreisozialdienste. Aufgaben, Integration, Selbstverständnis. Pastoralamt des Bistums Basel, Solothurn, 2000.

Regionale Arbeitsvermittlungszentren (RAV): Arbeitslosigkeit. Ein Leitfaden für Versicherte. 2005.

Rhinow René: Die Bundesverfassung 2000. Eine Einführung. Helbing & Lichtenhahn, Basel, Genf, München, 2000.

Rowntree Joseph: Poverty. A study of town life. New York/London, Garland Publishing, 1980 (Originalausgabe 1910).

Salzgeber Renate, Suter Christian: Beginn und Ende des Sozialhilfebezuges. NeubezügerInnen und SozialhilfabgängerInnen des Fürsorgeamtes der Stadt Zürich 1993–1995. Edition Sozialstatistik Nr. 1. Sozialdepartement der Stadt Zürich, 1997.

Schäuble Gerhard: Theorien, Definitionen und Beurteilungen der Armut. Duncker & Humbolt, Berlin, 1984.

Schleicher Johannes: Rechtsmissbrauch bei der Ausübung des Grundrechts auf Existenzssicherung. Edition Soziothek, Bern, 1998.

Schwarz Ann: Schnelles Geld hat seinen Preis. In: Tages-Anzeiger vom 12.5.2005.

Schweizerische Konferenz für Sozialhilfe (SKOS): Menschenwürdig leben? Vivre dignement? Caritas-Verlag, Luzern, 2005a.

Schweizerische Konferenz für Sozialhilfe (SKOS): Richtlinien für die Ausgestaltung und Bemessung der Sozialhilfe. SKOS, Bern, 2005b. URL: www.skos.ch/deutsch/pdf/RL/Ringbuch_deutsch.pdf

Schweizerischer Arbeitgeberverband: Arbeit und Armut. Arbeitgeberverband, Zürich, 2002.

Schweizerischer Gewerkschaftsbund: Endlich existenzsichernde Renten: Erste Säule stärken – 3000 Franken Rente für alle. SGD, Bern, 2005.

Schweizerischer Mieterinnen- und Mieterverband: Die volkswirtschaftliche und soziale Bedeutung der Wohnungsmiete in der Schweiz. MV, Zürich, 2005.

Schweizerischer Verband alleinerziehender Mütter und Väter (SVAMV):
  Bemessung der Kinderalimente. URL: www.svamv-fsfm.ch
Schweizerisches Arbeiterhilfswerk: Armut in der Schweiz. SAH, 2003.
Sennett Richard: Der flexible Mensch. Berlin Verlag, Berlin, 1998.
Sozialamt Luzern: Luzerner Handbuch zu den SKOS-Richtlinien. Ausgabe
  3.0. Luzern, 2005.
Spycher Stefan, Baillod Jürg et al.: Analyse der interkantonalen Unterschiede
  innerhalb der Invalidenversicherung. Büro Bass, Bern, 2004.
Staatssekretariat für Wirtschaft (seco): Registrierte Arbeitslose:
  Übersichtstabellen, 2000–2009, ams.jobarea.ch
Staatssekretariat für Wirtschaft (seco): Steuergutschriften, Mindestlöhne
  und Armut unter Erwerbstätigen in der Schweiz. Grundlagen der
  Wirtschaftspolitik Nr. 5. seco, Bern, 2002.
Staatssekretariat für Wirtschaft (seco): Handbuch zur Interinstitutionellen
  Zusammenarbeit (IIZ). seco, Bern, 2004.
Städteinitiative Sozialpolitik: Kennzahlenvergleich Sozialhilfe in Schweizer
  Städten, Berichtjahr 2003. con_sens Verlag, Hamburg, 2003.
Städteinitiative Sozialpolitik, Organisation des Städteverbandes: Weisen Anreize
  einen Ausweg aus der Sozialhilfe? Luzern, 2004.
Städteinitiative Sozialpolitik: Kennzahlenvergleich zur Sozialhilfe in Schweizer
  Städten, Berichtjahr 2004. Luzern, 2005.
Statistisches Amt des Kantons Zürich: Statistische Berichte des Kantons Zürich:
  Working Poor in der Schweiz. Heft 4/2000. Zürich, 2000.
Statistisches Amt des Kantons Zürich: Armut und Armutsgefährdung im Kanton
  Zürich 1991–2001. Statistik Info Nr. 15/2002. Zürich, 2002.
Streuli Elisa, Bauer Tobias: Working Poor in der Schweiz. Büro Bass, Bern, 2000.
Strohmeier Rahel, Knöpfel Carlo: Was heißt soziale Integration? Öffentliche
  Sozialhilfe zwischen Anspruch und Realität. Caritas-Verlag, Luzern, 2004.
Strom Jonas, Szadrowsky Matthias, Wallimann Isidor: Weg von der Armut
  durch soziokulturelle Integration. Haupt, Bern, 2002.
Strub Silvia: Teilzeitarbeit in der Schweiz. Büro Bass, Bern, 2003.
Strub Silvia, Stutz Heidi: Macht Arbeit Frauen arm? In: Frauenfragen 1.2004.
  Eidgenössische Kommission für Frauenfragen, Bern, 2004, S. 15–19.
Stutz Heidi, Bauer Tobias: Modelle zu einem garantierten Mindesteinkommen.
  Büro Bass, Bern, 2003.
Suter Christian: Armutsforschung und Sozialpolitik in der Schweiz.
  In: Sozialpolitik in der Bewährung. S 139–165. Haupt, Bern, 1998.
Suter Christian, Renschler Isabelle, Joye Dominique (Hrsg.): Sozialbericht 2004.
  Seismo, Zürich, 2004.
Tillmann Robin, Budowski Monica: La pauvreté en Suisse. In: Vivre en Suisse
  1999–2000. Peter Lang Verlag, Bern, 2004, S. 29–53.
Twisselmann Wiebke: Was ist Solidarität für Sie? In: Inforum 1/97, Zürich,
  1997, S. 4–7.
Ulrich Werner, Binder Johann: Armut erforschen. Eine einkommens- und
  lebenslagenbezogene Untersuchung im Kanton Bern. Seismo, Zürich,
  1998.
Unicef: La pauvreté des enfants dans les pays riches 2005. Unicef, Genf, 2005.
  URL: www.unicef.ch/update/pdf/pm/povertyrichcountries6_fr.pdf
United Nations Development Program (UNDP): Bericht über die menschliche
  Entwicklung 2005. UNDP, Berlin, 2005.

Verband schweizerischer Arbeitsämter (VSAA), Schweizerische Konferenz für Sozialhilfe (SKOS) , Schweizerische IV-Stellen-Konferenz (IVSK): Interinstitutionelle Zusammenarbeit im Spannungsfeld von Arbeitslosigkeit, Invalidität und Sozialhilfebedürftigkeit. Zürich/Luzern/ Stans, 2004. URL: www.iiz.ch und www.iiz-plus.ch

Verein Schuldensanierung Bern: Schulden ABC – Alimente. Bern, 2003. URL: www.schuldenhotline.ch

Verein Schuldensanierung Bern: Jahresbericht 2003 und 2004. Bern, 2005. URL: www.schuldenhotline.ch

Volken Jeannine Silja, Knöpfel Carlo: Armutsrisiko Nummer eins: geringe Bildung. Was wir über Armutskarrieren in der Schweiz wissen. Caritas-Verlag, Luzern, 2004.

Wächter Matthias: Für eine solidarische Gesundheitspolitik. Der Reformprozess des schweizerischen Gesundheitswesens aus sozialpolitischer Sicht. Schweizerische Arbeitsgemeinschaft für Sozialpolitik (SAS), Bern, 2004.

Wagner Antonin: Die Rolle der privaten Träger (Nonprofit Organisationen) im schweizerischen Sozialwesen. In: Sozialpolitik in der Bewährung. S 127–138. Haupt, Bern, 1998.

Wälte Michael: Alleinerziehende Working poor und ihre Freizeit. Edition Soziothek, Bern, 2004.

Weber Markus: Jugendarbeitslosigkeit – Analyse und Maßnahmen zur Bekämpfung. In: Die Volkswirtschaft, Nr. 12/2005. St.Gallen, 2005, S. 57–60.

Wilde Joachim, Kubis Alexander: Nichtinanspruchnahme von Sozialhilfe – eine empirische Analyse des Unterwarteten. In: Jahrbücher für Nationalökonomie und Statistik, Bd. 225. Lucius & Lucius, Stuttgart, 2005, S. 347–373.

Wolffers Felix: Grundriss des Sozialhilferechts. Haupt, Bern, 1993.

Wyss Kurt: Sozialhilfe – eine tragende Säule der sozialen Sicherheit? Ein Überblick über die in der Schweiz ausgerichteten bedarfsabhängigen Sozialleistungen. In: info:social, Nr. 1. BFS, Neuenburg, 1999.

Wyss Kurt, Knupfer Caroline: Existenzsicherung im Föderalismus der Schweiz. SKOS, Bern, 2004.

Zeugin Bettina, Kamber Pia: Eine Bürgerstiftung für den Kanton Baselland? Diplomarbeit der Universität Basel, 2002.

Zeugin Bettina: Papiere für Sans-Papiers. Härtefallregelungen genügen nicht – ein Diskussionsbeitrag. Caritas-Verlag, Luzern, 2003.

Zimmermann Erwin, Tillmann Robin (Hrsg.) : Vivre en Suisse 1999–2000. Peter Lang, Bern, 2004.

Gesetze und Verordnungen:

Alle erwähnten Gesetze und Verordnungen können online in der systematischen Sammlung des Bundesrechts eingesehen werden: www.admin.ch/ch/d/sr/sr.html

Stichwortverzeichnis

Dank

Wir danken den folgenden Personen für ihre Unterstützung bei der Entstehung dieses Handbuchs:

Christian Huser, Uni Fribourg, Departement Sozialarbeit und Sozialpolitik, Fribourg;

Christoph Lauber, Psychiatrische Universitätsklinik, Zürich;

Denise Zwygart, SKOS, Bern;

Eric Crettaz, Beat Schmid, Caterina Modetta, Jaqueline Schön-Bühlmann, BFS, Sektion Sozioökonomische Analysen, Neuenburg;

Ernst Reimann, Amt für Zusatzleistungen der Stadt Zürich, Zürich;

Erwin Zimmermann, Oliver Lipps, swisspanel, Lausanne;

Eva Mey, Rahel Strohmeier, HSA Luzern, Luzern;

François Höpflinger, INAG, Sion;

Gian Antonio Paravicini, Edith Lang, lustat, Luzern;

Johannes Schleicher, BfH, Bern;

Jürg Gschwend, Dachverband Schuldenberatung, Aarau;

Marilina Galati, Schweizer Gesundheitsbefragung, Neuenburg;

Markus Burri, Salome Schüpbach, BSV, Statistik, Bern;

Matthias Wächter, Schweizerische Arbeitsgemeinschaft für Sozialpolitik, Bern;

Mirjam Stirnimann, Basel;

Oliver Bieri, Interface, Luzern;

Peter Farago, Landert Farago Partner, Zürich;

Robert Fluder, Heiner Ritzmann, BFS, Sektion Soziale Sicherheit, Bern;

Rolf Schuppli, Wohn- und Obdachlosenhilfe der Stadt Zürich, Zürich;

Rosita Fibbi, Forum suisse pour l'étude des migrations et de la population, Neuenburg;

Tom Priester, Jan Boruvka, BFS, Sozialhilfestatistik, Bern

Valérie Lässig, BFS, SAKE, Bern;

Verena Gerber, Fachstelle Sozialhilfestatistik Zürich und Ostschweiz, Zürich;

Verena Maag, HSA BFH, Bern.

Neu im Caritas-Verlag
Das Jahrbuch zur sozialen Lage der Schweiz

Sozialalmanach 2007
Das Jahrbuch zur sozialen Lage
der Schweiz
Schwerpunkt: Eigenverantwortung

Ca. 260 Seiten, mit rund 40 farbigen
Grafiken und Tabellen
Klappenbroschur
CHF 34.–, Euro 21.–
ISBN 3-85592-102-4

Erscheint Anfang Dezember 2006

Eine Million Arme in der Schweiz! In den
Medien wurde diese Meldung kurz vor
dem Jahreswechsel verbreitet. Sie beruhte
auf einer Schätzung der Caritas, die im
«Sozialalmanach» publiziert und erläutert
wurde.

Der «Sozialalmanach – Das Caritas-Jahrbuch
zur sozialen Lage der Schweiz» stößt bei
Erscheinen regelmäßig auf großes Interesse.
Der Titel ist nach acht Jahrgängen **«eine unent-
behrliche Referenz in sozialen Fragen»**, wie Ruedi
Meier, Sozialdirektor der Stadt Luzern, es
formuliert.

Teil 1 bildet der vom Caritas-Ökonom Carlo
Knöpfel verfasste «Bericht über die wirtschaft-
liche und soziale Entwicklung in der Schweiz».
Teil 2 ist einem in der Sozialpolitik drän-
genden Schwerpunktthema gewidmet. Das
Thema 2007 heißt «Eigenverantwortung».
Zehn Expertinnen und Experten untersu-
chen den schillernden Begriff, der so gern als
Patentlösung in der Sozialpolitik zu Hand ist.
Teil 3 bietet wichtige Zahlen und Trends zur
sozialen Entwicklung der Schweiz in Grafiken
und Tabellen.

*«Im ‹Sozialalmanach 2006› der Caritas steht ein
erschütternder Satz: ‹Eine Million Menschen in
der Schweiz sind arm.› Nicht ein paar tausend
oder zehntausend sind arm. Nein, eine Million.»*
Basler Zeitung, 6. Januar 2006

Bestellungen:
Caritas-Verlag, Löwenstraße 3, Postfach, 6002 Luzern,
Tel. 041 419 22 22, Fax 041 419 24 24,
E-Mail info@caritas.ch oder unter www.caritas.ch